EM DEFESA DA ESCOLA

PEDAGOGIAS DA EDUCAÇÃO PÚBLICA
NA DISPUTA PELA DEMOCRACIA

COLEÇÃO
TERRITÓRIOS DA EDUCAÇÃO

Coordenadora da coleção: Jaqueline Moll

CONSELHO EDITORIAL

André Lazaro – Universidade Estadual do Rio de Janeiro

Antonio Sampaio Novoa – Universidade de Lisboa

Antonio Carlos Ronca – Pontifícia Universidade Católica de São Paulo

Arnaldo Nogaro – Universidade Regional Integrada

Bernard Charlot – Université Paris VIII, Paris, França/Universidade Federal de Sergipe

Cesar Nunes – Universidade Estadual de Campinas

Daniel Cara – Universidade de São Paulo

Debora Mazza – Universidade Estadual de Campinas

Elsio Corá – Universidade Federal da Fronteira Sul

Gaudêncio Frigotto – Universidade Federal Fluminense

Guillermo Rios – Universidad de Rosario

Jaume Martinez Bonafé – Universidad de Valencia

José Pacheco – ECOHABITARE

Juares Thiesen – Universidade Federal de Santa Catarina

Liliane Giordani – Universidade Federal do Rio Grande do Sul

Lucia Helena Alvares – Universidade Federal de Minas Gerais

Lucineide Pinheiro – Universidade Federal do Pará

Maria Carmen Silveira Barbosa – Universidade Federal do Rio Grande do Sul

Marcia Rosa da Costa – Universidade Federal de Ciências da Saúde de Porto Alegre

Malvina Tuttman – Universidade Federal do Estado do Rio de Janeiro

Marcio Taschetto – Universidade Franciscana

Miquel Essomba – Universitat Autònoma de Barcelona

Penildon Silva Filho – Universidade Federal da Bahia

Rui Trindade – Universidade do Porto

EM DEFESA DA ESCOLA

PEDAGOGIAS DA EDUCAÇÃO PÚBLICA NA DISPUTA PELA DEMOCRACIA

Jaqueline Moll
Maria Carmen Silveira Barbosa
(Organizadoras)

Editora Sulina

Copyright © Autores, 2023

Capa: Humberto Nunes
Foto da capa: Escola Parque de Salvador, 1950. Fonte: Nova Escola
Projeto gráfico e editoração: Clo Sbardelotto/Fosforográfico
Revisão: Simone Ceré

Editor: Luis Antonio Paim Gomes

Dados Internacionais de Catalogação na Publicação (CIP)
Bibliotecária Responsável: Denise Mari de Andrade Souza CRB 10/960

Em defesa da escola: pedagogias da educação pública na disputa
pela democracia / organizado por Jaqueline Moll e Maria Carmen
Silveira Barbosa. -- Porto Alegre: Sulina, 2023.
296 p.; 16x23 cm.

ISBN: 978-65-5759-107-9

1. Educação. 2. Formação de Professores. 3. História do Brasil.
4. Democracia – Educação. 5. Educação Pública. I. Moll, Jaqueline.
II. Barbosa, Maria Carmen Silveira. III. Título.

CDU: 370
CDD: 370.1

Todos os direitos desta edição reservados à

EDITORA MERIDIONAL LTDA.
Rua Leopoldo Bier, 644 – 4º andar
Bairro Santana, CEP 90620-100
Porto Alegre, RS – Brasil
Tel.: (51) 3110-9801

sulina@editorasulina.com.br
www.editorasulina.com.br

Maio / 2023
Impresso no Brasil / Printed in Brazil

Sumário

Apresentação / 9
Em defesa da escola pública: escutar as vozes e as experiências
de quem já esteve por aqui
Jaqueline Moll e *Maria Carmen Silveira Barbosa*

Prefácio / 15
Antônio Joaquim Severino

Capítulo I
Anísio Teixeira
Educação pública: direito de todos

Anísio Teixeira: estadista da educação / 23
João Augusto de Lima Rocha

Manifestos, cartas, educação e democracia / 50
Libânia Nacif Xavier

Capítulo II
Darcy Ribeiro
Educação integral para o povo brasileiro

Contribuição do Centro Integrado de Educação Pública (Ciep)
para a democratização da escola pública brasileira / 67
Lúcia Velloso Maurício

Utopias educacional, nacional e latino-americana:
a experiência da UnB / 83
Adelia Miglievich-Ribeiro

Capítulo III
Paulo Freire
Da leitura do mundo à leitura da palavra

Paulo Freire e Ernani Fiori: uma longa e fraternal parceria
pedagógico-política / 101
Balduino Antonio Andreola

Educação popular e pedagogia crítica: em defesa da escola pública / 120
Fernanda dos Santos Paulo

Paulo Freire e algumas pautas para a educação popular na atualidade / 132
Jaime José Zitkoski

Capítulo IV
Milton Santos
As territorialidades para compreender a educação

Pensar a educação a partir do espaço geográfico: um diálogo
com a vida e a obra de Milton Santos / 141
César Augusto Ferrari Martinez

Capítulo V
Florestan Fernandes
Defesa da escola pública brasileira

Florestan Fernandes, um intelectual comprometido
com a escola pública / 157
Mario Borges Netto e *Maria Cristina Gomes Machado*

O emparedamento social nas experiências escolares
de Florestan Fernandes / 174
Paulo Henrique Fernandes Silveira

Capítulo VI
A Educação Básica como Condição para a Soberania Nacional

A experiência pedagógica dos Ginásios Vocacionais (1961-1969) / 193
Esméria Rovai

CIEP: escola de formação de professores / 212
Ana Maria Monteiro

Anísio Teixeira e a luta pela escola pública:
educação para um estado democrático / 231
Eva Waisros Pereira

Capítulo VII
As Universidades e Institutos Federais e o Projeto de Nação

A universidade que temos para o país que queremos:
as crises prejudiciais à equação / 249
Rui Vicente Oppermann e *Jane Tutikian*

As tendências das universidades brasileiras:
que projeto de nação queremos? / 262
Malvina Tuttman

Os Institutos Federais (IFs) e sua contribuição ao projeto de nação / 272
Maria Raquel Caetano, Flávio Luis Barbosa Nunes
e *Guilherme Reichwald Junior*

A título de posfácio / 283
Dados biográficos dos pensadores-referência para a luta
da escola pública no Brasil

APRESENTAÇÃO

Em defesa da escola pública: escutar as vozes e as experiências de quem já esteve por aqui

Jaqueline Moll[1]
Maria Carmen Silveira Barbosa[2]

A República Brasileira foi tecida a partir de uma dinâmica de poucos momentos de governos legítimos, em proximidade com a democracia e a cidadania, e muitas interrupções, por movimentos autoritários, que instauraram governos autocráticos, desrespeitaram preceitos constitucionais e mantiveram excluída grande parte da população. Esse processo histórico instável dificultou a construção de um percurso com continuidades e avanços, com revisões críticas e aperfeiçoamento na construção das políticas, legislações e orçamentos educacionais, que sempre foram tensionados pelos grupos que estiveram, ilegitimamente, no poder.

Além da dificuldade de definição de uma identidade para o projeto político-pedagógico desejado pelo povo para a educação brasileira, o tamanho do país e a sua demografia tão diferenciada estiveram entre as dificuldades para a construção de um pensamento nacional sobre a educação e a consolidação de um sistema educacional articulado que tivesse como centro a formação humana e o direito universal à escolarização.

Se durante os quatro primeiros séculos copiamos, literalmente, os modelos educacionais que estavam em vigor nos países europeus que nos colonizaram, o século XX abriu a oportunidade para olharmos o Brasil a partir do

---

[1] Pedagoga. Doutora em Educação pela Universidade Federal do Rio Grande do Sul (UFRGS). Professora Titular da Faculdade de Educação da UFRGS. Pós-Doutorado pela Pontifícia Universidade Católica do Rio de Janeiro (PUC-Rio). Foi Diretora de Educação Integral do Ministério da Educação (2007-2013). Estuda educação, cidade, currículo, políticas públicas. jaquelinemoll@gmail.com

[2] Pedagoga. Doutora em Educação pela Universidade Estadual de Campinas (Unicamp). Professora Titular da Faculdade de Educação da Universidade Federal do Rio Grande do Sul (UFRGS). Pós-Doutorado pela Universidade de Vic/Espanha. Pesquisadora da infância e educação de crianças de 0 a 10 anos. licabarbosa@ufrgs.br

Brasil. A Semana da Arte Moderna, cujo centenário estamos comemorando, mostra como procurávamos conhecer o país – suas manifestações culturais, seu povo, sua história – e construir um pensamento sobre nós mesmos, sobre nossas identidades culturais. Nesse diapasão, a escola começa a ser vista como um possível centro construtor e divulgador de culturas.

Assim, as primeiras décadas do século XX foram um período importante para o início da construção de um pensamento nacional sobre a educação, que teve origem no reconhecimento da educação como um direito de todos os cidadãos e na organização das redes públicas. No dizer enfático de Anísio Teixeira, educação como direito de todos, e não como privilégio de alguns. O Manifesto dos Pioneiros de 1932 representou importante marco dessa perspectiva.

Nesse período começou-se a desenhar um projeto de escola pública, alicerçado em lutas permanentes pela garantia da materialidade necessária para o acesso universal, a permanência e a qualidade pedagógica. Ao longo do século XX, nos períodos de redemocratização – da escrita das Constituições, das reformas educativas, dos projetos pedagógico-culturais, dos movimentos socioeducacionais para as camadas populares fora da escola – pensadores do campo educacional retomavam o legado das ideias pedagógicas consolidadas nas vozes que os antecederam, reconheciam suas possibilidades em novos contextos e procuravam atualizá-las tornando-as mais contemporâneas.

Chamamos de períodos de redemocratização o que Anísio denominou como *intervalos democráticos*, tempos insuficientes para afirmação de um projeto de nação, tempos interrompidos por golpes e ilegalidades, repetidos – como tragédia e como farsa – em 1937, 1964 e 2016.

Anísio Teixeira foi referência e bibliografia para Paulo Freire, trabalhou com Darcy Ribeiro, dialogou intensamente com Florestan Fernandes, e certamente todos eles inspiraram pessoas como Milton Santos, Maria Nilde Mascelani, entre tantos e tantas, na construção de propostas educativas qualificadas e democratizadoras das universidades e escolas públicas, desdobrando-se nas Escolas-Parque, nos Ginásios Vocacionais, nas Escolas de Aplicação, nos Centros Integrados de Educação Pública (Cieps), nos Círculos de Cultura para alfabetização de jovens e adultos. Foram também, mais recentemente, inspiração para políticas públicas expressivas, do âmbito municipal ao federal, da educação básica à superior, materializando-se na Escola Plural de Belo Horizonte (MG), na Escola Cabana de Belém (PA), na Escola Viva de Campinas (SP), na Escola Cidadã de Porto Alegre (RS), no Programa Mais Educação do Ministério da Educação, no Pibid da Capes, entre muitas outras, interrompidas ao sabor dos autoritarismos.

Essa tradição pedagógica brasileira propôs princípios e referências para uma escola pública que construísse um olhar sobre a nossa diversidade e desigualdade e pudesse acolher todos os estudantes nela matriculados. Não uma escola que estivesse fechada em si, mas que fosse aberta ao mundo, `ss cidades, aos territórios, às comunidades. Uma escola que se indagasse sobre o que seria importante oferecer como experiência educacional às crianças e jovens para construir um país livre, autônomo, diverso, igualitário. Que apostasse na vida de cada um e na convivência entre todos, nos saberes científicos e das práticas cotidianas, nos conhecimentos culturais, tecnológicos, artísticos, como projeto de formação humana, de criação de modos bonitos de vida e de responsabilidade e compromisso com a transformação do país.

Contudo, e em que pese a importância dessas perspectivas educacionais que ampliam significativamente os horizontes curriculares e constituem-se como as bases para construção de um país soberano e livre, seu conteúdo foi reiteradamente rechaçado e silenciado. Também no âmbito da formação de professores, esta "ancestralidade" pedagógica vem sendo esquecida, pois as novidades parecem sempre mais oportunas. Mesmo no curso de Pedagogia, onde os estudos educacionais deveriam ser mais aprofundados, há um olhar para esses pensadores da educação brasileira e seus textos e seus feitos, como seres e ideias do passado, como parte da história da educação brasileira, mas não como biografias e ideias que precisam ser conhecidas, discutidas e recolocadas no tempo e no espaço para ajudar a pensar a escola de hoje e do futuro.

O curso *Em defesa da Escola: as pedagogias na luta pela educação pública*, do qual se origina este livro, nasceu de conversas em caminhadas na beira do mar, em rodas de chimarrão, em diálogos com estudantes e professores das escolas públicas e com pós-graduandos e na experiência de quem, há décadas, honra a educação pública.

A visibilidade dos *não saberes* em relação às pedagogias democráticas da história do Brasil, por muitos estudantes e docentes, atores educacionais da história recente da educação brasileira, colocou-se como um aviso da necessidade de retomar a tradição, não para copiá-la, mantê-la na íntegra, mas para assumi-la como a raiz de uma grande árvore que sustenta um projeto que segue expandindo-se, incorporando novas ideias, incluindo outras ancestralidades.

Tudo isso com o intuito de criar uma escola que não seja qualquer escola, mas a *escola comum* para a população brasileira, uma escola que acolha a todos, adultos, jovens e crianças, que construa pertencimento, vida comum e bem viver no seu dia a dia, valores da democracia, da beleza, da sensibilidade, isto é, uma escola que defenda e afirme uma ética do cuidado.

Nesse sentido, para dar consequência a esses desejos e propósitos, em uma articulação entre o Instituto Federal do Rio Grande do Sul (IFRS), através da professora Maria Raquel Caetano e do professor Guilherme Reichwald Junior, o Observatório Nacional de Educação Integral (UFBA), através da professora Claudia Cristina Pinto, o Observatório de Educação Profissional e Tecnológica (EPT/IFRS) e o Observatório do Ensino Médio do Rio Grande do Sul (UFRGS), a partir de um trabalho cooperativo e dialógico, no segundo semestre do ano de 2021, ainda no contexto da pandemia causada pela Covid-19, realizou-se, mediante sete mesas virtuais, o mencionado curso com o acompanhamento de centenas de professores e professoras, gestores e gestoras educacionais e estudantes de todos os estados do Brasil.

A organização do livro segue a ordem na qual as mesas aconteceram, apresentando artigos de todos os participantes dos debates que enviaram seus textos, partindo do pensamento educacional de Anísio Teixeira, para em seguida abordar Paulo Freire, Darcy Ribeiro, Milton Santos e Florestan Fernandes e, na sequência, reflexões e feitos no âmbito da educação básica e da educação superior. O curso virtual pode ser acessado pelo canal IFSul Transmissões/vídeos e pelos sites dos Observatórios.

Os autores e as autoras, dos diferentes textos, constituem um grupo de professores/as e pesquisadores/as de Escolas, Institutos e Universidades públicas, com belas histórias de luta pelo direito universal à educação pública e de qualidade.

Anísio Teixeira é apresentado em dois textos, por João Augusto de Lima Rocha (UFBA) e Libânia Nacif Xavier (UFRJ), através de sua importante inserção na educação brasileira, em diferentes momentos da história, e de sua efetiva contribuição para a consolidação da escola pública como elemento central para a construção da democracia.

Darcy Ribeiro é trazido para o debate por Lúcia Velloso Maurício (UERJ), que foi sua colaboradora direta na implantação/implementação do projeto dos Cieps no estado do Rio de Janeiro, e por Adelia Miglievich-Ribeiro (UFES), que enfoca sua utopia educacional materializada também em Universidades paradigmáticas para a construção de um país e de um continente solidários e soberanos.

Paulo Freire vem pela escrita de Balduino Antonio Andreola (UFRGS), seu companheiro de longa jornada, e que nos brinda pelo diálogo que constrói do mestre com o filósofo gaúcho Ernani Maria Fiori, que prefaciou a *Pedagogia do Oprimido*, no contexto de exílio em que os dois se encontravam no Chile. Também Fernanda dos Santos Paulo (AEPPA/MEP) e Jaime José Zitkoski (UFRGS) contribuem com significativos escritos, abordando, respectivamente, a educação popular e a pedagogia crítica na obra de Freire e temas/questões significativas para a educação popular no contexto contemporâneo.

Milton Santos é trazido pelo texto de César Augusto Ferrari Martinez (UFPEL), que propõe um diálogo com sua vida e sua obra, pensando a educação a partir do espaço geográfico.

Florestan Fernandes é apresentado em dois textos. O primeiro, escrito por Mario Borges Netto (UFU) e Maria Cristina Gomes Machado (UEM), aborda o compromisso orgânico de Florestan, como grande intelectual, com a escola pública. O segundo, de Paulo Henrique Fernandes Silveira (USP), descortina a trajetória de Florestan sob a perspectiva do emparedamento social de suas experiências escolares. Destaca-se o olhar ímpar do neto-professor universitário em relação ao avô, cuja trajetória de vida constituiu um exemplar caminho de lutas e superações.

Na sessão seguinte são apresentadas três significativas experiências de políticas para a educação básica, igualmente interrompidas pela violência político-institucional do estado brasileiro. Esméria Rovai (CEETPS) apresenta a experiência dos *Ginásios Vocacionais*, no estado de São Paulo dos anos 50/60, coordenados e implementados por Maria *Nilde Mascelani*, importante educadora brasileira, cuja obra precisa ser conhecida pela potência pedagógica transformadora. Ana Maria Monteiro (UFRJ) apresenta os Cieps, desde a perspectiva da Escola de Formação de Professores proposta por Darcy Ribeiro no contexto da redemocratização brasileira, e Eva Waisros Pereira (UNB) apresenta as *Escolas-Parque* de Brasília, como parte da grande obra educacional de Anísio Teixeira na luta pela construção da escola pública necessária para o estado democrático.

Finalizando o livro, um conjunto de artigos tematiza o ensino superior na perspectiva do seu papel e compromisso com a construção de uma nação soberana. Dois artigos abordam a Universidade brasileira, apontando aspectos relevantes dos diferentes ciclos históricos e o lugar das universidades públicas para a construção do país que queremos e do projeto de nação. Seus autores pensam a universidade desde a experiência na gestão de grandes instituições: Rui Vicente Oppermann e Jane Tutikian na Universidade Federal do Rio Grande do Sul (UFRGS) e Malvina Tuttman na Universidade Federal do Estado do Rio de Janeiro (UNIRIO). Do mesmo modo, Flávio Nunes, atual Reitor do IFSul, com Maria Raquel Caetano (IFSul) e Guilherme Reichwald (IFSul) apontam aspectos relevantes na implementação e consolidação da Rede de Institutos Federais de Educação Tecnológica, expressão inequívoca da direção democrática e qualificadora para a educação básica e superior do período democrático interrompido em 2016.

Necessário apontar que Rui Vicente Oppermann e Jane Tutikian são, respectivamente, o reitor e a vice-reitora eleitos pela comunidade acadêmica para a atual gestão da UFRGS, não empossados em função da ilegitimidade da decisão tomada pelo atual governo, que em nada representa os ideais republicanos e civilizatórios que as sociedades podem aspirar para a garantia da dignidade da vida.

Enfim, apresentamos o presente livro para leitura, reflexões e retomada de memórias fundamentais para que o presente possa ser reinventado e o futuro efetivamente construído, pois temos certeza de que, como disse Darcy Ribeiro, no limiar da longa noite que durou 21 anos (1964-1985), *haverá de amanhecer*.

Porto Alegre/Santa Cruz do Sul (RS), no inverno de 2022.

PREFÁCIO

Antônio Joaquim Severino[1]

Muito oportuno o lançamento do presente livro neste momento em que a educação brasileira enfrenta enormes desafios. A mensagem de que ele é portador está marcada por um alerta crítico sobre as ameaças que pairam sobre ela, bem como por um anúncio esperançoso de caminhos para a superação dos obstáculos que se colocam pela frente. Não bastassem os estragos estruturais, de cunho econômico, inerentes ao capitalismo financeiro globalizado, os graves enviesamentos ideológicos produzidos pelo neoliberalismo e o impacto da pandemia do coronavírus, equivocadas e ideologizadas políticas públicas do país vêm comprometendo seriamente os rumos da educação nacional. Continuamente vêm sendo cortados os já parcos recursos orçamentários das áreas sociais, com impactos extremamente negativos sobre a cultura, em geral, e sobre a educação, em particular. Afora a precarização da infraestrutura do ensino no país, projetos de mudanças pontuais no sistema, concebidos e implantados de modo açodado, sem a devida participação da comunidade, como é o caso da Base Nacional Comum Curricular (BNCC) e da reforma do ensino médio, outras propostas eivadas de retrocessos pedagógicos e ideológicos tramitam nas várias instâncias de decisão, como aquela da escola sem partido, a do *homeschooling,* a da escola cívico-militar e a da emenda constitucional para acabar com a gratuidade no ensino superior nas instituições públicas.

Numa sistemática postura de negacionismo, desqualificam-se as expressões culturais, a competência científica e as manifestações artísticas, com base em anacrônico fundamentalismo religioso que, de tão anacrônico, não era mais de se esperar que ressurgisse numa sociedade republicana.

Os trabalhos ora publicados se reportam às exposições e debates que ocorreram no Curso de Extensão *Em defesa da Escola: Pedagogias da Edu-*

---

[1] Professor Titular de Filosofia da Educação, da Universidade de São Paulo (USP), Faculdade de Educação (aposentado). Doutor em Filosofia pela Pontifícia Universidade Católica de São Paulo (PUC-SP). Livre-docente em Filosofia da Educação pela USP. Atualmente, docente pesquisador do Programa de Pós-Graduação em Educação da Universidade Nove de Julho, de São Paulo. ajsev@uol.com.br

cação pública na disputa pela democracia, promovido por equipe do Instituto Federal Sul-Riograndense, sob a coordenação da Profa. Jaqueline Moll. O livro traz significativos subsídios ao público interessado em refletir sobre as exigências de uma educação democrática para nosso país, neste momento adverso de nossa história. A própria concepção da proposta organizativa do curso e da configuração do livro já expressa a íntima convicção dos autores quanto à necessidade e à pertinência de voltarmos nossa atenção para educadores nacionais cujos pensamentos se direcionaram para a experiência educacional do país, contextualizando-a histórica e socialmente e explicitando as exigências para que essa educação se torne, em nossa realidade, mediação autêntica e fecunda para uma educação efetivamente emancipadora. Os autores são consagrados educadores, compromissados com a causa educacional, todos especialistas envolvidos com a pesquisa e com a prática educacionais. Daí colocarem em pauta a incisiva e explícita demanda de um compromisso intransigente de todo o sistema educativo, da educação básica à superior, no âmbito de um projeto de nação plenamente soberana.

Infelizmente, o Brasil atravessa, nos dias atuais, mais um momento sombrio de sua história recente, quando todas suas instituições, com seus avanços duramente conquistados, se encontram sob o alvo de críticas e ameaças de franco retrocesso, tal o descaso do aparelho estatal com a manutenção das condições objetivas para oferecer educação em quantidade e qualidade para todos os cidadãos que dela precisam. Agravando mais essa situação já de *per si* tão precária e danosa, ela vem sendo reforçada por cerrada agressão, por parte de autoridades administrativas e de intelectuais orgânicos do sistema, à ciência, à cultura e à educação.

A engajada iniciativa dos organizadores do curso e do livro representa uma saudável tomada de posição de denúncia e resistência contra esse estado de coisas, tão deletério para a educação nacional. E faz isso resgatando o legado de alguns dos mais representativos pensadores brasileiros, que, de suas fecundas experiências teóricas e práticas, contribuíram significativamente para a compreensão daquela educação de que o país tanto necessita, explicitando, de forma sempre fundamentada e crítica, as exigências para que essa educação cumpra sua missão intrínseca de emancipação das pessoas, em nossa tão carente sociedade, marcada por profunda desigualdade social, injustiças e discriminações de toda ordem.

As ideias de Anísio Teixeira, Darcy Ribeiro, Florestan Fernandes, Milton Santos e Paulo Freire, são referências substantivas para o entendimento da educação como direito universal, que, em nosso caso, deve ser assegurado sob a imprescindível mediação de um projeto universalizado de ensino público, de uma educação integral e de qualidade, enraizada em nossa territorialidade e na etnocultura dos educandos. Todos eles trazem em seus pensamentos elementos pioneiros que são referências fundamentais para a construção de uma sociedade mais humanizada, mais justa e equitativa, e para uma correspondente educação compromissada com esse projeto.

A retomada do pensamento desses intelectuais brasileiros não só é oportuna, dada a atual conjuntura que atravessamos, mas é sobretudo uma necessidade estrutural para que possamos rememorar e dar continuidade às propostas de construção civilizatória de nossa sociedade. Esses pensadores nacionais, mas de estatura mundial, foram intérpretes do Brasil, vendo-o a partir das situações sócio-histórico-estruturais que expõem as fraturas e as feridas não cicatrizadas dessa sociedade. Com suas análises e reflexões, prenhes de rigor teórico, de indignação honesta, de muita solidariedade e sensibilidade humanas, eles exploraram bem o passado, destrincharam profundamente o presente e indicaram sendas para que as gerações seguintes pudessem projetar criativamente um futuro melhor, neste momento de resistência e luta contra o obscurantismo negacionista e o autoritarismo ameaçador.

Milton Santos se dedicou, com obstinado empenho e numa perspectiva interdisciplinar, a nos evidenciar criticamente o vínculo do território com a nacionalidade, mostrando que ele não é apenas um palco, mais muito mais um ator na dinâmica do processo social, é a própria matriz da vida da socie-dade. Enriqueceu a Geografia, ao atribuir à realidade do território natural também uma dimensão político-social, o que viabiliza uma abordagem do espaço também sob um aspecto antropológico, quando colocado sob a trama da desigualdade que reina entre seus ocupantes humanos. E levando em conta que tal é bem o perfil da realidade brasileira, eis aí sólidos alicerces para uma educação compromissada com a ética e a política, para a construção de um projeto nacional de soberania e desenvolvimento.

Florestan Fernandes arranca, mediante o olhar atento e rigoroso de uma sociologia crítica, os véus ideológicos que obscurecem a apreensão da nossa realidade social, mostrando como ela ainda não se desprendeu de suas raízes escravagistas. Trabalhando com todo o rigor científico, explora a fundo as categorias teóricas da Sociologia para evidenciar e analisar a desigualdade estrutural da sociedade brasileira, expondo suas disparidades e antagonismos, de modo especial aquelas de classe e de raça. O que lhe permitiu traçar um retrato muito fiel dessa sociedade, com sua complexa constituição étnica e o registro de sua sangrenta história, feita de escambo e escravidão, de colonialismo e imperialismo, de exploração do trabalho e de exaustão de vidas humanas.

Darcy Ribeiro dá testemunho vívido da luta pela identidade nacional, fazendo defesa ímpar da educação para a construção da mesma. Com sua abordagem antropológica do povo brasileiro, unida a sua irreverente militância, tornou-se uma fonte inesgotável para pensarmos nossa identidade, provocando-nos a enfrentar nossos demônios e a assumir as rédeas de nosso destino. Daí o destaque que dá à educação, à política e à relevância mediadora que a elas atribui. Desvela as entranhas de nossa modernidade periférica e entrega-se, corpo e alma, numa causa permanente: a de salvar os índios, escolarizar as crianças, realizar a reforma agrária, implantar um socialismo com liberdade, criar universidades qualificadas que se compromissassem com a educação política da juventude. E não ficou só na produção teórica, engajou-se na administração política, com convicção e entusiasmo.

Anísio Teixeira, na teoria e na prática, nos convocou para a ruptura com a tradição ultramontana, pleiteando que a educação assumisse seu papel imprescindível na construção de uma sociedade efetivamente democrática. Inspirando-se nas ideias de John Dewey, propõe uma educação como processo intrinsecamente ligado à vida, não devendo ser vista e praticada como preparação para a vida, pois ela já é vida. E como o objetivo da vida é sempre mais vida, o objetivo da educação só pode ser a intensificação da vida. Daí a necessidade dos mais rigorosos conhecimentos científicos dos fenômenos relacionados à vida orgânica e social, para que a intervenção pedagógica não ocorra indo contra os interesses vitais do educando, que só pode desenvolver-se, humanizar-se, se suas tendências naturais forem respeitadas e estimuladas. Sob esse olhar pragmatista e progressista, Anísio Teixeira preocupa-se com o desenvolvimento e investe na proposta de reconstrução nacional pela educação, a reconstrução individual visando à reconstrução social, tendo como meta a sociedade aberta, democrática, via educação pública. Mas, para bem funcionar, as instituições educacionais precisam gozar de autonomia.

E o que não dizer de Paulo Freire, com sua capacidade de apreender a vivência real do oprimido e de reconhecer que ele, o oprimido, para livrar-se dessa opressão, precisa ser sujeito de sua libertação. Certamente uma de suas principais contribuições é ter mostrado que a libertação dos povos oprimidos precisa ser universal, libertando-se tanto o oprimido como o opressor. Enquanto houver um oprimido numa sociedade, ninguém fruirá da verdadeira emancipação. Lamentavelmente, a elite brasileira ainda não se deu conta dessa exigência histórica, não tendo superado ainda, na medida necessária, a mentalidade remanescente da escravidão.

Ao ensejo do resgate dos legados desses pensadores, os autores que compuseram este livro evidenciam e atualizam as relevantes contribuições dos pensamentos que, ao mesmo tempo que ocorriam, anunciavam como deveria ter sido pensado e como somos ainda desafiados a pensar o futuro. Os textos expressam resultados de estudos e pesquisas dos autores, fazendo o resgate da participação histórica desses educadores, do perfil e do impacto de seus pensamentos e sobretudo da sua significação para o projeto de constituição da nação.

Na mesma direção e com igual significado, vão os capítulos que nos ensejam o resgate da memória de experiências no âmbito da educação básica, exitosas e igualmente perseguidas e desmontadas, das escolas-parque, dos ginásios vocacionais, dos Cieps, bem como de investimentos na educação superior feitos em projetos dos Institutos e Universidades Federais, cujas propostas educativas envolvem o compromisso de reconstruir e reinventar o país, construindo, sistematizando e compartilhando, política e pedagogicamente, uma cultura emancipadora.

Nos dias de hoje, entende-se que a finalidade da educação é a instauração e a consolidação da cidadania, entendida esta como qualidade específica de nossa existência concreta. E enquanto investe na construção da cidadania do sujeito pessoal, ela intervém igualmente na construção da democracia. Construir cidadania é garantir a todos os indivíduos, sem qualquer forma de discriminação, condições de serem produtores e fruidores dos bens naturais, sociais e simbólicos da sua sociedade. Os responsáveis pelas políticas do sistema de educação se equivocam ao pretender que ela só cuide da habilitação técnica dos educandos e ao afirmar que não lhe cabe a formação política de cunho crítico. Essa tem sido uma estratégia ideológica para evitar a democratização das relações sociais, o que ameaçaria a hegemonia dos segmentos dominantes. É por isso que na educação brasileira ainda vem prevalecendo o caráter reprodutivista das relações sociais.

Na atual situação histórico-social brasileira, só mesmo um sistema universalizado de ensino público estará em condições de enfrentar o desafio da construção da cidadania e de uma sociedade efetivamente democrática. Universalização essa absolutamente imprescindível. Se for verdade que possam existir, hipoteticamente, variadas modalidades de mediações da educação, historicamente é também verdadeiro que a escola se revela como sua mediação potencialmente mais eficaz para a universalização da educação. Isso demanda, sem nenhuma dúvida, a constituição de um grande e qualificado sistema público de ensino, a se entender como aquele envolto pelo sentido do bem comum efetivamente universal, ou seja, que garanta ao universo dos sujeitos o direito de usufruir os bens culturais da educação, sem nenhuma restrição.

Não há como não identificar, nas premissas histórico-antropológicas desses emblemáticos pensadores nacionais, de estatura mundial, a presença dos germens precursores, na segunda metade do século XX, da linha do pensamento da decolonialidade e da interculturalidade, perspectivas nas quais precisamos direcionar os nossos olhares para o mundo que nos cerca. Seus posicionamentos revelam, convergentemente, uma aguda consciência da desigualdade social reinante no país, originada de suas raízes colonialistas e escravagistas, uma forte indignação frente a esse estado de coisas, a convicção do papel fundamental da educação para um projeto de superação política e econômica dessa situação e de seu necessário caráter de prática emancipadora e, ainda, a proposta de uma profunda inflexão decolonizante *e da adoção de um relacionamento intercultural entre pessoas, grupos e povos, de modo a que sejam revertidos nossos modos de ser, de conhecer e de poder.*

São Paulo, inverno de 2022.

CAPÍTULO 1

ANÍSIO TEIXEIRA
Educação pública: direito de todos

ANÍSIO TEIXEIRA: ESTADISTA DA EDUCAÇÃO

João Augusto de Lima Rocha[1]

O título deste artigo rememora o título do livro de caráter biográfico, da autoria de Hermes Lima (1978), lançado pela Editora Civilização Brasileira, que examina o conjunto da obra educacional e cultural de Anísio Teixeira, e considera, em vista disso, que ele é o estadista da educação brasileira.

Hermes Lima, conterrâneo e amigo próximo de Anísio, foi um destacado jurista, político, jornalista, ensaísta e professor (da Faculdade de Direito do Largo de São Francisco), que ocupou os cargos de ministro das relações exteriores, chefe da Casa Civil, ministro do Supremo Tribunal Federal e chegou a ser primeiro-ministro de nosso país, durante o breve período republicano parlamentarista que se seguiu à posse do presidente João Goulart, em 1961.

Hermes vivenciou de perto, do primeiro ao último momento, a vida pública do educador baiano, daí possuir autoridade para afirmar que Anísio foi mais que um educador, por conta de sua ampla contribuição transformadora no Brasil, que conduziu, tanto na educação como na cultura, por mais de quarenta anos, a mudanças profundas no cerne da Nação e do Estado brasileiro.

A convicção de Hermes sobre ser Anísio um estadista fundamenta-se não somente na contribuição teórica que ele nos trouxe – filósofo da educação que foi – mas também nos princípios da administração escolar que formulou, nas iniciativas que tomou no campo da cultura, e na disposição incessante de colocar o tema da educação pública na agenda política, em conexão com o processo de democratização nacional.

A postura pessoal altiva de estadista também está presente na autoridade reconhecida que granjeou em suas especialidades de administrador

---

[1] Graduado em Engenharia Civil pela Universidade Federal da Bahia (UFBA) (1972), mestrado em Engenharia Civil pela Universidade Federal do Rio de Janeiro (UFRJ) (1976) e doutorado em Engenharia de Estruturas pela Universidade de São Paulo (USP – São Carlos) (1999). No campo da educação e cultura, estuda a obra de Anísio Teixeira, tendo organizado, para publicação pela Editora do Senado Federal, na Coleção Biblioteca Básica Brasileira, a obra *Anísio em Movimento*, com a participação de Afrânio Coutinho, Antonio Houaiss, Artur da Távola, Darcy Ribeiro, Florestan Fernandes, dentre outros. jrjoaroch@gmail.com

escolar e planejador de educação; na maneira como atuou nos cargos públicos, atraindo ou formando especialistas de elevado conhecimento e experiência; e nas instituições inovadoras que implantou, com o fito de elevar o nível de profissionalização dos serviços na administração educacional brasileira, de 1924 a 1964.

A fim de examinar a argumentação de Hermes Lima, a seguir serão apresentados os fatos mais relevantes da trajetória de Anísio na vida pública brasileira.

Diplomado em Direito pela Escola do Catete, no Rio de Janeiro, em 1922, depois de cursar os três primeiros anos na Escola de Direito da Bahia, sua vida pública começa em abril de 1924, quando, aos 23 anos de idade, foi nomeado pelo governador Francisco Marques de Góes Calmon para o cargo de Inspetor Geral do Ensino na Bahia.

Hermes Lima, na condição de chefe da Casa Civil de Góes Calmon, muito contribuiu para a celeridade da tramitação da Lei Estadual nº 1.846, que instituiu a reforma da educação baiana proposta por Anísio. A Assembleia Legislativa aprovou a lei em 1925. Naquele momento, o educador era um fervoroso militante católico, razão por que defendia que a nova lei contemplasse o ensino religioso facultativo nas escolas públicas. No entanto, a argumentação de Vital Soares e outros deputados da base do governador, segundo a qual isso contrariava o regime constitucional vigente e o espírito laicista da República, o levou a mudar de ideia. Então a redação do artigo 6º da Lei 1.846 ficou: "Todo o ensino ministrado pelo Estado é leigo".

Em 1925, sob os auspícios do governo estadual, Anísio foi à Europa com a missão de tomar conhecimento de sistemas educacionais daquele continente. Ainda não conhecia a obra do filósofo do pragmatismo John Dewey, e sua compreensão sobre a educação pública era bastante conservadora, o que pode ser aferido em um artigo publicado em novembro de 1924, no qual se coloca veementemente contra a proposta da escola única.

Malgrado a firme disposição de superar o grave quadro educacional da Bahia, a posição de Anísio sobre a escola única, exposta no citado artigo (1924), de fato o primeiro escrito por ele sobre educação, era retrógrada, combatida pelos então defensores da Escola Nova. Depois da primeira viagem aos EUA, essa posição seria por ele abandonada e, no Manifesto dos Pioneiros da Educação Nova de 1932, por ele subscrito, o estilo do texto, na parte que se refere ao assunto, tem nítida influência de John Dewey.

A citação do texto de 1924, influenciada pela posição da hierarquia católica na Bahia, é a seguir mostrada (mantida propositalmente a grafia da época), a fim de ser comparada com o texto sobre o mesmo tema, retirado do Manifesto dos Pioneiros, que logo depois é também apresentado. Diz Anísio, no artigo de 1924:

> A "escola unica" encerra ainda uma tyrannia inexplicavel em paizes verdadeiramente democraticos. Effectivamente, tal projecto não póde ser levado a effeito sem a monopolização do ensino pelo Estado. Esta face política da monopolização é muito grave, porque entregando ao Estado, exclusivamente a educação de um paiz, virtualmente se desconhecem os direitos da Familia. A Familia passa a existir para o Estado, não este para aquella. E todos sabemos de quantos erros é fonte unica, essa inversão perigosa e fatal.
>
> De sorte que, em conclusão, devemos manter a liberdade de ensino e a sua variada e natural organização. Para satisfazer as aspirações de justiça e de egualdade é bastante, aos paizes que o poderem, que se torne gratuito em toda sua extensão o serviço do ensino.
>
> Todos os grandes problemas democraticos confinam com essa barreira do dinheiro. Aos outros Estados, para quem essa gratuidade é impossivel, resta somente distrair-se das formosas illusões egualitarias e não se deixar tentar pela 'escola unica'.
>
> Que o paiz se desenvolva pelas suas forças vivas e naturaes. A educação do homem dentro do seu meio e da determinação de suas inclinações. Formemos o camponez, um bom camponez. O intellectual, um bom intellectual.
>
> A identidade de programmas e de cursos é um desastroso nivelamento.
>
> A 'escola unica' é uma organização artificial. Impossibilita o ensino particular que, desobrigado da rigidez das leis e programmas officiaes, é mais ductil, mais maleavel, satisfaz mais completamente as necessidades sociaes e nos fornece uma variedade maior de ensino, para a organização, intellectual do Estado (Teixeira, 1924).

Compare-se, agora, essa citação com o que está escrito no Manifesto dos Pioneiros de 1932, na parte sobre o tema da escola única, visivelmente influenciado pela concepção deweyana, haurida nas duas viagens que Anísio fez aos EUA, em 1927 e em 1928-29:

> Assentado o princípio do direito biológico de cada indivíduo a sua educação integral, cabe evidentemente ao Estado a organização dos

meios de o tornar efetivo, por um plano geral de educação, de estrutura orgânica, que torne a escola acessível, em todos seus graus, aos cidadãos a quem a estrutura social do País mantém em condições de inferioridade econômica para obter o máximo de desenvolvimento de acordo com suas aptidões vitais. Chegasse, por essa forma, ao princípio da escola para todos, 'escola comum ou única', que, tomado a rigor, só não ficará na contingência de sofrer quaisquer restrições em países em que as reformas pedagógicas estão intimamente ligadas com a reconstrução fundamental das relações sociais. Em nosso regime político, o Estado não poderá, decerto, impedir que, graças à organização de escolas privadas de tipos diferentes, as classes mais privilegiadas assegurem a seus filhos uma educação de classe determinada, mas está no dever indeclinável de não admitir, dentro do sistema escolar do Estado, quaisquer classes ou escolas a que só tenha acesso uma minoria, um privilégio exclusivamente econômico. Afastada a ideia do monopólio da educação pelo Estado, num país em que o Estado, pela sua situação financeira não está ainda em condições de assumir sua responsabilidade exclusiva, e em que, portanto, se torna necessário estimular, sob sua vigilância, as instituições privadas idôneas, a 'escola única' se entenderá, entre nós, não como 'uma conscrição precoce', arrolando, da escola infantil à universidade, todos os brasileiros, e submetendo-os durante o maior tempo possível a uma formação idêntica, para ramificações posteriores em vista de destinos diversos, mas antes como a escola oficial, única, em que todas as crianças, de 7 a 15, todas ao menos que, nessa idade, sejam confiadas pelos pais à escola pública, tenham uma educação comum, igual para todos (Manifesto dos Pioneiros, 2010, p. 44).

A Bahia sofreu intervenção federal, a partir do primeiro dia do governo Góes Calmon, de modo que Anísio assumiu o cargo de Inspetor Geral do Ensino no dia 13 de abril de 1924, com a Bahia em estado de sítio, que se prolongou pelos quatro anos do mandato do governador, com raras interrupções, temporariamente limitadas. Na primeira dessas interrupções, Anísio, poucos dias depois de ter assumido o cargo, concebeu, organizou e realizou uma grande manifestação de rua em Salvador, denominada Festa da Árvore, consequência da instituição, na Bahia, por iniciativa dele, da data de 13 de maio como o Dia da Árvore. Mais tarde, a comemoração ganharia âmbito nacional, com a data unificada para 21 de setembro.

A fim de que se tenha ideia do significado e da dimensão desse evento, basta examinar a notícia, em detalhes, publicada no *Diário Oficial do Estado de Bahia*, de 15 de maio de 1924, há pouco menos de um século, portanto.

Diz ela que, com a presença das mais altas autoridades baianas, após realizada a missa campal, o jovem inspetor de ensino fez um pronunciamento, de improviso, que hoje seria certamente um *manifesto ecológico*, após o qual, unidas aos estudantes, as autoridades marcharam pela cidade de Salvador, onde plantaram 30 árvores, cada qual com o nome de uma instituição, sendo a última a *Árvore do Povo*!

No poético improviso, em que está presente o tom religioso, Anísio utiliza seu reconhecido poder de convencimento através da oratória para um apelo às crianças no sentido de que tenham, em suas vidas, o objetivo de combater as queimadas e reconstruir as florestas devastadas. Diz ele:

Destruída, abatida a floresta, encoivaram-se as árvores e os ramos e o fogo completa a ação barbaramente devastadora do homem. A cena da *queimada* estruge os ares, confrangente, perturbadora, cheia de ruídos de dor insuportáveis.

É certo que sobre a terra calcinada, longa toalha de cinza, a sementeira vai subir trêmula e luminosa.

Mas, depois, o trecho de terra é abandonado, exaurido e cansado, capoeira estéril e maninha. E o homem prossegue derribando, destruindo, fazendo pacientemente o deserto.

Semelhante *devastação* no ambiente do castigo da natureza, em pleno rigor da estiagem, aparece como o crime milenar do homem contra a terra.

Recordo insensivelmente esta cena da vida sertaneja, de sua vida agrícola, no momento afortunado da primeira festa das árvores na Bahia.

Eu a recebo como um sonho consolador, onde à poesia natural do objetivo da festa, festa da árvore, se ajunta a garrulice ruidosa e simpática das crianças.

As crianças é que a celebram.

Plantadoras graciosas de árvores, vós ides redimir alegremente as velhas culpas do homem.

Haveis de refazer as nossas florestas devastadas.

Aprendei, nesta festa, a amar afetuosamente a árvore, com o carinho e solicitude com que amamos um amigo e um benfeitor.

Ainda quando o tempo e o hábito vos gastem o sabor da primeira encantada impressão de beleza que tivestes da terra, a árvore continue, sempre, a merecer-vos um culto sereno de proteção (Rocha, 2002a, p. 237).

Filho de família abastada, proprietária de imensas extensões de terra, diz ele ter sido nelas que buscou inspiração para seu discurso visionário, que contraria inteiramente a maneira de agir dos grandes latifundiários, que tinham a terra como um repositório inesgotável de riquezas a serem exploradas até o limite, com pequena preocupação com a preservação do meio ambiente. Inaugura-se aí, portanto, a característica marcante do homem público, que é colocar as questões coletivas acima das individuais, agindo com base em princípios impessoais, sem receio de enfrentar dificuldades intransponíveis em seu próprio meio. Então, pergunta-se: a manifestação realizada na Bahia de 1924, não seria já uma atitude precoce de estadista, antecipadora, em décadas, da preocupação universal dos dias atuais com as questões do meio ambiente?

Na reforma da educação baiana de 1925, Anísio introduziu diversas inovações, destacando-se os seguintes pontos: a exigência de que o estado e os municípios destinassem 1/6 do orçamento, no mínimo, para aplicação na educação; a obrigatoriedade da chamada dos alunos para o curso primário, sob pena de o pai recalcitrante perder o pátrio poder sobre os filhos; a obrigatoriedade dos estabelecimentos industriais do Estado com mais de 200 operários de manterem escola primária para os filhos deles e curso de alfabetização de adultos; e a previsão de Conselhos Escolares Municipais, a fim de dar aos municípios uma participação na administração da educação pública da comunidade, "propondo as medidas que julgassem convenientes à melhor adaptação do ensino às condições locais".

Na gestão da Diretoria Geral de Instrução, o novo nome estabelecido pela Lei 1.846 para a anterior Inspetoria Geral do Ensino, Anísio deu ênfase à construção escolar, inclusive na zona rural, com base em critérios arquitetônicos apropriados à escola, deixando, portanto, de alugar salas improvisadas em casarões, para funcionarem precariamente como instalações escolares, tal como era comum acontecer em todo o país.

Ao voltar dos EUA, para onde foi em 1927, sob os auspícios do governo baiano, a fim de tomar conhecimento de experiências educacionais relevantes, ele produz um relatório que, após apresentado ao governador, foi lançado como livro no ano seguinte. Trata-se da obra *Aspectos americanos de educação* (1928), cuja primeira parte é uma apresentação bastante eloquente das ideias educacionais de John Dewey.

Vai, de novo, aos EUA, no ano seguinte, dessa vez para passar um ano, com bolsa de estudos de pós-graduação em pedagogia oferecida pelo *Teachers*

College da Universidade Columbia. Em 1929, retorna à Bahia com o título de *Master of Arts*, correspondente à pós-graduação inicial dos programas pós-graduados daquela instituição.

Quando se encerrou o período de governo Góes Calmon, em 1928, Anísio encontrava-se nos EUA, em meio à pós-graduação no *Teachers College*. Era a terceira viagem feita por ele ao exterior, mantido o cargo no governo do Estado, com o objetivo de conhecer sistemas educacionais e se qualificar academicamente, a fim de trazer inovações para adaptar à educação pública baiana. No entanto, o plano por ele preparado para a Bahia, a partir de 1929, não foi aceito pelo novo governador Vital Soares, que não o manteve no cargo.

É então nomeado professor de Filosofia e História da Educação na Escola Normal de Salvador. Curiosamente, a nomeação gerou protesto de pelo menos um candidato, que havia se submetido a concurso para a mesma prestigiosa Escola Normal, e não lograra aprovação. Segundo se propala, o candidato inconformado, que se manifestou publicamente, teria sido o poeta Sílvio Valente, que lançou, em sua coluna "Tabuleiro à Baiana", do tradicional jornal *A Tarde,* o seguinte soneto, uma sátira ressentida lançada ao jovem professor:

Anísio

Pequenininho e malicioso, assola
os densos matagais da Educação.
Como um Saci que nunca foi à Escola
com travessuras trêfegas de anão.

Em travessuras trêfegas, pois não...
Puxa daqui, mexe acolá, cabriola
e faz careta e chupa carambola,
e para todo mundo fecha a mão.

Deu-lhe na telha que a Pedagogia
era uma bruxa velha e que podia
make-up americano reformá-la.

Hoje em gritinhos de Macunaíma,
aponta a esquisitíssima obra-prima
para deslumbramento da senzala.
(Rocha, 2002c, p. 119)

O movimento revolucionário de 1930 não alcançou, inicialmente, grande repercussão na Bahia, tanto que foi nomeado interventor no Estado um militar cearense, autoritário, advindo do tenentismo: Juracy Montenegro Magalhães.

Na família de Anísio Teixeira, houve séria divisão, em relação à Revolução de 1930: o velho patriarca, Deocleciano Pires Teixeira, pai do educador, lançou um manifesto em apoio à velha ordem, isto é, contra o movimento revolucionário, fazendo valer o peso de grande líder político estadual que era. No entanto, seu primogênito, o agrônomo Mário Teixeira, pioneiro da industrialização do algodão na região em torno de Caetité e destacado chefe político em Guanambi, cidade vizinha, não somente aderiu ao movimento, como decretou a prisão domiciliar do próprio pai, que iria morrer pouco tempo depois, desgostoso, em 9 de dezembro de 1930.

O Governo Provisório cria, imediatamente à tomada do poder, ainda em 1930, o Ministério da Educação e Saúde, para cuja direção é nomeado Francisco Campos, jurista mineiro bastante conservador, embora esclarecido. Anísio, que já havia deixado o Instituto Normal, em 1931, e se dirigido para o Rio de Janeiro, a fim de tratar de assuntos particulares, é lembrado pelo ministro Francisco Campos para dirigir o esvaziado departamento de ensino secundário do Ministério. Permanece poucos meses no cargo e, logo a seguir, em atendimento a convite do prefeito Pedro Ernesto, do Distrito Federal (Rio de Janeiro), vai dirigir a educação carioca, a partir de 1931, substituindo Fernando Azevedo, que volta para seu estado de origem, São Paulo, nomeado Secretário de Educação e Cultura.

Nesse episódio da nomeação para dirigir a Educação, na Prefeitura do Distrito Federal, a convite de uma das principais lideranças da Revolução de 1930, o médico pernambucano Pedro Ernesto, apresenta-se, mais uma vez, o Anísio estadista, que não hesita em contribuir para um governo cuja ascensão está associada à morte do próprio pai, ocorrida menos de um ano antes!

Criada em 1924, a Associação Brasileira de Educação (ABE), que acabaria por congregar a nata dos educadores brasileiros, tanto os religiosos quanto os escolanovistas, passou a ser um campo de disputa importante para os renovadores da educação brasileira.

Anísio Teixeira e Fernando de Azevedo, ambos formados no ambiente dos colégios jesuítas, haviam se tornado amigos, então recentemente, por conta de um bilhete de apresentação de Monteiro Lobato, enviado dos EUA, e entregue a Fernando, em mãos, enquanto este ainda era o dirigente da educação carioca, nomeado durante o governo deposto de Washington Luís.

A troca de Fernando por Anísio, no Distrito Federal, foi também uma operação típica de estadista, porque São Paulo era um território politicamente difícil para os revolucionários de 1930. Então, o deslocamento de Fernando para dirigir a educação pública do estado de São Paulo era estratégico, na medida em que isso contribuiria, no mínimo, para garantir a interlocução entre os apoiadores e os oposicionistas a Getúlio, no terreno da educação. De fato, a unidade nacional dos educadores escolanovistas ficou incólume, tanto que nem com o advento do movimento de 1932, em São Paulo, impediu-se que saísse o Manifesto dos Educadores de 1932 com a participação de paulistas. E a unidade ficou ainda mais reforçada quando foi dada a Fernando de Azevedo a confiança do grupo da ABE para ser o redator daquele documento. Isso não é obra do acaso, mas uma articulação política bem calculada!

Daí em diante, resulta o crescimento da liderança nacional de Anísio no movimento de reconstrução educacional pregada pelo Manifesto de 1932. Sua presença no Rio de Janeiro o deixava no centro das articulações junto ao governo federal, na perspectiva da implantação das propostas constantes do documento, além de que, como já possuía um plano minucioso, elaborado para a Bahia, não aceito pelo governador Vital Soares, fácil seria adaptá-lo, com sucesso, para outros Estados e o Distrito Federal, na perspectiva de generalizá-lo para todo o país. E foi o que se deu.

Também não por acaso, o presidente do Governo Provisório, Getúlio Vargas, esteve presente à reunião nacional da ABE, no final de 1931, realizada em Niterói, e, em pronunciamento feito na ocasião, manifestou-se aberto a propostas de renovação educacional que contribuíssem para a concretização das transformações necessárias ao desenvolvimento da Nação, na trilha do que foi anunciado pela Revolução de 1930. Reforçou-se, com essa atitude de Getúlio, a ideia do lançamento imediato do Manifesto dos Pioneiros da Educação Nova, em 1932.

Foi decidido, na citada reunião nacional da ABE, em Niterói, que seria elaborado o manifesto, porém, em consequência das propostas aprovadas para nele serem incluídas, nessa mesma reunião, os associados católicos decidiram por se desfiliar coletivamente da entidade, o que resultou em reforçar ainda mais o reconhecimento da liderança política nacional de Anísio, no sentido da aplicação na reconstrução da educação nacional, das recomendações contidas no Manifesto de 1932.

Para os católicos, a ousadia de Anísio o fazia encarnar, naquele momento, o adversário a ser retirado do caminho da milenar instituição religiosa, cuja permanência no mundo é garantida principalmente por sua capacidade de atuar continuamente no terreno secular, através da escola e da cultura.

Em 1934, aparece a obra *Educação progressiva: uma introdução à filosofia da educação,* de Anísio Teixeira, na qual o autor, ao lado da exposição sistemática da filosofia do pragmatismo, de John Dewey, inclui uma sequência de reflexões pessoais que desenvolveu, em 1927, que viria a ser responsável pela revisão radical de sua vida, cujo resultado foi seu afastamento definitivo da religião católica, na forma como prenunciara, reservadamente, em carta datada de 7 de novembro de 1928, enviada dos EUA a Archimedes Pereira Guimarães (1928), seu substituto interino na Diretoria de Instrução da Bahia. Escreveu Anísio:

> O trabalho que vem passando a minha inteligência, desde a minha primeira viagem à América e o seu pragmatismo, ainda não está terminado. E sinceramente não sei até onde me levará, no sentido do abandono de algumas e aquisição de outras concepções sobre a vida. Quem sabe se não encontrarei motivos para uma reorganização mental, conservando as verdades que me pareciam absolutas?
>
> Estou com a minha filosofia em franco período reconstrutivo. Escrevo-lhe isto e não será necessário insistir que é assunto que não desejo ver discutido na Bahia (Guimarães, 1982).

A obra *Educação progressiva* marca o ponto mais alto da condição de estadista de Anísio Teixeira, na medida em que as reflexões nela contidas viriam reforçar fortemente a necessidade da separação, na prática, entre a Igreja e o Estado no Brasil. Particularmente na educação democrática, a necessidade dessa separação era evidenciada de modo muito convincente naquela obra, sem contar que o assunto já estava colocado, de modo genérico, na primeira Constituição da República, de 1891, então vigente.

O impacto do lançamento de *Educação progressiva* sobre os católicos, para além mesmo do Brasil, levou a que o Vaticano decidisse por proibir terminantemente sua leitura pelos católicos, conforme confessa o frei Paulo Evaristo Arns, em nota de pé de página, no artigo intitulado "Anísio versus Igreja", originalmente publicado na *Revista Eclesiástica Brasileira,* e depois republicado na *Revista Vozes*, de Petrópolis. Informa o frei Arns, em sua análise minuciosa da obra:

> Desejaríamos que todos os intelectuais, católicos ou não, lessem esse capítulo por mais calejados que fossem, indignar-se-iam contra o método e a leviandade extrema do autor em julgar o passado. Mas, pelo C. I. C., Canon 1399, 2º, a leitura da obra está *ipso jure* proibida (Rocha, 1989, p. 51).

Para tentar amenizar a condenação perpétua, por parte da Igreja, contida nessa decisão de cercear a liberdade de opinião, tomada em pleno século XX, à semelhança dos tempos sombrios da Inquisição, Anísio, para republicar essa obra em 1967, mantendo o conteúdo integral, achou por bem mudar seu título. De *Educação progressiva: uma introdução à filosofia da educação*, passou para *Pequena introdução à filosofia da educação: a escola progressiva ou a transformação da escola* (1978), que veio a ser o volume 128 da coleção Atualidades Pedagógicas, dirigida por J. B. Damasco Penna, para a Companhia Editora Nacional. Na pequena nota explicativa dessa nova edição, no entanto, o educador apresentou a seguinte justificativa para a mudança do título:

> Quanto ao título originário – *Educação Progressiva: uma introdução à filosofia da educação* – invertemo-lhe agora a ordem, passando educação progressiva a ser o subtítulo. É que hoje a designação de progressiva perdeu, de certo modo, a razão de ser. Toda a educação moderna adota a teoria da experiência como base de sua filosofia, continuando o estudo e a pesquisa de suas formas de aplicação. Conservamos, entretanto, a referência à escola progressiva, como registro histórico do período inicial de implantação das novas concepções, que vêm transformando a escola (daí "ou a transformação da escola") e fazendo da educação, em nosso século, uma educação em mudança permanente, em permanente reconstrução, buscando incessantemente reajustar-se ao meio dinâmico da vida moderna, pelo desenvolvimento de suas próprias forças melhor analisadas, bem como pela tendência de acompanhar a vida, em todas as suas manifestações (Teixeira, 1978, p. 13).

O estilo do Manifesto dos Pioneiros de 1932, informado pelo espírito da pedagogia da Escola Nova nele inserido, indica que Anísio colaborou estreitamente com Fernando de Azevedo em sua redação. Também foi importante o seu empenho na disseminação do programa educacional estabelecido no documento, fazendo dele um elemento fundamental no processo de reestruturação da educação brasileira. No entanto, Anísio teve de se afastar da direção da educação no Distrito Federal, em dezembro de 1935, por conta da situação política advinda da derrota sofrida pela insurreição da Aliança Nacional Libertadora (ANL), ocorrida em novembro daquele ano. Depois da derrota da ANL, instalou-se um movimento de *caça às bruxas* que teria grande probabilidade de atingi-lo, tal como veio a atingir, pesadamente, o prefeito Pedro Ernesto, em abril de 1936, que foi destituído e preso, sendo substituído na direção da Prefeitura do Distrito Federal pelo cônego Olímpio de Mello.

Anísio pediu demissão do cargo de Secretário da Educação do Distrito Federal em dezembro de 1935 e, ao ficar completamente impedido de atuar em cargos públicos, refugiou-se na Bahia, onde passou a década de 1936 a 1945 envolvido em atividades privadas que, aliás, resultaram bastante exitosas.

Retorna à vida pública em 1946, com a ida para a reorganização da Unesco, a chamado do coordenador desse processo, o cientista do Reino Unido Julian Huxley. Um ano depois, volta ao Brasil e abandona a atuação privada, ao aceitar o convite do governador eleito Otávio Mangabeira para ocupar a Secretaria de Educação e Saúde da Bahia, condição em que ficou até 1951.

Nesse período, a Bahia viveu o auge republicano da administração em educação e cultura, talvez até em saúde, também, dada a maneira como Anísio conduziu o seu trabalho no governo: objetivo, com pouca burocracia e cheio de realizações estruturantes, na medida em que deram ao Estado um atendimento ao público com boa qualidade, e fizeram da educação, integrada à cultura e à saúde, um instrumento de consolidação da vida democrática. A construção do Centro Popular de Educação Carneiro Ribeiro (depois, a palavra "Popular" foi retirada, não se sabe por quem!), onde se inclui a famosa Escola Parque, ficou como um símbolo marcante da grandiosidade e visão de futuro da administração de Anísio Teixeira, de 1947 a 1951, na Bahia.

Florestan Fernandes, em discurso proferido no dia 21 de setembro de 1989, durante a solenidade de criação da Fundação Anísio Teixeira, na Bahia, reconheceu o elevado significado político de Anísio Teixeira, para além do grande educador que foi. Diz Florestan:

> O que havia de fundamental na personalidade de Anísio era o fato de ele ser um filósofo da educação nascido num país sem nenhuma tradição cultural, para que florescesse uma personalidade com essa envergadura e com tal vocação. Foi o nosso primeiro e último filósofo da educação. E devemos assinalar em primeiro lugar que, como

pedagogo, ele reunia um saber teórico muito amplo, que pode ser aferido por uma biblioteca que selecionou para ser publicada pela Companhia Editora Nacional (Rocha, 2002b, p. 52).

E completa:

> Ela (a educação) não é só produto da revolução social, ela gera a revolução social. A educação não é só produto da mudança, ela gera mudança. Ela não é só produto da revolução social, ela gera a revolução social. E Anísio sentia atração pela filosofia de Dewey, provavelmente porque sabia que no Brasil era através da educação que nós deveríamos realizar a nossa revolução nacional (Rocha, 2002b, p. 53).

No discurso pronunciado perante a Assembleia Constituinte da Bahia, em 1947, com o título de *Autonomia para a Educação na Bahia*, Anísio fundamenta, em termos bastante ousados para a época, a necessidade de que o controle dos serviços de educação pública deveria ficar fora da atribuição direta do Poder Executivo estadual. A proposta de autonomia para a educação, tal como propôs, foi inteiramente incluída na Constituição Baiana de 1947, mas a Lei Orgânica, que deveria regulamentar os dispositivos constitucionais, foi protelada por mais de uma década e meia. Encaminhado à Assembleia Legislativa, o anteprojeto da Lei Orgânica da Educação Baiana, escrito por Anísio, previa a criação de um fundo estadual de educação e cultura, além de fundos municipais, onde isso fosse possível. No mais, estabelecia os detalhes do funcionamento do Conselho Estadual de Educação e Cultura, previsto em sua proposta, encarregado da gestão do fundo estadual de educação e cultura. O órgão teria sete membros, sendo membro nato o Secretário de Educação e Cultura do Estado, de livre escolha do governador, naturalmente, porém, não seria este o executivo das decisões do Conselho. Os outros seis membros seriam indicados pelo governador, submetidos à votação na Assembleia Legislativa. O executivo do Conselho seria o Diretor de Educação e Cultura, escolhido em uma lista de três nomes, proposta pelo próprio Conselho ao governador do Estado.

Logo que começou a tramitação do anteprojeto da Lei Orgânica na Assembleia Legislativa da Bahia, ainda em 1947, o presidente da Comissão de Finanças designou o deputado José Mariani para ser o relator do anteprojeto, do que resultou a apresentação de um substitutivo. Antes de começar a prepará-lo, o deputado Mariani consultou o educador, que se dispôs a fazer, com ele, as modificações julgadas adequadas para colocar o anteprojeto em compatibilidade com as formalidades de setor financeiro do Estado, além de torná-lo mais palatável ao ambiente político da Assembleia Legislativa. Depois de concluído o trabalho conjunto, o educador elogiou, publicamente, a iniciativa do parlamentar, e afirmou que ele contribuiu para enxugar o texto e adaptá-lo às exigências formais do Poder Legislativo sem que, no entanto, precisasse desvirtuá-lo em qualquer ponto.

Na exposição de motivos do deputado José Mariani, para a apresentação de seu substitutivo, uma observação inicial é digna de nota:

> Acreditando que o assunto fosse de técnica educacional sentimo-nos inclinado, pelo receio natural da incapacidade, a recusar a honrosa incumbência, que nos levava a um terreno onde não era pequena a pobreza dos nossos conhecimentos.
>
> Uma frase, porém, de Anísio e, na sua exposição nos levou a um exame inicial, que prosseguimos com certa fascinação, de logo aumentada pelos magistrais esclarecimentos orais do ilustre educador. Ei-la: 'Por isto mesmo sublinha (o projeto) com intencional relevo o caráter político da educação, que constitui o direito dos direitos'.
>
> Se o problema era político, e Anísio Teixeira assim o disse no mais alto dos sentidos, poderíamos, como representante do povo, examiná-lo e sobre ele opinar.
>
> E mencionamos este fato para elucidar melhor a Assembleia e chamar a sua alta atenção para esta face fundamental na compreensão do projeto. A lei orgânica que o Governo pede ao legislativo não é um conjunto de normas técnicas sobre o ensino, mas uma atitude política diante do problema da educação (Documentos Parlamentares, 1965, p. 47).

Tudo levava a crer que a apreciação do assunto seria rápida, porém uma série de artifícios protelatórios começaram a ser apresentados, levando ao arquivamento da proposta de Lei Orgânica, logo após o término do governo Mangabeira, em 1951. Somente em 1959 foi desarquivado o substitutivo de José Mariani; porém, justificado pela necessidade de que deveria haver compatibilidade da Lei Orgânica com a Lei de Diretrizes e Bases, aprovada em 1961, outro substitutivo foi produzido, em fevereiro de 1962, sob a responsabilidade do padre Francisco Pinheiro Lima, a pedido do deputado Bolívar

Sant'Anna, um dos parlamentares que mais se empenharam para a retomada da discussão do assunto na Assembleia Baiana. Anísio já não teve qualquer responsabilidade na elaboração desse substitutivo, mas em 1963, no governo de Antonio Lomanto Júnior (1963-1967), a tramitação foi acelerada, pois o governador eleito estabeleceu como compromisso de campanha a aprovação da Lei Orgânica da Educação e Cultura, e assim ela foi aprovada.

A autonomia da educação chegou a ser implantada na Bahia, porém teve vida curta, pois o governador seguinte a Lomanto Júnior, Luiz Viana Filho, empenhou-se contra ela, e conseguiu sua revogação em 1968.

Em *Educação é um direito,* lançado nesse mesmo ano de 1968, Anísio mostra como se deu parte desse processo, porém, em razão de o texto dele sobre o assunto, aproveitado no livro, ter sido anterior a 1963, o desfecho que anteriormente se relata não está presente na obra.

A originalidade da formulação da ideia de autonomia para a educação na Bahia fornece mais uma evidente razão para a convicção de Hermes Lima sobre o caráter de estadista da educação de Anísio Teixeira, e isso ainda mais se reforça quando se examina a justificativa dele para a proposta de autonomia da educação, mediante a fundamentação de como a responsabilidade do Estado nacional com a educação é capaz de consolidar a democracia. A justificativa completa encontra-se no discurso/exposição de motivos, dirigido aos membros da Constituinte Baiana, pronunciado pelo então Secretário de Estado de Educação e Saúde, em 1947. Diz Anísio:

> Todos os regimes – desde os mais mecânicos e menos humanos – dependem da educação. Mas a democracia depende de se fazer do filho do homem – graças ao seu incomparável poder de aprendizagem – não um bicho ensinado, mas um homem. Assim embora todos os regimes dependam da educação, a democracia depende da mais difícil das educações e da maior quantidade de educação. Há educação e educação. Há educação que é treino, que é domesticação. E há educação que é formação do homem livre e sábio. Há educação para alguns, há educação para muitos e há educação para todos. A democracia é o regime da mais difícil das educações, a educação pela qual o homem, todos os homens e todas as mulheres aprendem a ser livres, bons e capazes. Nesse regime, pois, a educação, faz-se o processo mesmo de sua realização. Nascemos desiguais e nascemos ignorantes, isto é, escravos. A educação faz-nos livres pelo conhecimento e pelo saber e iguais pela capacidade de desenvolver ao máximo os nossos poderes inatos. A justiça social, por excelência,

da democracia consiste nessa conquista de igualdade de oportunidade pela educação. Democracia é, literalmente, educação. Há, entre os dois termos, uma relação de causa e efeito. Numa democracia, pois, nenhuma obra supera a de educação. Haverá, talvez, outras aparentemente mais urgentes ou imediatas, mas estas mesmas pressupõem, se estivermos numa democracia, a educação. Com efeito, todas as demais funções do estado democrático pressupõem a educação. Somente esta não é a consequência de democracia, mas a sua base, o seu fundamento, a condição mesmo para a sua existência (Rocha, 2002c, p. 34-35).

A defesa intransigente da escola pública universal, gratuita e laica, feita pelo educador, que não foi mais do que repetir o que está proposto no Manifesto do Pioneiros de 1932, recebeu franca oposição da hierarquia católica, à época, e isso contribuiu para a difusão da falsa afirmação de que ele atuava a serviço de um suposto e vago *comunismo*, supostamente anticristão. Só que o epíteto de *comunista,* que no Brasil o submetia a cruéis discriminações e perseguições, não era mais do que aquilo que estava sendo aplicado nos estados democráticos modernos, em todo o mundo, que o *liberal* Anísio sempre defendeu!

Mais adiante, no referido discurso à Constituinte Baiana, ele é ainda mais incisivo:

> Falamos em Democracia, temos aspirações democráticas. Suspiramos pela Democracia. Mas nunca lhe quisemos pagar o preço. O preço da Democracia é a educação para todos, educação boa e bastante para todos, a mais difícil, repetimos, das educações: a educação que faz homens livres e virtuosos. E por que não a tivemos? Porque, força é insistir, jamais fizemos da educação o serviço fundamental da República (Rocha, 2002c, p. 36).

Em 1951, Anísio retorna para o Rio de Janeiro – DF, 15 anos após ter pedido demissão do cargo de Secretário de Educação da Prefeitura do Distrito Federal, na gestão de Pedro Ernesto, então pressionado pela acusação de setores católicos cariocas, dentre outras, de ter favorecido a realização de debates da Aliança Nacional Libertadora (ANL) dentro da Universidade do Distrito Federal (UDF). Esta foi a universidade que Anísio planejou e, certamente antevendo o que poderia acontecer com ele, em futuro próximo, instalou precocemente em abril de 1935, sem que sequer tivesse ainda instalações próprias. A UDF foi a primeira instituição universitária brasileira a iniciar seu funcionamento com atividades de pesquisa instaladas em todas as áreas, desde o primeiro dia. Como toda universidade moderna, ela não poderia fugir ao debate de ideias, que estava bastante aceso naquele momento. A acusação feita por setores conservadores, que nunca aceitaram as inovações trazidas pela nova universidade, baseava-se no suposto favorecimento de Anísio à ANL. Tratava-se de uma alegação absolutamente inconsistente, porquanto a ANL era uma entidade política ampla, que os comunistas apoiavam, é certo, mas antes nunca houve crítica em relação à realização de atividades anticomunistas e religiosas, por exemplo, que a universidade tradicional sempre acobertou, traindo assim a suposta neutralidade que os conservadores, contraditoriamente, exigiam.

A volta de Anísio, da Bahia para o Rio de Janeiro, deveu-se ao convite que lhe foi feito pelo ministro Ernesto Simões Filho, nomeado para a Educação e Cultura no segundo governo de Getúlio Vargas.

O educador foi imediatamente incumbido pelo ministro de participar do processo de criação da Campanha de Aperfeiçoamento de Pessoal de Nível Superior (Capes), que estava sob a responsabilidade do economista Rômulo Almeida. Criada a Capes, em 1951, que mais tarde deixaria de ser campanha para ser coordenação, Anísio foi encarregado de dirigi-la, no cargo de secretário-geral (o presidente da Capes é sempre o titular do MEC).

Em 1952, com a morte de Murilo Braga, diretor do então Instituto Nacional de Estudos Pedagógicos, Inep, Anísio foi encarregado de substituí-lo, em acumulação com o cargo de secretário-geral da Capes.

Sua gestão no Inep elevou bastante a importância do órgão de estudos e pesquisas do MEC, no exercício das atividades que lhe competiam. Imediatamente, foi criado o Centro Brasileiro de Pesquisas Educacionais (CBPE), para cuja direção foi nomeado Darcy Ribeiro, e, sucessivamente, foi-se criando Centros Regionais do Inep, tendo sido instalados os da Bahia, Pernambuco, Minas Gerais, São Paulo e Porto Alegre.

Sob a gestão de Anísio, o Inep incentivou bastante a instalação de bibliotecas públicas nos municípios brasileiros. Paralelamente, o órgão patrocinava, em regime de coedição (a editora ficava com metade da tiragem, e o Inep idem) com editoras privadas, a divulgação de uma grande quantidade de obras produzidas no Brasil, particularmente nas áreas de pedagogia, antropologia e sociologia, chamadas por ele de ciências auxiliares da educação, para serem distribuídas pelas bibliotecas públicas de todo o país.

No Rio de Janeiro, Anísio proferiu duas conferências que são consideradas os pilares de sua ação política em prol da escola pública, na segunda fase (1946-1964) em que atuou como um dos próceres da educação pública brasileira. A primeira delas, realizada na Escola Superior de Administração Pública, da FGV-Rio, em 1953, intitulava-se *Educação não é privilégio*, e a outra, *Escola Pública Universal e Gratuita*, em 1956, ocorreu na abertura do I Congresso Paulista de Educação Primária, em Ribeirão Preto-SP.

Embora durante toda a vida Anísio fosse, além de homem de ação, um escritor prolífico e orador brilhante, foi nessas duas conferências que ele fundamentou, até mesmo nos minuciosos detalhes práticos, a compreensão de que a democratização da Nação dependia da construção de um sistema nacional de educação pública, universal e gratuita de qualidade. Ambas as conferências estão publicadas, na íntegra, em sua obra *Educação não é privilégio* (Teixeira, 2007), cuja primeira edição veio a público em 1957. Nela também foi publicado, na íntegra, nas edições posteriores à primeira, o texto do Plano Nacional de Educação (PNE) 1963-1970.

Na conferência *Educação não é privilégio*, Anísio faz elaborada síntese a respeito da conexão entre democracia e escola pública, ao partir da consideração de que é necessário enfrentarmos, em nossa cultura, a concepção arraigada de que o papel mais importante da escola, seja a pública ou a privada, é a conquista de privilégios individuais.

A referência para a apreciação dessa questão, no contexto da campanha pela escola pública universal, era, para Anísio, o ambiente europeu que emergiu da Revolução Francesa de 1789. Daí a afirmar:

> Preliminar indispensável à fixação de um ponto de partida comum é o exame da educação escolar antes de se estabelecerem as aspirações modernas da escola universal para todos, proclamadas, tão ruidosamente, na Convenção Revolucionária Francesa, como um novo estágio da humanidade. Antes desse período, toda educação escolar consistia na *especialização* de alguém, cuja formação já fora feita pela sociedade e em rigor pela 'classe' a que pertencia, nas artes escolares, que não era mais que tipos de ofícios intelectuais e sociais.
>
> A sociedade formava os homens nas próprias matrizes estáveis das 'classes' senão 'castas', instituições que incorporavam a família e a religião, como as suas forças modeladoras e adaptadoras. Formando assim o homem, as aprendizagens mais específicas, relacionadas com

o trabalho, se faziam pela participação direta na vida comum, ou, no caso de artesanato, pelo regime de mestre e aprendiz nos ateliês e oficinas da época (Teixeira, 2007, p. 43-44).

E completa:

> Quando, na Convenção Francesa, se formulou o ideal de uma educação escolar para todos os cidadãos, não se pensava tanto em universalizar a escola existente, mas em uma nova concepção de sociedade em que privilégios de classe, de dinheiro e de herança não existissem, e o indivíduo pudesse buscar pela escola, a sua posição na vida social. Desde o começo, pois, a escola universal era algo novo e, na realidade, uma instituição que, a despeito da família, da classe e da religião, viria a dar a cada indivíduo a oportunidade de ser na sociedade aquilo que seus dotes inatos, devidamente desenvolvidos, determinassem (Teixeira, 2009, p. 44).

Florestan Fernandes fez uma observação bastante percuciente sobre o contexto em que a obra *Educação não é privilégio* foi lançada, e também sobre seu significado:

> Ele traçou penosamente em *Educação não é privilégio*, de uma maneira rápida, mas suficientemente profunda, esta trajetória dramática da educação na sociedade brasileira. E mostrou como a República trouxe consigo uma promessa, como os grandes ideólogos da revolução republicana, com muitos educadores paulistas à frente, ergueram bandeiras educacionais que têm valor permanente, e como tudo isso não serviu para nada, porque realmente nós fomos incapazes de criar numa República aquilo que um desses educadores chamava a educação do povo, como contraproposta à educação do príncipe (Rocha, 2002b, p. 53).

A característica marcante de Anísio Teixeira é ser um pensador da educação, a aprofundar-se em detalhes sutis que, na maioria das vezes, passam despercebidos, embora sejam essenciais para a construção do projeto educacional para a sociedade inteira. A citação a seguir bem esclarece essa afirmação:

> Há, antes de tudo, uma transformação de conceito, com a criação da nova escola comum para todos, em que a criança de todas as posições sociais iria formar a sua inteligência, vontade e caráter, hábitos de pensar, de agir e de conviver socialmente. Esta escola formava a inteligência, mas não formava o intelectual. O intelectual seria uma

das especialidades de que a educação posterior iria cuidar, mas que não constitui objeto dessa escola de formação comum a ser, então, inaugurada (Teixeira, 2007, p. 44).

A escola antiga era, com efeito, a oficina que preparava os escolásticos, isto é, homens de escola, homens eruditos, intelectuais, críticos... Objetivos, métodos, processos, tudo passou nela a ser algo de muito especializado e, portanto, remoto, alheio à vida cotidiana e indiferente às necessidades comuns dos homens (Teixeira, 2007, p. 45).

Convém lembrar que a expressão *educação não é privilégio* não tem por sinônimo *educação direito de todos e dever do Estado*, pois pode-se muito bem ter a segunda, e a primeira não se cumprir, eis aí a singularidade do pensamento anisiano. Para completar a citação anterior, ele deixa claro que a questão do privilégio tem um caráter cultural, de cultura arraigada, que a faz uma verdadeira armadilha, a deformar o sentido democrático da escola pública, cuja discussão quase sempre se encontra escamoteada na sociedade:

> Mesmo no ensino primário vamos encontrar a nossa tendência visceral para considerar a educação um processo de preparo de alguns indivíduos para uma vida fácil e, em rigor, privilegiada. Como este ensino não chega a formar o 'privilegiado', aquela tendência provoca a deterioração progressiva desse ensino, sobretudo depois que passou ele a contar realmente com esmagadora frequência popular (Teixeira, 2007, p. 54).

Tendo sempre enfrentado com firmeza o desafio de exterminar o privilégio na educação, um valor fortemente impregnado em nossa cultura, ele sintetiza, a seguir, o objetivo central a ser conquistado, e mantido, no terreno da educação pública:

> O dever do governo – dever democrático, dever constitucional, dever imprescritível – é o de oferecer ao brasileiro uma escola primária capaz de lhe dar formação fundamental indispensável a seu trabalho comum, uma escola média capaz de atender à variedade de suas aptidões e das ocupações diversificadas de nível médio, e uma escola superior capaz de lhe dar a mais alta cultura e, ao mesmo tempo, a mais delicada especialização. Todos sabem quanto estamos longe dessas metas, mas o desafio do desenvolvimento brasileiro é o de atingi-las, no mais curto prazo possível, sob pena de perecermos ao peso de nosso próprio progresso (Teixeira, 2007, p. 64).

A segunda conferência de Anísio, intitulada *A escola pública universal e gratuita*, foi proferida em 1956, no I Congresso Estadual de Educação Primária. Motivo para o surgimento de longa controvérsia com a Igreja Católica, essa conferência, pelo que contém de afirmações e princípios colocados de forma precisa e envolvente, pode ser considerada o marco definitivo da luta pela escola pública, tida como associada ao processo de construção democrática, em nosso país. A primeira questão colocada pelo conferencista foi sobre a razão por que o Estado deve ter o primado na responsabilidade social pela educação. Nesse sentido, defendeu ele:

> Obrigatória, gratuita e universal, a educação só poderia ser ministrada pelo Estado. Impossível ser confiada a particulares, pois estes somente podiam oferecê-la aos que tivessem posses (ou a protegidos) e daí operar antes para perpetuar as desigualdades sociais, que para removê-las. A escola pública, comum a todos, não seria, assim, o instrumento de benevolência de uma classe dominante, tomada de generosidade ou de medo, mas um direito do povo, sobretudo das classes trabalhadoras, para que, na ordem capitalista, o trabalho (não se trata, com efeito, de nenhuma doutrina socialista, mas do melhor capitalismo) não se conservasse servil, submetido e degradado, mas igual ao capital na consciência de suas reivindicações e dos seus direitos (Teixeira, 2007, p. 85).

Ainda nessa conferência, Anísio discorreu detalhadamente sobre a evolução da educação pública entre nós, a partir do Império, para se concentrar no período republicano, no início do qual, ao contrário do que seria de se esperar, operou-se uma regressão, na medida em que a República não conseguiu desencadear, imediatamente à proclamação, o processo de construção democrática associado à expansão da escola pública universal e gratuita. Na década de 1920, dizia ele que, mesmo com o surgimento de educadores que começaram a questionar a política colocada em prática pelas classes dominantes, retrocessos ainda aconteciam, como no caso do maior estado da Federação, a saber, o estado de São Paulo, que introduziu a falsa teoria de alfabetização, com a redução das séries do ensino primário.

Com o advento do processo revolucionário de 1930, que trouxe em seu bojo a superação relativa da predominância política dos senhores de terras pelos pioneiros da industrialização, surgiu, então, a esperança de que a educação avançasse, em razão da necessidade de transformações adequadas ao novo quadro nacional. Os vitoriosos revolucionários de 1930 reagiram contra uma realidade política extremamente restritiva, em que a nação vivia à mercê da assim chamada *Política do café com leite*, a simbolizar a alternância do poder político nacional entre as elites latifundiárias de São Paulo e Minas Gerais.

A respeito da reforma educacional de 1931, promovida por Francisco Campos, que, ao contrário do que muitos imaginavam, não teve qualquer participação de Anísio, ele faz a seguinte afirmação esclarecedora, na conferência de 1956, em Ribeirão Preto:

> A reforma educacional de 1931, no ensino secundário, longe de refletir qualquer ideal democrático, consolida o espírito de nossa organização dualista de privilegiados e desfavorecidos. A escola secundária seria uma escola particular, destinada a ampliar a 'classe dos privilegiados'. Nenhum dos seus promotores usa a linguagem nem reflete a doutrina dos educadores democráticos.

> A revolução de 1930, nascida das inquietações políticas e democráticas de 1920, fez-se, depois de 1937, reacionária e representou nos últimos oito anos uma reação contra a democracia. Apagou-se no país toda a ideologia popular e mesmo o próprio senso de República, cabendo, por desgraça nossa, à geração formada nesse período conduzir a experiência da democracia renascente em 1946 (Teixeira, 2007, p. 97).

A citada conferência desencadeou uma grande ofensiva católica, cujo objetivo era pressionar o governo do presidente Juscelino Kubitschek para que retirasse a influência significativa que Anísio vinha acumulando, desde 1951, no governo federal. Convém lembrar que ele acumulava o cargo de secretário-geral da Capes com o de diretor do Inep, desde o início da década de 1950, e, além disso, havia recebido, em 1955, a incumbência do presidente Juscelino de organizar e implantar o sistema educacional de Brasília. Além das atividades em cargos públicos, Anísio também exercia a presidência da Sociedade Brasileira para o Progresso da Ciência (SBPC), que ocupou por dois mandatos, o primeiro iniciado em 1955, e o último concluído em 1959.

Segundo um dos seguidos libelos do padre goiano deputado José Trindade da Fonseca e Silva contra Anísio Teixeira e John Dewey, apresentados no plenário da Câmara dos Deputados, o educador teria defendido a aplicação da educação soviética no Brasil, na conferência de abertura do I

Congresso Estadual de Educação Primária, realizado em Ribeirão Preto, em setembro de 1956. Anísio deu a ela o título de *A Educação Pública, Universal e Gratuita*, pelo qual é conhecida, que se tornou um marco importante na história da luta pela escola pública, entre nós. Ora, se a educação soviética fosse aqui aplicada, no mínimo não mais existiria o analfabetismo entre nós; no entanto, tivesse sido Anísio, ou qualquer outro, que isso sugerisse, seria um escândalo digno de grande divulgação na imprensa. Contudo, isso não ocorreu!

Ao ficar devidamente comprovado que não era verdadeira a acusação do padre deputado Fonseca e Silva contra Anísio, a partir do simples exame do texto que foi lido pelo educador em sua conferência, que havia sido entregue por ele, previamente, à organização do evento, então o deputado fez outro pronunciamento, denunciando que o texto lido na conferência foi diferente daquele recebido pela organização. Em consequência, o Conselho Diretor da ABE abriu uma investigação sobre o assunto, que se encerrou em 7 de janeiro de 1957, com as seguintes conclusões:

> 1) A conferência pronunciada em setembro findo, pelo professor Anísio Teixeira, perante o Primeiro Congresso de Educação de São Paulo, encerra um apelo ao magistério paulista que precisa ser ouvido em todo o País, a fim de que o nosso ensino primário público tenha o desenvolvimento e o aperfeiçoamento de que tanto carece. Nada há nessa conferência que seja incompatível com os ideais há muito tempo esposado nas democracias ocidentais;
>
> 2) Os princípios educacionais e os métodos deles decorrentes, defendidos pelo professor John Dewey e per seus discípulos, exerceram uma influência renovadora nos centros pedagógicos de todo o mundo civilizado. Não existe nenhuma relação de dependência lógica entre esses princípios e métodos, de um lado, e a doutrina de determinismo econômico, de outro (Teixeira, 2007, p. 197-198).

Mesmo com essas conclusões abonadoras da seriedade e da estreita comunhão de Anísio com os educadores que, a partir da ABE, dedicavam-se a renovar a educação brasileira, os ataques ao educador continuaram, e ganharam reverberação na *Revista Vozes*, de Petrópolis, o principal veículo dos católicos no combate sem trégua a Anísio Teixeira.

Na continuidade da mesma campanha, no Rio Grande do Sul o arcebispo D. Vicente Scherer elaborou o *Memorial dos Bispos Gaúchos ao Presidente sobre a Escola Pública Única,* lançado em 29 de março de 1958. Do duro texto do documento, que reiterava a pressão conservadora sobre o presidente Juscelino Kubitschek, com o objetivo de afastar Anísio do governo federal, seguem estas citações:

> O Arcebispo Metropolitano e os Bispos da Província Eclesiástica de Porto Alegre pedem vênia a Vossa Excelência para representar acerca das gravíssimas consequências que, com repercussão sobre tôda a vida nacional, advirão da insistência com que órgãos do Governo Federal propugnam a implantação exclusiva de sistemas de ensino oficiais em todo o País, do mesmo passo que hostilizam, e sem tréguas, a iniciativa particular nesse mesmo campo de atividade.

> Não é lícito, porém, admitir-se que, mercê de inexplicável complacência, órgãos governamentais preparem, entre nós, uma Revolução social, através da escola, já porque as administrações públicas não se destinam por essência a preparar Revoluções sociais, já porque a tradição cristã do povo brasileiro frontalmente repele e repudia os mesmos fundamentos do socialismo como doutrina. "Socialismo religioso, socialismo cristão, – disse admiravelmente Pio XI, – são têrmos contraditórios: ninguém pode ser, ao mesmo tempo, bom católico e verdadeiro socialista" (Quadragesimo Anno, 46).

> O povo brasileiro, na verdade, não quer que se transforme, por uma revolução social, a começar da escola, a República Brasileira em uma República Socialista. Que o queiram, e proclamem êsse desejo, servidores elevadamente situados do Ministério da Educação e Cultura, é fato, por isso mesmo, que deverá merecer especial atenção dos Altos Poderes da República.

Em resposta às pressões do setor privado da educação, liderado pela Igreja, contra Anísio, formou-se um grande movimento nacional em que não somente os intelectuais lançaram um grande e representativo manifesto, como também o movimento sindical e parte da imprensa pronunciaram-se em apoio ao educador, de modo que o presidente Kubitschek acabou por garantir a permanência de Anísio nos dois cargos públicos (Capes e Inep) que ocupava, além de mantê-lo também com a responsabilidade que lhe dera Juscelino, no começo do mandato presidencial, de montar todo o sistema educacional do Distrito Federal – Brasília.

Desde que assumiu a assessoria do ministro Simões Filho, em 1951, Anísio passou a atuar, ainda mais intensamente do que já fazia, nas discussões sobre a elaboração da Lei de Diretrizes e Bases da Educação Nacional (LDB), que começou em 1947 e só terminou em 1961. Paralelamente, ele buscava organizar conselhos estaduais e municipais de educação e cultura, em todo o país, com vistas à construção da base de sustentação do sistema nacional de educação, que sempre foi seu anseio, para o qual deveria ser organizado um plano nacional, afinal confirmado na LDB, em cuja elaboração ele empregou integralmente sua capacidade profissional e liderança política de estadista da educação.

A aprovação das linhas gerais do Plano Nacional de Educação (PNE), no Congresso Nacional, ocorreu em 1962, ficando para o Conselho Federal de Educação (CFE) a atribuição de detalhá-lo minuciosamente, com vistas à aplicação imediata. Na condição de relator do PNE, enquanto membro do CFE, coube a Anísio realizar esse primeiro detalhamento. Aprovado o Plano no CFE, foi criada, pelo governo federal, a Comissão de Planejamento da Educação (Copled), com a atribuição de desenvolver, detalhar e acompanhar a execução do Plano Nacional de Educação, destinado a atingir as metas estabelecidas. O PNE começou a ser imediatamente aplicado a partir de janeiro de 1963, dentro do escopo do Plano Trienal do governo João Goulart, concebido por Celso Furtado.

As duas principais prioridades do PNE eram: 1) aonsiderar o plano de construção escolar de Brasília como um plano piloto nacional, em que seriam aplicados os recursos do PNE que fossem necessários para concluir sua aplicação no Distrito Federal, com vistas à generalização posterior da escola de dia inteiro para todo o país, após feitas as devidas adaptações regionais e locais; 2) acelerar o processo de erradicação do analfabetismo em todo o país.

A aplicação do Plano, no entanto, foi interrompida em abril de 1964, como consequência da tomada do poder pelos militares que derrubaram o governo constitucional do presidente João Goulart e instalaram, ilegalmente, a retrógrada ditadura militar, que durou 21 anos.

Submetido à perseguição advinda de inquéritos policiais militares e aposentado compulsoriamente do serviço público pela ditadura, Anísio foi afastado de sua profícua atuação na educação nacional, em 1964. Ainda nesse ano, foi para os EUA, convidado para um longo ciclo de palestras em grandes universidades daquele país. Ao voltar para o Brasil, em 1966, foi chamado para o Chile pelo presidente Eduardo Frei, a fim de organizar a reforma da Universidade Nacional do Chile.

Acolhido, na volta, pela Fundação Getúlio Vargas do Rio de Janeiro, na qual atuou como consultor, participou da comissão encarregada de conceber o Instituto de Estudos Avançados em Educação (Iesae), inaugurado no ano de sua morte, 1971.

Anísio Spínola Teixeira, nascido a 12 de julho de 1900, faleceu em 12 de março de 1971, após ter sido sequestrado no final da manhã de 11 de março de 1971, no trajeto que fazia a pé entre a Fundação Getúlio Vargas e o prédio onde residia o dicionarista Aurélio Buarque de Holanda Ferreira, para cujo apartamento pretendia ir, na Rua Praia de Botafogo, Rio de Janeiro.

Referências

AZEVEDO, Fernando et al. *Manifesto dos Pioneiros da Educação Nova (1932) e dos educadores 1959*. Recife: Fundação Joaquim Nabuco: Massangana, 2010.

ARNS, Paulo Evaristo. Anísio versus Igreja. *Revista Vozes*, Petrópolis, p. 482-493, jul. 1958.

DOCUMENTOS Parlamentares – Educação e Cultura (Legislação). Salvador: Assembleia Legislativa da Bahia, 1965.

GUIMARÃES, Archimedes Pereira. *Dois sertanejos baianos do século XX*. Salvador: Centro de Estudos Baianos da Universidade Federal da Bahia, 1982.

LIMA, Hermes. *Anísio Teixeira estadista da educação*. Rio de Janeiro: Civilização Brasileira, 1978.

ROCHA, João Augusto de Lima. Igreja versus Anísio Teixeira. *Cadernos IAT*, Salvador: Instituto de Estudos e Pesquisas em Educação Anísio Teixeira – IAT, n. 2, 1989.

ROCHA, João Augusto de Lima, Lima (Org.). Festa da Árvore. In: ROCHA, João Augusto de Lima. *Anísio em Movimento – a vida e as lutas de Anísio Teixeira pela escola pública e pela cultura no Brasil*. Brasília: Senado Federal, Conselho Editorial, Coleção Biblioteca Básica Brasileira, 2002a.

ROCHA, João Augusto de Lima (Org.). Depoimento de Florestan Fernandes: Anísio Teixeira e a luta pela escola pública. In: *Anísio em Movimento – a vida e as lutas de Anísio Teixeira pela escola pública e pela cultura no Brasil*. Brasília: Senado Federal, Conselho Editorial, Coleção Biblioteca Básica Brasileira, 2002b.

ROCHA, João Augusto de Lima (Org.). *Anísio em movimento – as lutas de Anísio Teixeira pela escola pública e pela cultura no Brasil*. Brasília: Senado Federal, Conselho Editorial, Coleção Biblioteca Básica Brasileira, 2002c.

SCHERER, Vicente, Arcebispo. Memorial dos bispos gaúchos ao Presidente da República sobre a Escola Pública Única. *Revista Vozes*, Petrópolis, p. 362- 363, maio 1958.

TEIXEIRA, Anísio Spínola. A propósito da "Escola Única". *Revista do Ensino.* Salvador, v. 1, n. 3, 1924.

TEIXEIRA, Anísio Spínola. *Educação progressiva: uma introdução à Filosofia da Educação.* 2. ed. São Paulo: Companhia Editora Nacional, 1934.

TEIXEIRA, Anísio Spínola. *Educação não é privilégio.* 7. ed. Rio de Janeiro: Editora da UFRJ, 2007.

TEIXEIRA, Anísio Spínola. *Educação é um direito.* 2. ed. Rio de Janeiro: Editora da UFRJ, 1996.

TEIXEIRA, Anísio Spínola. *Pequena introdução à Filosofia da Educação:* a escola progressiva ou a transformação da escola. São Paulo: Companhia Editora Nacional, Coleção Atualidades Pedagógicas, volume 128, 8. ed, 1978.

TEIXEIRA, Anísio Spínola. *Aspectos americanos de educação.* Rio de Janeiro: Editora da UFRJ, 2006.

MANIFESTOS, CARTAS, EDUCAÇÃO E DEMOCRACIA[1]

Libânia Nacif Xavier[2]

A construção do Estado Republicano no Brasil alimentou a expectativa de superar o paradoxo entre o *país legal* e o *país real*. Na visão de intelectuais que viveram a primeira metade do século XX, uma das principais tarefas que o poder público deveria enfrentar para instaurar o modelo de vida republicano em um país predominantemente rural, com a maioria da população analfabeta e vítima de endemias, era, justamente, a tarefa de levar a educação e a saúde à população. Além da educação e da saúde, a superação dos particularismos e da interferência dos poderes locais ante as ações do Estado também se apresentou como mais um obstáculo a ser superado. No Brasil do século XX, a relação entre Educação e Democracia foi evocada em diferentes contextos, resultando na produção de documentos, tais como os Manifestos Educacionais de 1932 e 1959, a Carta Brasileira de Educação Democrática de 1946 e a Carta de Goiânia, de 1986.

Nesses documentos, a demarcação dos campos em luta – o campo dos que abraçaram a defesa da escola pública e democrática em oposição àqueles que não atribuíram o mesmo valor à ação estatal na conformação do caráter público da educação escolar – constitui o ponto primordial de suas abordagens e justifica o propósito de seus lançamentos. Esclarecer a opinião pública acerca dos seus direitos e dos problemas da educação nacional e clamar pela responsabilidade do Estado perante o imperativo de universalização da educação de caráter público, leigo e gratuito aponta o sentido da democratização proposta. Ainda que comporte múltiplas intepretações, a leitura que pretendemos apresentar desse conjunto de documentos visa desenhar uma linha de continuidade na história da educação republicana brasileira que se

---

[1] O presente capítulo é uma versão revista e atualizada de um texto publicado, originalmente, em: Magaldi, Ana Maria; Gondra, José G. (Orgs.). *A reorganização do campo educacional no Brasil*: manifestações, manifestos e manifestantes. Rio de Janeiro: Sete Letras, 2003, v. 1, p. 09-28.

[2] Professora titular da Faculdade de Educação da Universidade Federal do Rio de Janeiro (UFRJ), bolsista de produtividade do CNPq. libanianacif@gmail.com.

estende de 1932 a 1986. Por cerca de meio século, os educadores da antiga e das novas gerações trouxeram a público as declarações de princípios e os planos de ação no âmbito da educação por meio de manifestos e cartas, com o objetivo de alertar as autoridades competentes, esclarecer a opinião pública e mobilizar a sociedade em prol da efetivação de princípios democráticos na condução da política educacional. A relação entre Educação e Democracia constitui, desse modo, o princípio primordial que esses quatro documentos defendem, apesar da distância temporal que os separa. A imbricação entre educação pública e ação estatal justifica a permanente sintonia dos educadores com acontecimentos políticos que emergem em contextos de restauração das condições de democratização das relações políticas, econômicas e sociais. Não por acaso, eles reafirmaram o direito de todos ao ensino público; a responsabilidade do Estado com a garantia do acesso à educação escolar; as formas democráticas de organização do sistema de ensino, de funcionamento da escola e de conformação das práticas pedagógicas, dentre outros aspectos.

Para apreender as características fundamentais dos movimentos educacionais inscritos nesses documentos, propomos um exercício de interrogação que, considerando a complexidade do tema, sublinhe as linhas de continuidade evidenciadas nos momentos de culminância dos conflitos entre grupos e projetos divergentes. Dessa forma, o termo *linha de continuidade* apresenta-se como categoria que nos permite compreender as regularidades e os deslocamentos que permeiam as ações e realizações, assim como as convicções e as estratégias políticas mobilizadas por indivíduos e grupos na luta em prol da universalização do ensino, como procuraremos demonstrar, iniciando com a análise do Manifesto dos Pioneiros da Educação Nova.

O Manifesto dos Pioneiros da Educação Nova (1932)

> [...] Demais os problemas educacionais devem ser resolvidos de maneira científica, e se a ciência não tem pátria nem varia, nos seus princípios, com os climas e as latitudes, a obra da educação deve ter, em toda parte, uma unidade fundamental dentro de uma variedade de sistemas resultantes da adaptação a novos ambientes dessas ideias e aspirações que, sendo estruturalmente científicas e humanas, têm um caráter universal.[3]

---

[3] *A reconstrução educacional no Brasil: Manifesto dos Pioneiros da Educação Nova (1932)*, p. 6.

Escrito para atender a uma solicitação do Presidente Getúlio Vargas aos educadores reunidos na IV Conferência Nacional de Educação da Associação Brasileira de Educação, o Manifesto dos Pioneiros da Educação Nova catalisou a luta de um grupo de educadores em prol da aprovação de um plano nacional de educação. Para esses educadores, a ação coordenadora do Estado sobre os assuntos educacionais exerceria uma força capaz de inibir os desmandos do poder local, garantindo a distribuição racional das oportunidades escolares a toda a população, independente de sua posição social, ao contrário do que tradicionalmente ocorria no Brasil.

Da mesma forma com que justifica a importância de uma elite consciente da missão de "coordenar as forças históricas e sociais do povo", o documento ressalta a importância de um poder estatal forte, mediador dos conflitos e promotor da igualdade, capaz de livrar o país *dos vícios do passado* e manter sob seu controle o processo de modernização em curso. Imbuídos da tarefa de construir um projeto nacional de educação, os signatários deste Manifesto propugnaram um modelo educacional que, atuando sobre cada um e sobre todos os cidadãos, forjasse uma nova mentalidade, adaptada à vida urbana e à cultura secular, capaz de elaborar a consciência da própria identidade nacional.[4]

Fundado no princípio da vinculação da escola com o meio social, o movimento da Educação Nova avança, assim, orientado por uma nova ética das relações sociais, apoiada nos valores da autonomia, do respeito à diversidade, igualdade e liberdade, solidariedade e cooperação social. De acordo com o Manifesto de 1932, formar o indivíduo segundo os princípios da educação nova equivale a reconhecer o direito dele à condição de cidadão, significa restituir sua identidade pessoal e cultural integrando-o à coletividade através do processo educativo. Desse modo, defenderam a democratização das relações sociais, tendo o Estado como garantidor da liberdade individual e como promotor do bem-estar da coletividade. Daí a necessidade de articulação da Escola com a esfera política, em seu sentido amplo, e a demarcação do sentido de uma educação pública. Tal conceito se remete à universalização do acesso à educação a todos os indivíduos por meio da escola – única, igual para todos. Significou ainda, em nossa leitura, a constituição da Educação em um campo específico de atuação política e profissional, capaz de interferir diretamente

---

[4] Ver: Xavier (2002). *Para Além do Campo Educacional: um estudo sobre o Manifesto dos Pioneiros da Educação Nova (1932)*. Bragança Paulista, EDUSF.

na cultura nacional, abrangendo os demais setores da vida social por sua força integradora e pela formação de um espírito democrático entendido *como princípio de vida moral e social.*

No Manifesto de 1932, a aplicação do conhecimento científico aos estudos pedagógicos, ao planejamento educacional e à administração do ensino escolar aparece como a expressão intelectual do processo progressivo de secularização e racionalização da cultura. Ao defender a aplicação da ciência e da técnica aos assuntos do ensino e da pesquisa educacional, o Manifesto promoveu a valorização do papel social e político do educador profissional, contribuindo para legitimar a educação como campo profissional autônomo, dotado de regras próprias de funcionamento. Nessa perspectiva, repudiaram a intromissão de interesses político-partidários e eleitorais ou quaisquer outros interesses alheios aos critérios técnicos e científicos de expansão da rede escolar, de contratação e promoção de professores, de organização da escola e de planejamento das atividades de ensino-aprendizagem.

Contudo, a eclosão da II Guerra Mundial provocou rupturas de diversas dimensões, não só no equilíbrio político mundial, mas, também, nas esperanças construídas em torno dos benefícios advindos do desenvolvimento científico e tecnológico. A reconstrução dos países destruídos pela guerra foi acompanhada pelo esforço mais amplo de generalização das condições capazes de proporcionar maior estabilidade social em diferentes países do globo. Nesse empenho, a educação se apresentou como um instrumento primordial. No Brasil, a expectativa de se restaurar a vida democrática, interrompida durante o Estado Novo, assim como a esperança de recuperar o otimismo e a confiança na ação construtiva dos governos, abalada pelas reverberações da guerra europeia, justificaram a redação da Carta Brasileira de Educação Democrática, em 1946.

A Carta Brasileira de Educação Democrática (1946)

> No choque de exércitos, vence a força. Mas a Democracia não é força. É compreensão, posta em termos sociais. E só há um método para resolver os problemas sociais pela compreensão: educar. Ser democrata é ser livre e educado.[5]

---

[5] Discurso proferido pelo Prof. Raul Jobim Bittencourt na sessão inaugural do IX Congresso Brasileiro de Educação.

Esse trecho, extraído de discurso proferido pelo professor Raul Bittencourt na sessão inaugural do IX Congresso Brasileiro de Educação (IX CBE), parte de um antagonismo dolorosamente presente na vida social da época – exército, guerra e força X democracia, liberdade e educação – para argumentar em favor das formas pacíficas de solução dos problemas sociais. Nesse aspecto, a compreensão obtida por meio da educação é alçada à condição de instrumento primordial para restauração da vida democrática e da convivência pacífica entre os povos.

A Carta Brasileira de Educação Democrática contém as conclusões do IX CBE, reunido no Rio de Janeiro, de 22 a 28 de junho de 1945, por iniciativa da Associação Brasileira de Educação (ABE). A expectativa de reorganização do país após a queda do Estado Novo pautou os temas debatidos no referido Congresso e orientou a definição das recomendações apresentadas no evento. Ali, a Democracia configurou-se, como obra da educação do povo, pela possibilidade de assegurar "[...] a expansão e a expressão da personalidade [...], indispensáveis a uma sociedade informada pelo espírito de cooperação e consentimento.[6]" Os constrangimentos sofridos durante o Estado Novo alimentaram o questionamento em torno dos rumos da política nacional. Assim, contra a centralização política se reafirmou a defesa da descentralização político-administrativa, ensejando a reavaliação do papel do Estado na dinâmica do sistema educacional. A este se somou o debate sobre as diversidades étnicas e culturais que marcam a população brasileira, destacando a importância de considerá-las em seu aspecto positivo.

Dentre os objetivos da educação democrática, a Carta de 1946 destacou: 1) *despertar a consciência da liberdade e ... a confiança no poder da inteligência para encaminhamento e solução dos problemas sociais;* 2) *desenvolver a fé comum nos princípios democráticos como a unidade e a independência da nação, liberdade de pensamento e igualdade perante a lei,* forma representativa de governo, participação popular; 3) *acentuar a importância do princípio majoritário como forma de encaminhar problemas e questões de interesse público*; 4) dar relevo ao ensino das ciências, estimular o espírito crítico e experimental e o sentimento de tolerância; 5) *evitar que influências dogmáticas deturpem o caráter democrático e atentem contra a*

---

[6] Carta Brasileira de Educação Democrática (ABE-1946), p. 3.

expansão da personalidade do educando.[7] Quanto aos meios adequados à consecução da educação democrática, o documento ressalta a flexibilidade de cursos e ramos e, ainda, a unidade de diretrizes fixadas por uma política nacional de educação, fundada na diversidade estrutural dos sistemas educacionais em conformidade com as condições especiais de cada região.

A preocupação com o respeito às diferenças individuais e a adaptação da educação escolar às diversidades regionais é destacada, principalmente no que concerne às recomendações de um conjunto de procedimentos considerados os mais pertinentes para a organização educacional no meio rural. Dentre estes, a questão do ajustamento do homem ao seu ambiente; a maior disseminação de escolas primárias e de escolas agrícolas; inclusive com a criação de escolas normais rurais e das chamadas *colônias-escolas,* nas áreas de população menos densa, além da elaboração de planos de educação e assistência a imigrantes e indígenas. A questão da flexibilidade é retomada adiante, indicando-se que esse princípio, aplicado à organização dos cursos, poderia ensejar uma multiplicidade de planos, bem como a multiplicação e equivalência do currículo adotado nos vários ramos e graus do ensino de grau médio. A flexibilidade dos cursos, naquele contexto, representou, a nosso ver, uma tomada de posição contra a dualidade educacional aprofundada pela rígida legislação do ensino imposta pela legislação educacional forjada no Estado Novo. Não por acaso, a Carta de 1946 reconhece a importância da formação *democrática* dos professores, no sentido de sua pluralidade e adaptabilidade, recomendando a eliminação de quaisquer itens que indiquem a exaltação dos governos de força ou que enalteçam figuras de ditadores e conquistadores nos programas de formação de professores.[8] Um dos pontos que ocuparam maior espaço na referida Carta foi aquele relativo à Educação para a Cooperação Internacional. Ademais, generalizar os princípios fundamentais das ciências (físicas, químicas, matemáticas, etc.), promover os intercâmbios esportivo, científico, literário e estético entre os jovens de diferentes países apresentou-se como uma valiosa colaboração, capaz de estender sobre todo o mundo uma trama de opiniões comuns, entendida como base para uma cooperação intelectual fecunda.[9]

---

[7] Idem, p, 4.

[8] Idem, p. 9.

[9] Idem, p. 11. A Carta Brasileira de Educação Democrática noticia a criação de um

Por fim, o Congresso Brasileiro de Educação Democrática listou uma série de medidas a serem implementadas no Brasil, tendo em vista as referidas recomendações. Em meio a estas, sobressai a perspectiva de se criar um Centro permanente composto de antropólogos, sociólogos e psicólogos especializados nos problemas educacionais. A esse Centro estaria assegurada autonomia irrestrita no que tange à pesquisa e ao planejamento, sem qualquer interferência do Estado na marcha de seus trabalhos e na divulgação de suas conclusões. Tal perspectiva se realizou cerca de dez anos mais tarde, em 1956, com a criação do Centro Brasileiro de Pesquisas Educacionais (CBPE), órgão vinculado ao Ministério da Educação. Como demonstramos em estudos anteriores (Xavier, 1999), a mobilização de intelectuais em torno ao CBPE resultou na produção de uma série de estudos e pesquisas (educacionais e socioantropológicos), projetos educacionais e experimentos pedagógicos que fertilizaram largamente a compreensão das questões sociais e educacionais brasileiras à época. Além disso, o CBPE funcionou como espaço de aglutinação política dos intelectuais comprometidos com a questão educacional brasileira e engajados na construção de uma sociedade democrática. Como procuraremos demonstrar, o Manifesto *Mais uma vez convocados* apresentou-se como uma das formas de expressão da mobilização anteriormente citada.

Mais uma vez convocados (1959)

> Toda a história do ensino nos tempos modernos é a história de sua inversão em serviço público. É que a educação pública é a única que se compadece com o espírito e as instituições democráticas [...]. [10]

Destacando a natureza democrática da escola pública, o Manifesto *Mais uma vez convocados* foi apresentado, no ano de 1959, como a reedição, em novos tempos, dos princípios propalados no Manifesto de 1932. A perspectiva de continuidade entre aquele momento fundador e a retomada da luta, em outro contexto, está expressa no trecho reproduzido acima. A expectativa

---

Bureau Internacional de Educação, voltado para confluir as bases de uma Organização das Nações Unidas para a Reconstrução Educacional e Cultural. No âmbito da América Latina, a Conferência de Ministros e Diretores de Educação das Repúblicas Americanas, reunida em 1943, no Panamá, recomendou a organização de "Centros de Documentação e Investigação Objetiva de assuntos educacionais".

[10] *Mais uma vez convocados*: manifesto ao povo e ao Governo (1959, p. 17).

das lideranças que assinaram o Manifesto de 1932 e, vinte e sete anos depois, mobilizaram a mesma estratégia, agora ampliada pela adesão dos intelectuais da nova geração, defendeu o caráter público da educação escolar por meio da criação de instituições educativas que funcionassem como *máquinas de democracia,* tal como a definira Anísio Teixeira.

Este Manifesto foi lançado no momento de reconquista das liberdades de pensamento e de expressão, visível na vigorosa participação dos intelectuais na vida política do país. A virada da década de 1950 para a década de 1960 também marcou o processo de reformulação legal em diversas áreas. A expectativa dos setores progressistas do meio intelectual foi a de estender ao sistema público de ensino os benefícios da descentralização administrativa e iguais condições de acesso e permanência na escola. Como garantia dessas bandeiras, o documento defendeu a mobilização dos recursos públicos em prol da melhoria da educação dirigida às camadas populares. Em oposição a essa concepção, alguns líderes políticos e religiosos associados aos proprietários de escolas particulares apresentaram um outro significado à expressão *Liberdade de Ensino*, em nome da qual manifestaram a discordância a um suposto monopólio da educação pelo Estado, definido não só em função das propostas de efetivação do controle e fiscalização do ensino pelo poder estatal como também pela proposta de aplicação exclusiva dos recursos estatais na educação pública.

O processo de discussão em torno da Lei de Diretrizes e Bases da Educação Nacional (LDBEN), iniciou-se em 1948 com a apresentação de um projeto de Lei formulado pelas principais lideranças do grupo dos pioneiros da educação nova, durante a gestão do ministro Clemente Mariani. Naquele contexto, o CBPE tornou-se trincheira de luta pela formulação de uma legislação mais flexível e democrática para a educação nacional, congregando boa parte dos intelectuais atuantes na cidade do Rio de Janeiro e acionando a rede de centros regionais de pesquisas para ampliar a mobilização em torno da aprovação de um projeto de LDBEN que expressasse as convicções democráticas de organização do sistema educacional brasileiro.

Tal como o Manifesto de 1932, o *Mais uma vez convocados* renovou o compromisso com a campanha pela democratização da educação pública, marcando, porém, a diferença fundamental entre ambos: o primeiro foi considerado um plano para o futuro, enquanto este foi apresentado como um plano de ação a ser executado com a maior brevidade possível, no tempo presente. Assim como os signatários dos anos 1930, os signatários deste Manifesto não constituíram um grupo homogêneo. O Manifesto *Mais uma vez convocados,* ao mesmo tempo que retomava os princípios educacionais explicitados desde a década de 1930, marcou a adesão de um outro grupo, formado pelos professores das áreas de história e filosofia da Universidade de São Paulo (USP), entre eles, Laerte Ramos de Carvalho, João Eduardo Rodrigues Villalobos e Roque Spencer Maciel de Barros. Como observou Buffa (1984, p. 304), os primeiros expressavam uma visão pragmatista na defesa da liberdade de ensino, destacando o papel da escola pública na consolidação da democracia e do desenvolvimento econômico do país. Os segundos atribuíram importância fundamental à escola pública para a afirmação da individualidade, da originalidade e da autonomia ética do indivíduo. Havia ainda, um terceiro grupo, cujo líder incontestável foi Florestan Fernandes, que defendeu a escola pública como instrumento eficaz na superação do *subdesenvolvimento* político, econômico, social e cultural da nação.

O Manifesto de 1959 denunciou a extrema deficiência dos recursos aplicados à educação; o excesso de centralização; o desinteresse ou, conforme o caso, a intervenção tantas vezes perturbadora da política; além do diletantismo e da improvisação que ainda predominavam na condução das questões educacionais. Não por acaso, o balanço que o Manifesto apresentou a respeito da situação de crise da educação no país e suas causas apontou: a organização antiquada e deficiente; a desqualificação da educação primária com escolas funcionando em dois, três ou quatro turnos; o número reduzido de escolas técnicas, o baixo nível do ensino secundário; o despreparo dos professores; os altos índices de analfabetismo (mais de 50% da população geral); dentre outros aspectos.

O principal objetivo desse Manifesto foi o de preservar a escola pública, entendida como um dos mais poderosos fatores de assimilação e de desenvolvimento das instituições democráticas. Por ocasião da apresentação do substitutivo Lacerda – projeto que, visivelmente, defendia os interesses das escolas particulares –, travou-se intenso debate, no âmbito do Estado e da sociedade civil. A Campanha em Defesa da Escola Pública ampliou o debate educacional em nível nacional, mobilizando diversas entidades da sociedade civil organizada, entre elas a Associação dos Antigos Alunos da Faculdade de Filosofia, Ciências e Letras da USP; representantes das associações de professores das escolas públicas, líderes do movimento estudantil e representantes de organizações sindicais.

Em agosto de 1961, o Congresso Nacional aprovou a Lei de Diretrizes e Bases da Educação Nacional (Lei nº 4.024), sendo sancionada pelo presidente da República, João Goulart, em 20 de dezembro daquele ano. A legislação recém-promulgada não foi a que os defensores do ensino público almejaram, na medida em que, segundo avaliação de Anísio Teixeira (1961), explicitava o predomínio das tendências do desinteresse público pela educação, do fortalecimento da iniciativa privada e da preferência pela educação de classe. Porém, ao analisar a legislação educacional de outro ângulo, Anísio Teixeira considerou que o projeto aprovado no Congresso representou uma *meia vitória* em função do novo conceito de lei que inaugurava: a LDB era uma lei federal destinada a regular a ação dos estados, dos municípios, da União e da iniciativa particular no campo do ensino. Nessa perspectiva, todas as autoridades do país estariam sujeitas à LDB, atuando, porém, como intérpretes de sua execução, e não como meros executores de uma imposição federal.

Contudo, não foi no âmbito das orientações legislativas nem tampouco dos experimentos pedagógicos realizados nas escolas da rede oficial que surgiram as maiores novidades no âmbito da relação entre Educação e Democracia. Nos anos 1960, o entendimento de que a questão educacional devia ser deslocada do âmbito das instituições formais de ensino para um amplo movimento de conscientização popular ganhou forma nos movimentos de educação popular e nos centros populares de cultura, estes últimos organizados pela União Nacional dos Estudantes (UNE). A ideia nuclear desses movimentos foi a de conscientizar a população através da alfabetização e da educação de base, com vistas a incorporar à sociedade os milhares de proletários e marginais (Góes, 1980, p. 51). A proliferação dos movimentos de conscientização em prol da libertação das classes oprimidas alimentou a Campanha pelas Reformas de Base, ampliando a participação popular nas manifestações políticas ocorridas no período.

No entanto, como sabemos, o movimento civil-militar de 1964 e a instauração do regime autoritário no país interromperam o processo de ampliação da participação popular na política nacional. A orientação educacional predominante no período pós-1964 sofreu os reflexos do cerceamento da liberdade de expressão que passou a dominar a cena política nacional. Nesse contexto, ocorreram perseguições políticas que culminaram com a prisão e exílio de intelectuais identificados com a construção de uma sociedade e de uma educação pública baseadas em princípios democráticos. Considerados *subversivos* pelos militares, muitos deles só retornariam do exílio em fins da década de 1970 e início da década de 1980, beneficiados com a Campanha pela Anistia ampla, geral e irrestrita.

Esse processo evoluiu com o recrudescimento do movimento de contestação ao governo militar por um lado e, por outro, assistiu a emergência de movimentos sociais, profissionais e culturais, marcados pela formação de grupos de oposição. Assim, foram criadas, em 1978, a Associação Nacional de Pós-Graduação em Educação (ANPEd) e a Associação Nacional de Educação (Ande). Ambas as entidades atuaram em nível nacional e em suas ramificações estaduais, no sentido de organizar e divulgar o debate de questões emergentes em uma sociedade em transição, convergindo na busca de um projeto educacional pautado nos princípios da democracia e da justiça social. Essas duas entidades, juntamente com o Centro de Estudos Educação e Sociedade (Cedes) e com o Centro de Estudos de Cultura Contemporânea (Cedec), mobilizaram-se para retomar em novas bases as Conferências Nacionais de Educação realizadas no passado pela ABE. Assim, em 1980, foi realizada a I Conferência Brasileira de Educação, adotando-se a realização bianual das conferências seguintes. O principal objetivo foi organizar um foro de debates sobre a condução da política educacional, ao estilo do que já vinha sendo feito nas reuniões anuais da Sociedade Brasileira para o Progresso da Ciência (SBPC). Cunha (1988, p. 30) considera que o produto de maior efeito sociopolítico das quatro Conferências Brasileiras de Educação foi a Carta de Goiânia, aprovada na IV CBE, em setembro de 1986.

A Carta de Goiânia (1986)

> Os participantes da IV Conferência Brasileira de Educação reivindicam que a nova Carta Constitucional consagre os princípios que reconhecem o direito de todos os cidadãos brasileiros à educação, em todos os graus de ensino e o dever do Estado em promover os meios para garanti-la. Ao mesmo tempo se comprometem a lutar pela efetivação destes princípios, organizando-se em suas entidades, exigindo compromissos dos candidatos às Constituintes a nível federal e estadual e cobrando o cumprimento de medidas propostas para a democratização da educação.[11]

---

[11] Carta de Goiânia (1986, p. 8).

A Carta de Goiânia foi aprovada na IV Conferência Brasileira de Educação, realizada nessa cidade, em setembro de 1986. Em pleno processo de reconstrução democrática, o tema Educação e Constituinte orientou os trabalhos dessa Conferência, que reuniu cerca de 5 mil participantes. No que tange ao diagnóstico que precede a indicação de propostas para a Constituição da então chamada "Nova República", a Carta assinala a permanência de "problemas crônicos referentes à universalização e qualidade do ensino, a gratuidade escolar, às condições de trabalho do magistério e à escassez e má distribuição das verbas públicas".[12] Dentre os princípios propostos, duas questões mereceram destaque: a primeira refere-se à aplicação das verbas públicas no âmbito da educação; a segunda amplia e detalha os mecanismos de funcionamento democrático das instituições educacionais. A questão da distribuição das verbas públicas se materializou na proposta de criação de um Fundo de Bolsas de Estudo com vistas a garantir a permanência na escola pública das crianças e adolescentes de baixa renda (item 8). Além de defender a aplicação dos recursos públicos destinados à Educação exclusivamente nos sistemas de ensino criados e mantidos pela União, Estados e Municípios (item 15), a Carta recomendou, também, que as despesas feitas com merenda escolar, assistência à saúde e qualquer outro programa assistencial contassem com verbas próprias, desvinculadas dos recursos orçamentários destinados à Educação. Por fim, reconheceu o direito à existência de escolas privadas, com a ressalva de que estas se autofinanciassem e, ao mesmo tempo, permanecessem subordinadas à gerência dos órgãos públicos de educação.

Quanto aos mecanismos de participação democrática nos assuntos educacionais, a Carta defendeu o controle da execução da política educacional à sociedade civil por meio de organismos colegiados cuja função abrangeria desde a participação na formulação de políticas educacionais, passando pelo acompanhamento da execução da mesma até a cobrança do cumprimento das ações ligadas à expansão do ensino de qualidade em todos os níveis. Vale destacar o pronunciamento feito por Luiz Antônio Cunha na Abertura da IV Conferência Brasileira de Educação. Neste, o autor definiu o sentido de ensino democrático, observando que:

---

[12] Carta de Goiânia (1986, p. 6).

O ensino democrático não é só aquele que permite o acesso de todos que o procuram, mas, também, oferece a qualidade que não pode ser privilégio de minorias econômicas e sociais. O ensino democrático é aquele que, sendo estatal, não está subordinado ao mandonismo de castas burocráticas, nem sujeito às oscilações dos administradores do momento. Tem, isto sim, currículo, condições de ingresso, promoção e certificação, bem como métodos e materiais discutidos amplamente na sociedade, de modo que os interesses da maioria, em termos pedagógicos, sejam efetivamente respeitados. O ensino democrático é, também, aquele cuja gestão é exercida pelos interessados, seja indiretamente, pela intermediação do Estado (que precisamos fazer democrático), seja diretamente, pelo princípio da representação e da administração colegiada (Cunha, 1987, p. 6).

Percebe-se o reconhecimento de que a questão da universalização do acesso à educação escolar não é suficiente, chamando a atenção para a elevação da qualidade do ensino. Da mesma forma, destacou a importância da autonomia profissional no âmbito da gestão dos estabelecimentos de ensino e, principalmente, da representação e administração colegiada. A preocupação com a estruturação de mecanismos democráticos de funcionamento do sistema escolar e de gestão das escolas representou assim condição para a efetivação de procedimentos estáveis que fossem capazes de garantir a reprodução de práticas democráticas nas escolas públicas. Como forma de legitimação dos princípios e procedimentos considerados relevantes para a democratização do ensino, a Carta de Goiânia recomendou a elaboração de uma nova Lei de Diretrizes e Bases da Educação Nacional com base nos princípios firmados na nova Constituição.[13] Marcou, assim, um momento de convergência na mobilização em torno da democratização da educação pública, ocorrido nos idos de 1980. Contudo, o longo processo de formulação, negociação e aprovação da Lei de Diretrizes e Bases demonstrou que a luta ainda teria desdobramentos imprevistos, cuja menção extrapola os limites deste capítulo.

---

[13] A Carta de Goiânia foi publicada na *Revista Educação Sociedade* (1986), sendo antecedida por um Editorial que, além de apresentar o documento na íntegra, justificou a relevância do mesmo, no momento que antecedeu a abertura dos trabalhos do Congresso Constituinte. O documento foi apresentado como instrumento passível de orientar a mobilização dos educadores democratas no sentido de pressionar os parlamentares eleitos para o Congresso Constituinte, com relação à educação e a outras áreas, de modo a evitar qualquer ação contrária aos interesses da população. Cf: Revista Educação e Sociedade (Cedes), ano VIII, n. 25, p. 3, dez. 1986.

Educação e Democracia

O exercício de observar as relações que se estabeleceram entre Educação e Democracia em momentos particulares da vida política brasileira nos permitiu apontar alguns dos significados atribuídos à Educação Pública e à importância desta para a conquista da Democracia no Brasil. Nos anos 1920 e 1930, a atribuição de um papel salvacionista à Educação considerou que a modernização do país – patrimonial, agrário, *atrasado* em termos econômicos e tecnológicos – requeria a *reconstrução* educacional, fazendo-se da escola o centro irradiador de uma mentalidade mais racional e, portanto, mais adequada à vida moderna. A educação *renovada* teria, na visão das vanguardas educacionais do período, o papel de promover a formação do indivíduo autônomo e, ao mesmo tempo, promover formas modernas de sociabilidade. A ênfase na universalização do ensino pela generalização da escola única ou comum (igual para todos) orientou a luta pela reconstrução educacional no período, potencialmente formadora do cidadão participativo, ciente dos seus direitos individuais e de seus deveres para com a sociedade.

Por seu turno, a relação que se estabeleceu entre Educação e Democracia no pós-guerra e pós-Estado Novo destacou a importância da Educação como fator de manutenção do equilíbrio social e da paz internacional, na medida em que ela assegurasse a divulgação do conhecimento científico alcançado por todos os povos, cultivando, ao mesmo tempo, o espírito de tolerância e de fraternidade, associado ao combate a quaisquer formas de influências dogmáticas e de repressão às liberdades de pensamento e de expressão. A Carta de 1946 ressalta, também, a flexibilização e a descentralização do sistema de ensino como forma de garantir a igualdade de condições de acesso, desde o ensino primário até o superior, e, ainda, como meio de garantir a autonomia dos profissionais do ensino, no sentido do atendimento às particularidades e necessidades dos educandos.

Nos anos 1950 e 1960, a centralidade da educação pública como fator de mudança cultural provocada (Fernandes, 1955) – no sentido da democratização das relações sociais – permite-nos destacar dois importantes eixos de ação: a prioridade do investimento de recursos públicos na melhoria da qualidade da educação pública e a descentralização do sistema como forma de garantir a aproximação entre escola e realidade social. A defesa desses princípios será reforçada na Carta de Goiânia, já na década de 1980, em virtude da necessidade de se enfrentar os problemas crônicos referentes à universalização e à qualidade do ensino, assim como os problemas referentes à distribuição de recursos públicos e às condições do trabalho do magistério. Tendo alcançado um grau de complexificação cada vez maior, o entendimento da relação entre Educação e Democracia passa a requerer a organização de diversificadas frentes de luta, colocando-se para os educadores o duplo desafio de ampliar e especializar as suas esferas de ação sem, contudo, descuidar da construção de um consenso mínimo em torno de princípios gerais e eixos comuns capazes de aglutinar a luta permanente em defesa da Educação para a Democracia.

Referências

A RECONSTRUCÃO educacional no Brasil: Manifesto ao povo e ao Governo. 1932.

BUFFA, Ester. Os conflitos ideológicos ocorridos durante a tramitação da Lei de Diretrizes e Bases e a participação da Revista Brasileira de Estudos Pedagógicos. *RBEP, v. 65, n. 150, p. 301-313, maio/ago. 1984.*

CARTA BRASILEIRA DE EDUCAÇÃO DEMOCRÁTICA. Arquivo da Associação Brasileira de Educação (ABE), Rio de Janeiro, 1946.

CUNHA, Luiz Antônio. A Educação na nova Constituição. *Revista da Associação Nacional de Educação, São Paulo, n. 12, ano 6, p. 5-9, 1987.*

CUNHA, Luiz Antônio. Educação na transição para a democracia: o caso do Brasil. *Educação e Realidade, Porto Alegre, v. 13, n. 2, p. 23-37, jul./dez. 1988.*

FERNANDES, Florestan. A Ciência Aplicada e a Educação como fatores de mudança cultural provocada. In: FERNANDES, Florestan. *Ensaios de Sociologia Geral e Aplicada.* São Paulo: Livraria Pioneira Editoria, 1959.

GÓES, Moacyr de. *De pé no chão também se aprende a ler.* Rio de Janeiro: Civilização Brasileira, 1980.

IV CONFERÊNCIA BRASILEIRA DE EDUCAÇÃO – CARTA DE GOIÂNIA. *Educação e Sociedade, Ano III, n. 25, p. 5-11, dez. 1988.*

MAIS UMA VEZ CONVOCADOS: Manifesto ao povo e ao Governo. *Revista Brasileira de Estudos Pedagógicos*, v. 31, n. 74, p. 3-24, abr./jun. 1959.

TEIXEIRA, Anísio. Meia Vitória, mas Vitória. *RBEP, v. 37, n. 86, p. 222-223, abr./jun. 1962.*

TEIXEIRA, Anísio. Educação e Desenvolvimento. *Educação e Ciências Sociais, v. 6, n. 9, jan. 1961.*

XAVIER, Libânia Nacif. *O Brasil como laboratório: educação e ciências sociais no projeto do Centro Brasileiro de Pesquisas Educacionais (1950/1960).* Bragança Paulista: EDUSF, 1999.

XAVIER, Libânia Nacif. *Para além do campo educacional:* um estudo sobre o Manifesto dos Pioneiros da Educação Nova (1932). Bragança Paulista: EDUSF, 2002.

Capítulo II

DARCY RIBEIRO
Educação integral para o povo brasileiro

CONTRIBUIÇÃO DO CENTRO INTEGRADO DE EDUCAÇÃO PÚBLICA (CIEP) PARA A DEMOCRATIZAÇÃO DA ESCOLA PÚBLICA BRASILEIRA

Lúcia Velloso Maurício[1]

Introdução

Para abordar o legado do Centro Integrado de Educação Pública (Ciep), faz-se necessário explicar a distinção e aproximação entre os conceitos de educação integral e escola de tempo integral. Darcy Ribeiro, que foi introduzido na educação por Anísio Teixeira, adotou a terminologia de seu mestre – escola de horário/tempo integral – que não falava em educação integral, tendo em vista a proposta política vigente do integralismo, entre as décadas de 1930 e 1950, período em que Anísio desenvolveu e implantou sua proposta de escola. Entretanto, era nítido, tanto na descrição de Anísio Teixeira para o Centro Educacional Carneiro Ribeiro em Salvador, como na proposta de Darcy Ribeiro para os Centros Integrados de Educação Pública, a concepção de educação integral que se propunham a oferecer à sociedade.

> Escola primária obrigatória deveria ser, sobretudo, prática, de formação de hábitos de pensar, de fazer, de conviver, de trabalhar, de participar de um ambiente democrático. Organizar a escola como uma comunidade com todo tipo de atividade, requer tempo (Teixeira, 1994).

> **Espaço** para a convivência e as múltiplas atividades sociais durante todo o largo período da escolaridade, tanto para as crianças como para as professoras. O **tempo** indispensável, que é igual ao da jornada de trabalho dos pais, em que a criança está entregue à escola. Essa larga disponibilidade de tempo possibilita a realização de múltiplas atividades educativas, de outro modo inalcançáveis, como as horas de

---

[1] Pós-doutora em Educação, professora associada da Universidade do Estado do Rio de Janeiro (UERJ) com exercício na graduação e pós-graduação na Faculdade de Formação de Professores (FFP), em São Gonçalo, no estado do Rio de Janeiro. Aposentada em 2019, participa do Conselho Executivo da Fundação Darcy Ribeiro (Fundar).

Estudo Dirigido, a frequência à Biblioteca e à Videoteca, o trabalho nos laboratórios, a educação física e a recreação. O terceiro requisito fundamental para uma boa educação é a **capacitação do magistério** (Ribeiro, 1995).

Por outro lado, é preciso lembrar o contexto da época da implantação do Ciep, as experiências que antecederam esse projeto de escola e por que causaram tanta polarização.

Concepções e publicações de educação integral em tempo integral

Depois de Anísio Teixeira (1994), que defendeu a necessidade de escolarização em tempo integral na década de 1950, o tema só voltou a ser pauta de debates e publicações na década de 1980, com as experiências do Ciep no Estado do Rio de Janeiro, do Programa de Formação Integral da Criança (Profic) no estado de São Paulo e do CEI em Curitiba. Alvo de intensa polarização, tendo em vista o cenário político do período da redemocratização brasileira, predominou, nos textos que circularam na época, uma visão crítica sobre a proposta de ampliação do tempo escolar que não vislumbrava qualquer potencial inovador que se discute hoje. Como testemunho da disputa da época, lembramos Zaia Brandão (1989), que, depois de relatar seu criticismo em relação ao Ciep, afirmou que o impacto nacional causado pelo programa do Ciep colocou em discussão não as escolas, mas a disputa político-partidária representada por Leonel Brizola, Darcy Ribeiro e Oscar Niemeyer.

Em 1988, a Fundação Carlos Chagas realizou um seminário com objetivo promover uma apreensão objetiva da implantação da escola pública de horário integral. O livro resultante desse seminário (Paro et al., 1988) não escapou ao dilaceramento eleitoral da época e exerceu nítida influência sobre a produção acadêmica do tema. A crítica contra a instalação do período integral se voltava para as condições em que se dava o ensino, que ainda não oferecia boa qualidade em tempo parcial, levantando polêmica do custo-benefício que inviabilizaria a universalização do ensino fundamental; e para o caráter assistencial, inserido na discussão da função social da escola (Maurício, 2009).

Por que rever a trajetória de publicações sobre a educação em tempo integral? Talvez seja espantoso, mas os argumentos usados desde a década de 1980 ainda estão presentes nos debates sobre o tema hoje, seja como crítica ou como justificativa para demanda por ampliação do tempo escolar. Em maio de 2006, o jornal *O Globo* publicou, durante uma semana, uma sequência de reportagens sobre a escola pública de tempo integral do Rio de Janeiro. A chamada para a série estava estampada na primeira página: "Cieps fazem 21 anos de expectativas e fracassos". A avaliação publicada nas reportagens trouxe a mesma marca daquela feita 30 anos atrás: não discutia as possibilidades inerentes ao projeto nem a sua viabilidade efetiva; apenas tentava provar, através de um levantamento da trajetória de vida de antigos alunos, que a escola de tempo integral era cara, que foram desperdiçados recursos e que esta escola não garantia bom desempenho. A leitura que se quer transmitir é que os pobres não conseguem bons resultados mesmo quando se oferece a eles uma escola bem equipada. A intenção da série não foi provocar indignação contra o desperdício de recursos públicos e contra o descaso com a educação popular. Entretanto é o que se lê nas sete cartas de leitor publicadas (Maurício, 2009), das quais a citação abaixo é exemplar:

> O CIEP pode dar certo, desde que tenha gestão comprometida com a educação; corpo docente envolvido na proposta; projeto político pedagógico que envolva todos os segmentos escolares; participação efetiva da comunidade e da família, mas dá trabalho (p. 22).

Ao longo desse tempo, autoras que vêm estudando a educação em tempo integral identificam tanto concepções emancipatórias e democráticas da proposta de escolarização em tempo integral, que Coelho (2009) chama de sócio-histórica, como concepções assistencialistas, sob formatos diversos, voltadas mais para a proteção social, priorizando população e territórios em situação de vulnerabilidade social, afastando-se de uma proposta educacional. Cavaliere (2009) utilizou os termos *escola de tempo integral* versus *aluno em tempo integral* como título de artigo. O primeiro se refere à ampliação da jornada como um aspecto decorrente da própria função da escola, instrumento para construção da qualidade da educação. O aluno em tempo integral não prevê o adensamento da função da escola, mas sim a ocupação do sujeito que nela se encontra, o aluno.

Cavaliere (2014) chama a atenção para as políticas especiais que propõem "educação integral" com intenção de fazer face às necessidades da massa de alunos que chega hoje às escolas. Afirma que as políticas especiais em geral se desenvolvem em forma de projetos destinados a setores específicos da população, "uma forma de discriminação positiva, que tenta concentrar recursos, ideias e energias nas escolas e nos alunos com maior dificuldade" (p. 252).

Se o aumento do tempo de permanência da criança na escola é condição para que se ponha em prática um modelo de organização escolar que possibilite um processo educacional efetivamente democrático, "[...] isso seria, em tese, válido para todas as crianças. Entretanto, na prática [...] a proposta de 'educação integral' vem sendo dirigida às escolas com menos recursos e àqueles alunos com problemas sociais e escolares" (Cavaliere, 2014, p. 252).

Pesquisa financiada pela Fundação de Amparo à Pesquisa do Estado do Rio de Janeiro (Faperj) em municípios do estado do Rio de Janeiro sobre os sujeitos da ampliação da jornada escolar (Coelho et al., 2012) evidenciou que quase todas as experiências investigadas não se constituíam enquanto políticas públicas. As respostas dos participantes deixavam entrever diferentes visões sobre a ampliação da jornada escolar para tempo integral: uma visão assistencialista presente principalmente em comunidades mais carentes; e outra que procurava conjugar a extensão do tempo com uma concepção de educação mais ampla, que passa pela formação cognitiva e cultural do aluno. Em relação aos alunos, as experiências utilizavam vários critérios para selecioná-los, criando uma focalização que tanto podia ser positiva quanto negativa. As entrevistas remetiam para a tensão contemporânea entre a universalização e a focalização das políticas de educação. Em relação aos formadores, a visão sócio-histórica de educação integral implica pensar na formação e habilitação desses sujeitos e nas suas condições de trabalho. As experiências investigadas trabalhavam, em sua maioria, com professores habilitados, outras com monitores ou oficineiros, percebendo ajuda de custo.

Encerro esta seção indicando como a implantação de educação integral em tempo integral implica prioridades cujas concepções e operacionalização vão marcar o projeto e seus desdobramentos. Endossamos os pressupostos estabelecidos pelas autoras na pesquisa:

> [...] não entendemos a extensão do tempo escolar sem que, a ele, agreguem-se condições de expandi-lo qualitativa e integradamente, na perspectiva da ampliação crítica dos conhecimentos socio historicamente constituídos; da reflexão sobre as culturas – locais e universais – e, ainda, da compreensão afetiva que envolve o ser humano (p. 465).

Panorama nacional da educação em tempo integral

A proposta de escola de tempo integral não é nova. Mais significativas foram as experiências desenvolvidas, a partir do início dos anos 1950 no Rio de Janeiro, antigo Distrito Federal, em cinco escolas públicas de 1ª a 4ª série. Sob coordenação, supervisão e apoio financeiro do Instituto Nacional de Estudos Pedagógicos (Inep), presidido na época por Anísio Teixeira, esse projeto experimental constituiu campo de pesquisa aplicada segundo orientações curriculares diversas. No mesmo período, desenvolveram-se quatro ginásios públicos, equivalentes ao ensino médio, com finalidade de qualificação profissional. A fundamentação do projeto de educação em tempo integral que se desenvolveu no Ciep no Rio de Janeiro, originou-se nos argumentos que levaram Anísio Teixeira, com quem Darcy Ribeiro trabalhou longos anos, a inaugurar, em 1950, o Centro Educacional Carneiro Ribeiro, em Salvador, quando era secretário de Educação da Bahia. O Centro, conhecido como Escola Parque, contava com quatro escolas-classe, de nível primário, com funcionamento em dois turnos, projetadas para 1.000 alunos cada, e uma escola-parque, com sete pavilhões, destinados às chamadas práticas educativas, frequentadas pelos alunos em horário diverso ao da escola-classe, de forma que as crianças permanecessem dia completo em ambiente educativo. A proposta era que esse conjunto funcionasse como centro de demonstração para a instalação de outros semelhantes no futuro.

A presença cada vez mais significativa da proposta de ampliação da jornada escolar na legislação brasileira contribuiu para o aumento do número de municípios brasileiros que desenvolviam esta proposta escolar, fazendo crescer o número de matrículas em tempo integral. Depois de promulgada a Constituição de 1988, que deixa entrever, mas não se refere explicitamente à educação em tempo integral, a Lei de Diretrizes e Bases da Educação Nacional (LDB 9.394/96) introduziu a perspectiva de ampliação do tempo escolar diário nos artigos 34 e 87; o Plano Nacional de Educação (PNE) (Lei 10.172/01) indicou, entre seus objetivos, o tempo integral para crianças das camadas mais necessitadas; essa restrição já não consta nos objetivos e metas específicos do PNE para o Ensino Fundamental.

Lançado em 2007 pelo Decreto 6.094/07, o Plano de Metas Compromisso Todos pela Educação formulou entre suas diretrizes "ampliar as possibilidades de permanência do educando sob responsabilidade da escola para além da jornada regular", que deu origem ao Programa Mais Educação, instituído pela Portaria Normativa Interministerial nº 17, de 2007, e regulamentado pelo Decreto 7.083 de 2010. Estímulo importante para a ampliação da jornada escolar deve ser atribuído ao Fundeb (Lei nº 11.494, de 2007), que previa repasse de recursos acrescido de 30% para alunos do Ensino Fundamental da rede pública em regime de tempo integral, ou seja, mais de 7 horas por dia, durante toda a semana letiva. O documento final da Conferência Nacional de Educação (2010) propôs a meta de oferecer educação em tempo integral em, no mínimo, 50% (cinquenta por cento) das escolas públicas, de forma a atender a, pelo menos, 25% (vinte e cinco por cento) dos(as) alunos(as) da educação básica do Brasil até o final da vigência do próximo PNE. Essa meta foi incorporada ao novo Plano Nacional de Educação 2014-2024, homologado pela Lei 13.005, de 25 de junho de 2014. Com a aprovação da Emenda Constitucional 95/2016, que instituiu novo regime fiscal, conhecido como "Teto de Gastos", o Plano Nacional de Educação 2014 ficou inevitavelmente comprometido.

O crescimento de matrículas e a presença cada vez maior na legislação estimularam a realização de pesquisas de âmbito nacional sobre a proposta da ampliação da jornada escolar, seja pela escola de tempo integral ou pela extensão do turno. A primeira pesquisa, de 2008, teve caráter quantitativo; financiada pelo Ministério da Educação (MEC), teve objetivo de mapear o desenvolvimento da ampliação da jornada escolar para além das 4 horas diárias obrigatórias, nos municípios brasileiros. A segunda etapa, de caráter qualitativo, visitou, em 2009, 21 municípios das cinco regiões do Brasil. Em 2010, foi desenvolvida pesquisa qualitativa, pela Fundação Itaú Social/Centro de Estudos e Pesquisas em Educação, Cultura e Ação Comunitária (Cenpec) (2011), que investigou 16 experiências de ampliação de turno, públicas ou particulares. Em 2013, a Fundação Itaú Social/Cenpec (2013) lançou nova publicação sobre visita a 20 municípios que se tornaram referência em ampliação de jornada escolar. Essa sequência de pesquisas de abrangência nacional não apenas nos forneceu um panorama de informações como indicaram o interesse que o tema da educação em tempo integral vinha despertando. A Fundação Itaú Social/Cenpec tomou para si a proposta de educação integral, com várias pesquisas em andamento, diversas publicações decorrentes de múltiplas ações, como se pode constatar no portal da Educação & Participação. Segundo Maurício (2016), a instituição vai consolidando sua visão de educação integral, com protagonismo de parceria público-privada, através de organizações não governamentais, para crianças em situação de vulnerabilidade social, a ser implementada no contraturno escolar, como se desenvolvia no Programa Mais Educação.

Chama a atenção o fato de que as pesquisas não foram realizadas somente pelo poder público, indicando o interesse da sociedade civil pela ampliação da jornada escolar. Esses fatores levaram o Inep, a partir de 2009, a publicar, nos resultados do Censo Escolar, o número de matrículas em jornada de 7 horas ou mais. A partir de 2010, passou a discriminar, dentre essas matrículas, aquelas que eram de tempo integral e as que completavam as 7 horas através de atividades complementares. Apesar de não se contar mais com essa distinção, continua a ser contabilizada a matrícula em tempo integral. Segundo o Gráfico 17 (p. 16) da apresentação dos dados do Censo Escolar de 2021, pelo Inep, as matrículas em tempo integral dos anos iniciais caíram de 15,3% em 2017 para 9,2% em 2021; nos anos finais, a queda foi de 12,0% em 2017 para 8,5% em 2021. Os dados expressam o estrago feito pela aprovação do Teto de Gastos em 2016 e a impossibilidade de cumprir a meta 6 do PNE 2014, que propunha atender 25% dos alunos da educação básica em tempo integral.

Os Centros Integrados de Educação Pública (Cieps)

Para Anísio Teixeira (1994), a escola primária obrigatória deveria formar a massa do trabalhador nacional, sua finalidade não seria preparar para o futuro, mas a própria vivência na escola. Ela deveria ser, sobretudo, prática, de formação de hábitos de pensar, de fazer, de conviver, de trabalhar, de participar de um ambiente democrático. Por isso seus períodos não poderiam ser curtos, porque um programa de atividades práticas, para formar hábitos de vida real, para organizar a escola como uma comunidade com todo tipo de atividade – trabalho, estudo, recreação e arte – requer tempo. Para o autor, as habilidades necessárias para a vida no século XX – ler, escrever, contar e desenhar – precisam ser ensinadas como técnicas sociais, em contexto real. Por isso o currículo da escola necessita se harmonizar com as características da vida da comunidade, suas tradições, seus trabalhos. Anísio Teixeira considerava que a escola era a instituição para a sobrevivência, suprindo deficiências de outras instituições. Aos que criticavam o custo desta proposta de educação, respondia que não há preço para a sobrevivência.

Darcy Ribeiro, discípulo confesso de Anísio Teixeira, teve a concepção de escola pública de tempo integral profundamente marcada pelas ideias de seu mestre. Das diferenças que se podem verificar entre a experiência de Anísio Teixeira na Bahia com o Centro Educacional Carneiro Ribeiro e a de Darcy Ribeiro no Rio de Janeiro com o Ciep, muitas se devem à operacionalização das escolas, tendo em vista o intervalo de 30 anos entre uma e outra e os contextos socioeconômicos diversos de Salvador e Rio de Janeiro. Destaque-se que foram implantadas durante a vigência de diferentes leis reguladoras da educação, a 4.024/61 e a 5.692/71 (Maurício, 2007).

A proposta de escola de tempo integral de Darcy Ribeiro (1986) baseou-se no seu diagnóstico de que a incapacidade brasileira para educar sua população ou alimentá-la devia-se ao caráter deformado de nossa sociedade, de descaso por sua população. Atribuía essa característica à maneira como nossa classe dominante via o povo: mera força de trabalho. Atribuía nosso atraso educacional a uma sequela do escravismo, preço que pagávamos por ter sido o último país do mundo a acabar com a escravidão. Darcy enfatizava que a transição da cultura oral para a escola moderna não se processa automaticamente. Só é alcançada como resultado de vontade política, para universalizar uma escola de qualidade. Para ele, é inegável a relação entre sociedade industrializada e escolarização de sua população, mas uma não produz a outra necessariamente. A escola por si só não produz o desenvolvimento, nem ele universaliza automaticamente a escola. A função da escola na sociedade industrializada é formar uma força de trabalho competente e uma cidadania lúcida (1995).

Segundo o autor, nossa escola incorporou a ilusão de que ela seleciona e promove os melhores alunos, através de procedimentos pedagógicos objetivos. Ela apenas peneira e separa o que recebe da sociedade já devidamente diferenciado. Ao tratar da mesma maneira crianças socialmente desiguais, a escola privilegia o aluno já privilegiado e discrimina crianças que renderiam muito mais se fossem tratadas a partir de suas próprias características (Ribeiro, 2018). A tarefa da escola é introduzir a criança na cultura da cidade, servindo de ponte entre o conhecimento prático que a criança pobre já adquiriu e o conhecimento formal que é exigido pela sociedade letrada (Idem, 2018).

Darcy Ribeiro considerava que um fator importante para o baixo rendimento da escola brasileira residia na exiguidade do tempo de atendimento. Para ele, a criança das classes abonadas, que têm em casa quem estude com ela algumas horas extras, enfrenta com facilidade esse regime escolar em que quase não se dá aula. Ele só penaliza, de fato, a criança pobre, oriunda de meios desassistidos, porque ela só conta com a escola para adquirir o conhecimento formal. Só uma escola de tempo integral pode tirar a infância brasileira, proveniente das famílias de baixa renda, do abandono das ruas ou de situações de falta de assistência em lares onde seus pais não podem estar, levando as crianças das classes populares a terem sua infância suprimida, assumindo funções de adultos.

Segundo o autor, o número de anos que as crianças devem passar na escola não se explica apenas pela quantidade de conteúdos e matérias que devem aprender. A faixa dos 7 aos 14 anos corresponde a um período decisivo do seu amadurecimento. Não é o ensino que permite o desenvolvimento físico e mental da criança; é esse desenvolvimento que permite a aprendizagem. Brincar é uma atividade essencial nesse processo. O recreio não é um favor que se faz ao aluno, e a escola não é prisão. A escola é um lugar de vida e alegria; o recreio é tão importante quanto a sala de aula (Idem, 2018).

Darcy Ribeiro advogava que toda a infância brasileira é capaz de ingressar no mundo das letras para se formar como um trabalhador hábil e um cidadão lúcido, se lhes forem compensadas as condições de pobreza em que vivem: de ignorância de suas famílias, que não tiveram escolaridade prévia; e de falta de algum parente letrado que oriente seus filhos nas tarefas escolares. Para ele, é necessária educação de dia completo; escola ampla para que passem o dia estudando, fazendo exercícios físicos e brincando; além das aulas comuns, deve-se oferecer orientação complementar em estudo dirigido; e atividades diversificadas, de modo a aproximar a educação das crianças das classes populares daquela que é recebida pelas crianças das classes abastadas; dieta alimentar balanceada, banho diário, assistência médica e dentária. Esta era a proposta dos Cieps.

Em síntese, Anísio Teixeira e Darcy Ribeiro comungavam a compreensão sobre o que se faz necessário para escolarizar a criança brasileira. Tanto um como outro explicitavam que a criança popular precisa ter na escola, coletivamente, oportunidades que o filho da classe média tem na sua própria casa. E esse ponto de vista se desdobrava na necessidade da escola de tempo integral. Anísio enfatizava que, para uma escola desenvolver a criança integralmente, e isso só se faz com atividades práticas, requer tempo. Darcy mostrava como as carências sociais implicam uma escola de dia completo e, em consequência, os serviços que ela deve prestar e prestou nos Cieps. Outro aspecto desenvolvido por ambos era a ideia de enraizar culturalmente a escola na comunidade, apesar dessa noção aparecer em propostas de operacionalização diferentes. Em Anísio, ela se consolidava na defesa da municipalização. Darcy defendia a interação da cultura popular com a letrada dentro da escola, através da participação da comunidade e da introdução da figura do *animador cultural*.

Os Centros Integrados de Educação Pública, que foram edificados especificamente para o desenvolvimento da escola pública de tempo integral para o ensino fundamental, tiveram dois momentos de implantação e de abandono pelo poder público. A existência de demanda por esta escola serviu como justificativa para o desenvolvimento deste projeto, assim como sua negação, para interrompê-lo no Município e no Estado do Rio de Janeiro. Os Cieps foram implantados no Estado e no Município do Rio de Janeiro pelo Programa Especial de Educação (I PEE, de 1983 a 1986; e II PEE, de 1991 a 1994).

A concepção pedagógica do Ciep, apelidado de Brizolão pela população por ter sido implantado na gestão do Governador Leonel Brizola, tem como princípio assegurar a cada criança de 1ª a 4ª séries um bom domínio da escrita, da leitura e do cálculo, instrumentos fundamentais sem os quais não se pode atuar eficazmente na sociedade letrada. De posse deles, a criança tanto pode prosseguir seus estudos escolares como aprender por si mesma, livre, por esse aspecto, da condenação à exclusão social e habilitada ao exercício da cidadania. Outro princípio fundamental é o respeito ao universo cultural do aluno no processo de introdução da criança no domínio do código culto. A escola deve ser mediadora entre a cultura popular do aluno e o conhecimento formal da sociedade industrializada (Ribeiro,1986).

Esta escola foi projetada para atender a 600 crianças em turno único, além de 400 à noite na Educação Juvenil; durante o dia os alunos deveriam ter, além das aulas, orientação no estudo dirigido, atividades esportivas e recreativas, acesso à leitura de livros e revistas na biblioteca e a vídeos na sala para esse fim, e participação em eventos culturais. Como o projeto previa atendimento aos alunos provenientes de segmentos sociais de baixa renda, as escolas foram localizadas preferencialmente onde havia maior incidência de populações carentes, portanto fornecendo assistência médico-odontológica, alimentação e banho.

Questões colocadas pela ampliação da jornada escolar

As pesquisas já mencionadas, tanto as do MEC como as do Itaú Social, se assemelham ao destacar pontos que demandam soluções: o espaço e a infraestrutura; a formação de profissionais e sua jornada de trabalho; a integração das diversas atividades no projeto pedagógico; critérios de prioridade para abranger escolas e alunos; formulação de indicadores para avaliar o projeto; recursos para implementação. Cada um desses aspectos pode comprometer os resultados que justificam a implementação de projetos de ampliação da jornada escolar, seja qual for a concepção adotada. Portanto, encontrar alternativas para os pontos destacados implica a implantação paulatina dos projetos, seja por limitação de orçamento, espaço ou pessoal (Maurício, 2013).

As pesquisas mostraram que há uma tendência geral em priorizar os municípios, escolas e alunos com maior vulnerabilidade social, daí a utilização de Índice de Desenvolvimento Humano (IDH), beneficiário de Bolsa Família entre outros critérios de prioridade. A correlação direta entre pobreza e baixo desempenho escolar faz do Índice de Desenvolvimento da Educação Básica (Ideb) um indicador muito utilizado para priorizar municípios e escolas. A lógica é evidente, entretanto ela pode estigmatizar alunos e escolas. Há que encontrar critérios que não discriminem e que ofereçam opção de escolha para a população.

A infraestrutura e o espaço para ampliação da jornada escolar são os aspectos mais apontados por professores e diretores como obstáculo à implantação do projeto. As soluções de adaptação e de ampliação de espaço são diversas: construir salas de aula, anexos ou "puxadinhos"; alugar espaços próximos; instalar tendas ou salas de aula em containers; utilizar espaços externos em clubes, igrejas, praças, centros culturais, bibliotecas, etc. Por mais que muitos projetos tenham a perspectiva de que diferentes espaços da cidade são educadores, não temos a tradição europeia de cidade, além de problemas como segurança, transporte, urbanização, entre outros. Há municípios que encontram boas soluções para aproveitar os espaços da cidade, contornando as eventuais precariedades.

Nossa infraestrutura, que tem como natural a noção de turno, na qual uma mesma sala de aula é usada, no mínimo, por duas turmas a cada dia, diferentemente de países desenvolvidos, está bastante distante da que seria adequada para a generalização da ampliação da jornada. Dispor de uma sala para cada turma, independente da extensão da jornada, propicia acolhimento para alunos e professores, para suas produções, seus materiais, promovendo identificação dos alunos com o ambiente.

Quem vai trabalhar para que a jornada escolar seja ampliada? Professores ou monitores ou agentes comunitários, ou estagiários, ou outras opções? Essa decisão implica a possibilidade maior ou menor de integração das atividades de ampliação ao currículo regular. A opção por professor facilita a integração, mas demanda mais recursos. Alternativas menos onerosas podem implicar rotatividade de profissionais, comprometendo o projeto. Por outro lado, há muitos municípios que não têm disponibilidade de profissionais, como graduandos em diversas áreas. Partilhamos com Coelho et al. (2012) a compreensão de que para desenvolver atividades integradas são necessários profissionais com formação à altura para esse projeto e condições de trabalho que lhes permitam compromisso permanente com a educação dos alunos. As pesquisas indicaram que a presença de um professor coordenador tem estimulado a integração das atividades ao projeto pedagógico da escola, como também encontros de formação e de planejamento regulares para todos os profissionais da escola.

Constataram ainda que não há atenção específica para monitoramento das experiências e apontaram a necessidade de criação de indicadores que reflitam os objetivos da ampliação da jornada escolar, que não se restringem ao desempenho acadêmico. O Ideb e indicadores semelhantes não dão conta do que seus projetos propõem. A maioria das experiências controla a frequência, porque ela é condição para os recursos do Fundeb.

Foram formulados dois indicadores para monitoramento da meta 6 do PNE, pelo Inep, um para acompanhar o crescimento de matrículas da educação básica em tempo integral e outro para o número de escolas. Esse segundo indicador, de acordo com o Relatório do 2º Ciclo de Monitoramento do PNE, contabilizava escolas de tempo integral como aquela que tinha pelo menos 25% dos alunos nessa modalidade de ensino (Inep, 2018). Ainda é insuficiente, porque se trata de um critério exclusivamente quantitativo.

Legado das experiências de educação integral em tempo integral

Como vimos ao longo do artigo, da segunda metade do século XX para cá, a partir de experiências de escola de tempo integral em projetos estaduais ou municipais, a discussão sobre essa proposta de escola pública expandiu-se, com presença cada vez maior em plataformas eleitorais. A partir da Constituição de 1988 e da LDBEN de 1996, a legislação de âmbito nacional acolheu o tema, desdobrando-se em novas leis e decretos, e projetando-se para os Planos de Educação, nacionais, estaduais e municipais. As propostas de ampliação da jornada escolar multiplicaram-se, impulsionadas pelo acréscimo de recursos do Fundeb e pela abrangência do Programa Mais Educação, de âmbito nacional, que se propunha a induzir políticas públicas de ampliação da jornada escolar. Várias pesquisas registraram o desenvolvimento de duas modalidades de ampliação da jornada escolar, seja através de projetos de escolas em vários estados ou cidades, seja através de articulações intersetoriais para ampliação do tempo complementar à jornada escolar. Em 2016, com a aprovação do Novo Regime Fiscal, adotado logo após a destituição da presidente Dilma Roussef, com a posse de Michel Temer, o crescimento de alunos matriculados e escolas com jornada integral ou ampliada decresceu visivelmente. A relação numérica é evidente.

O que restou? A presença concreta e significativa de escolas, algumas de grande porte, com espaço, mobiliário e equipamentos adequados, professores e funcionários suficientes, preparados para trabalhar nesta nova escola, em muitos estados brasileiros, constrói o imaginário na sociedade de que é possível ter uma escola para o povo que não seja precária, como foi nossa tradição ao longo de séculos. Aqui não se fala de luxo ou de perfeição, mas de uma escola passível de ser implantada, a fim de acolher professores e alunos para desenvolver diversas atividades educativas e culturais. Daí a presença repetitiva de proposta de escola em tempo integral na campanha dos mais diversos partidos, mesmo aqueles que se opõem a ela em períodos não eleitorais. Esta escola tornou-se uma metáfora para o reconhecimento do direito à educação para todos.

A vivência concreta nesta escola por professores e outros profissionais introduz a familiaridade de trabalhar em condições dignas, com espaço, equipamentos, tempo amplo, materiais didáticos e mesmo novos regimes de trabalho, proporcionando carga horária mais longa, portanto salário maior e possibilidade de trabalhar num único lugar, diminuindo o desgaste diário dos profissionais. A familiaridade com esta possibilidade introduz a demanda por condições de trabalho adequadas. Novamente é necessário ressaltar: são possibilidades e não certezas, talvez melhores, mas ainda muito distantes do que se poderia considerar ideal.

A proposta de atividades diversas que traz a presença de profissionais de áreas variadas impacta o cotidiano de professores, dos diferentes profissionais e dos alunos, que são levados a conviver com a diferença diariamente, impossível ignorá-la, ampliando, mais ou menos, o universo cultural de todos os participantes da escola, profissionais e alunos. A convivência com a diversidade favorece o enriquecimento do universo cultural, através do compartilhamento de espaços, linguagens, preferências, memórias e tudo o mais. A diferença, que sempre existiu no cotidiano escolar entre os alunos, com a qual convivem, passa a estar presente também entre profissionais, que precisam aprender a lidar com ela, quem sabe, induzindo o trabalho coletivo, condição para que todos construam sua identificação com o projeto de escola. Os pais são apresentados a uma escola que oferece oportunidades que nunca pensaram que fossem encontrar em escolas. Tomam contato com uma escola que passam a demandar para seus filhos. Quanto maior a diversidade dentro do ambiente escolar, mais próximos todos estarão da naturalização da convivência entre a variedade. Um grande passo para reconhecer que nossa miscigenação é uma riqueza, é um patrimônio para uma nova civilização, como queria Darcy Ribeiro.

Em relação aos Cieps, em particular, a experiência deixou claro que o sucesso da educação pública não se resume a uma questão pedagógica, é antes de tudo uma questão política, de projetar o futuro através da educação, investindo os recursos necessários para tal. O forte investimento na formação de professores e de todos os profissionais da escola, baseado na compreensão de que o trabalho com a criança é complexo, evidenciou que, além dos prédios que deixaram uma marca no estado do Rio de Janeiro, o processo de atualização desenvolvido no decorrer do projeto criou um compromisso com a escola que se revela, ainda hoje, em vários depoimentos de ex-professoras:

> Tenho muita saudade daquele primeiro ano em 1993, tudo funcionava, tudo era novo, nossos olhos brilhavam pelo encanto de participar de um programa de alto nível, chamado CIEP... No final do ano de 1993 entendi que era verdadeiramente o que eu queria e fiz a prova para o estado, passei e optei em retornar para o mesmo Ciep.

> Pude observar desde o início a construção do CIEP que, naquela época, foi considerada escola de primeiro mundo. Foi um dos anos mais felizes da minha vida. Nós, professores bolsistas, éramos capacitados continuamente e muito bem remunerados (O Globo, 2006).

Referências

BRANDÃO, Zaia. A escola de 1° Grau em tempo integral: as lições da prática. *Educação e Sociedade*, n° 32, p. 116-129, 1989.

BRASIL. Constituição da República Federativa do Brasil, de 5 de outubro de 1998. Disponível em: http://www.planalto.gov.br/ccivil_03/Constituicao/Constituicao.htm.

BRASIL. Emenda Constitucional n° 95, de 15 de dezembro de 2016. Diário Oficial da União, Brasília, DF, 15 dez. 2016.

BRASIL. Decreto n° 6.094 de 24 de abril de 2007. *Diário Oficial da União,* Brasília, DF, 25 abr. 2007.

BRASIL. Decreto n° 7.083, de 27 de janeiro de 2010. Regulamenta o Programa Mais Educação. *Diário Oficial da União*, Brasília, DF, 27 jan. 2010.

BRASIL. Lei n° 9.394, de 20 de dezembro de 1996: dispõe sobre as diretrizes e bases da educação nacional. *Diário Oficial da União*, Brasília, DF, 23 dez. 1996

BRASIL. Lei n° 10.172, 9 jan. 2001. *Diário Oficial da União*, Brasília, DF, 10 jan. 2001.

BRASIL. Lei n° 11.494, de 20 de junho de 2007. Regulamenta o Fundeb. *Diário Oficial da União*, Brasília, DF, 22 jun. 2007.

BRASIL. Lei n° 13.005, de 25 de junho de 2014. Aprova o Plano Nacional de Educação 2014-2024. *Diário Oficial da União*, Brasília, DF, 26 jun. 2014.

BRASIL. Portaria Normativa Interministerial n° 17, de 24 de abril de 2007. Institui o Programa Mais Educação. *Diário Oficial da União*, Brasília, DF, 26 abr. 2007.

CAVALIERE, Ana Maria. Escola de tempo integral versus aluno de tempo integral. *Em Aberto,* n° 80, Brasília, Inep, p. 51-63, 2009.

CAVALIERE, Ana Maria. Escola pública de tempo integral do Brasil: filantropia ou política de estado? *Educação e Sociedade*, Campinas, SP, v. 35, n. 129, p. 1205-1222, 2014.

COELHO, Lígia Martha Coimbra da Costa. História(s) da educação integral. *Em Aberto* n° 80, Brasília, Inep, p. 83-96, 2009.

COELHO, Lígia Martha Coimbra da Costa et al. Experiências de ampliação da jornada escolar no Estado do Rio de Janeiro: sujeitos e(m) atuação, *Revista Contemporânea de Educação,* v. 7, n 14, p. 454-468, 2012.

CONFERÊNCIA NACIONAL DE EDUCAÇÃO (CONAE). *Documento Final.* Brasília: Ministério Ministério da Educação, 2010. Disponível em: http://conae.mec.gov.br/images/stories/pdf/pdf/documetos/ documento_final_sl.pdf.

FUNDAÇÃO ITAÚ SOCIAL/CENPEC. *Tendências para Educação Integral.* São Paulo, 2011.

FUNDAÇÃO ITAÚ SOCIAL/CENPEC. *Percursos da educação integral* – em busca da qualidade e da equidade. São Paulo, 2013.

INEP. *Relatório do 2º. Ciclo de Monitoramento das Metas do Plano Nacional de Educação*. 2018. Disponível em: http://portal.inep.gov.br/informacao-da-publicacao/-/asset_publisher /6JYIsGMAMkW1/document/id/1476034.

INEP. *Apresentação dos dados do Censo Escolar de 2021*. Disponível em: https://download.inep.gov.br/censo_escolar/resultados/2021/apresentacao_coletiva.pdf.

MAURÍCIO, Lúcia Velloso. Escola pública em horário integral e inclusão social. *Revista Espaço* nº. 27, jan/jun, 2007.

MAURÍCIO, Lúcia Velloso. Escritos, representações e pressupostos da escola pública de horário integral. *Em Aberto, n. 80, Brasília, Inep*, p. 15-31, 2009.

MAURÍCIO, Lúcia Velloso. Questões colocadas pela ampliação da jornada escolar no Brasil. In: LIMONTA; BRANDÃO; FREITAS; SANTOS. *Educação integral e escola pública de tempo integral*. Goiânia: PUC Goiás, p. 19-37, 2013.

MAURÍCIO, Lúcia Velloso. Condições e interesses pela educação em tempo integral no Brasil. *Revista de Educação e Cultura Contemporânea*, v. 13, n. 33, p. 84-100, 2016.

O GLOBO. CIEPs 21 anos. Rio de Janeiro, 28 de maio a 4 de junho de 2006.

PARO, V. *et al. Escola de tempo integral*: desafio para o ensino público. São Paulo: Cortez Editora, 1988.

RIBEIRO, Darcy. *O Livro dos CIEPS*. Rio de Janeiro: Bloch Editores, 1986.

RIBEIRO, Darcy. Balanço crítico de uma experiência educacional. *Carta 15*: o novo livro dos CIEPs. Brasília: Senado Federal, 1995.

RIBEIRO, Darcy, *Educação como prioridade*. MAURÍCIO, Lúcia Velloso (Org.). São Paulo: Global Editora, 2018.

TEIXEIRA, Anísio. *Educação não é Privilégio*. 5. ed. Rio de Janeiro: Editora UFRJ, 1994.

UTOPIAS EDUCACIONAL, NACIONAL E LATINO-AMERICANA: A EXPERIÊNCIA DA UNB[1]

Adelia Miglievich-Ribeiro[2]

Introdução

Um modelo estrutural novo somente se impõe como uma necessidade impostergável porque as universidades latino-americanas não são capazes de crescer e de se aperfeiçoar nas condições atuais, a partir da estrutura vigente, com os recursos disponíveis. E, principalmente, porque esta estrutura serve mais à perpetuação do status quo que à sua transformação. Impõe-se, além disso, porque os remendos que se estão fazendo nesta estrutura, concretizados através de programas induzidos do exterior, ameaçam robustecer ainda mais o seu caráter retrógrado, aliviando algumas tensões e atendendo a algumas carências, precisamente para manter suas características essenciais de universidades elitistas e apendiculares.

(Darcy Ribeiro, *A Universidade Necessária*, 1982, p. 177).

O encontro entre Anísio Teixeira (1900-1971) e Darcy Ribeiro (1922-1997) no Centro Brasileiro de Pesquisas Educacionais (CBPE)[3] é emblemático

---

[1] Uma versão anterior do presente texto foi publicada na forma de artigo em Miglievich--Ribeiro, A. M. Darcy Ribeiro e Unb: Intelectuais, Projeto e Missão. *Ensaio*. Fundação Cesgranrio, Rio de Janeiro, v. 25, n. 96, p. 585-608, jul./set. 2017.

[2] Doutora em Sociologia (PPGSA/IFCS/UFRJ). Professora do Departamento de Ciências Sociais e do Programa de Pós-Graduação em Ciências Sociais (PGCS) da Universidade Federal do Espírito Santo (Ufes) Pesquisadora Produtividade CNPq – nível 2. miglievich@pq.cnpq.br.

[3] O Centro Brasileiro de Pesquisas Educacionais (CBPE), criado em 1955, no governo de Juscelino Kubitschek, ligava-se ao Instituto Nacional de Estudos Pedagógicos (Inep), presidido por Anísio Teixeira, e pertencia ao Ministério da Educação e Cultura (MEC). Anísio convidou Darcy Ribeiro para assumir a direção científica do CBPE, o qual constituiu imediatamente uma equipe interna interdisciplinar, além de uma rede de colaboradores externos para um triplo programa de estudos e pesquisas a contemplar: a) pesquisas de campo em municípios, zonas urbana e rural, representativas da diversidade brasileira; b) pesquisa bibliográfica e interdisciplinar de sistematização dos estudos e

de um fragmento de geração marcado pelo imperativo de produzir as condições e as instituições que possibilitassem a emergência do Brasil que "podemos ser". O sociólogo húngaro Karl Mannheim (1974; 1986), então recepcionado no Brasil, referia-se à possibilidade de se congregar, no âmbito das sociedades modernas, indivíduos que viriam a se chamar intelectuais públicos – a *Intelligentsia* –, guiados pela "mentalidade utópica" e comprometidos com o "fazer histórico".

A utopia era, assim, compreendida como parâmetro de intervenção na realidade em oposição "ao que há", a fim de garantir "o que precisa haver". Não que a utopia pudesse se realizar plenamente, exceto no plano do pensamento. Não seria utopia se não se revelasse contrafática, um estado de espírito incongruente com a realidade concreta, contudo a servir como bússola para os novos tempos. Pensar Darcy Ribeiro na chave da *Intelligentsia* permite uma melhor compreensão de seus feitos e dos de sua geração.

> Darcy fez parte de uma geração de intelectuais e artistas que acreditava firmemente ser possível construir um projeto cultural abrangente para o Brasil e para a América Latina. Um projeto destinado a revolucionar as estruturas do país e do continente, e não apenas reformá-las [...] era uma geração de humanistas que queria nada menos que o todo. [...] E mais que isso: era uma gente que bebeu no modernismo antropofágico da Semana de 1922, ávida por conhecer e fazer valorizar as raízes mais profundas da nossa formação híbrida [...]. Darcy pertencia a esse tempo (Ferraz, 2008, p. 10-11).

As páginas que seguem contam um pouco desse "portador de utopias". Utopias educacional, nacional, latino-americana, em suas variantes políticas, filosóficas, educacionais e estéticas (Souza Ricardo, 2007), que se encontram expressas na missão de construção da Universidade de Brasília (UnB). Trata-se de compreendê-la como a "Universidade Necessária"[4] a um povo que ousa existir para si mesmo e pensar por conta própria, ambição

---

teses acerca da formação brasileira; c) pesquisas sociológicas sobre os processos de industrialização e urbanização. Cf. Ribeiro, 1990, p. 115.

[4] *A Universidade Necessária* tornou-se, também, título de um dos livros de Darcy Ribeiro, escrito no exílio e publicado pela primeira vez em 1967, pela Editora Galerna, de Buenos Aires. Nele, Darcy Ribeiro fazia um balanço dos dilemas e desafios cruciais com os quais a universidade na América Latina se defrontava.

essa que sofreria o Golpe Militar de 1964. Pretende-se observar o acúmulo de reflexão embutido naquele projeto da UnB, tão acalantado por Darcy Ribeiro, sobretudo em tempos de (anti)reformas[5], que parecem reconduzir o Brasil ao mais perfeito estado de submissão em plano global, "a reboque" dos países centrais. Quer-se dizer aqui que, modernos na periferia do globo, sempre fomos reflexos pálidos dos países desenvolvidos, "proletariado externo", na terminologia de Darcy Ribeiro, conformados no trabalho escravo e na economia da *plantation*.

O projeto da Universidade de Brasília representou uma outra proposta de se pensar a educação, a ciência e as tecnologias, dessa vez, a partir do "Terceiro Mundo", com vistas à emancipação. O projeto tinha como intencionalidade o compromisso com o povo brasileiro e o desenvolvimento nacional, cuja memória resgatada, mote de nosso capítulo, revela as contradições da história que nos amparam, hoje, a persistir na "mentalidade utópica".

A UnB como projeto: Anísio Teixeira e Darcy Ribeiro

O final da década de 1950 esteve marcado pela intensidade do debate acerca do papel da educação na definição dos rumos nacionais. Mantinham-se, na pauta do Congresso, as acirradas polarizações que uniram, de um lado, Anísio Teixeira e Darcy Ribeiro na luta pela ampliação da rede pública de ensino, nascida com o movimento da "Escola Nova" nos anos 1920, e, de outro, os defensores do ensino privado, representados, exemplarmente, por Carlos Lacerda e Dom Hélder Câmara. É nesse contexto que o tema da transferência da capital da República do Rio de Janeiro para o Planalto Central entra em cena. Nasceria Brasília, e Juscelino Kubitschek entregou nas mãos de Anísio Teixeira o planejamento da educação no novo distrito

---

[5] Na conjuntura presente, a hegemonia do neoliberalismo no planeta corrobora o processo de desdemocratização da sociedade brasileira, que impõe a lógica de mercado à política. São exemplares do contramovimento democrático, a privatização dos serviços educacionais, anunciada desde a Base Nacional Comum Curricular (BNCC) de 2018, e a ingerência no exercício do magistério, sobretudo com o fortalecimento do Movimento *Escola sem Partido*, que desencadeou a aprovação de leis em vários municípios e estados da federação, com vistas a controlar, punir e vigiar docentes da Educação Básica e do Ensino Superior, sob a justificativa de doutrinação política, religiosa ou de gênero. Ao fim, os tempos atuais minam a participação cidadã crítica, produzindo a crença na meritocracia que divide os indivíduos em "ganhadores" e "perdedores" sem qualquer projeto coletivo a uni-los.

federal[6], quando as ideias de Darcy Ribeiro também passaram a ressoar no poder central.

O caminho da criação da UnB foi atravessado por não poucos obstáculos. Dom Hélder Câmara procurou Juscelino Kubitschek para comunicar o propósito da Companhia de Jesus de erguer em Brasília a sua universidade, sem ônus para o governo. O Presidente pareceu não se opor à ideia, ainda que isso significasse o fim do projeto da UnB. Darcy precisava, em curto prazo, reagir à ameaça, de modo que tratou de enfrentar a questão no âmbito em que ela nascera, internamente à Igreja Católica. Apelou para a ordem dominicana, que tradicionalmente se opunha aos projetos jesuíticos. Expôs à Geral da Ordem, Frei Matheus Rocha, a defesa da UnB: o Brasil já possuía oito universidades católicas, quatro delas pontifícias, que formavam inúmeros profissionais, menos teólogos. Oferecia, assim, em troca do apoio dos dominicanos, o erguimento na UnB do Instituto de Teologia Católica a eles entregue. A proposta foi levada ao Papa João XXIII por Frei Matheus e, pela autoridade máxima da Igreja, aceita. Como em um milagre, não mais se falou numa universidade jesuítica na capital federal.

Depois disso, Juscelino Kubitschek ainda surpreenderia Darcy Ribeiro com novos entraves. Pretendia entregar o planejamento da UnB aos reitores das universidades tradicionais. Diante disso, esforços foram conjugados a fim de reverter o encaminhamento com a participação direta da SBPC, as adesões estratégicas de Cyro dos Anjos e de Victor Nunes Leal, respectivamente Subchefe e Chefe da Casa Civil de JK, e o apoio de Lúcio Costa e Oscar Niemeyer, encarregando-se este pessoalmente do projeto físico da universidade. Ao fim, o Presidente da República decide nomear Darcy Ribeiro, Cyro dos Anjos e Oscar Niemeyer responsáveis pela criação da UnB.

---

[6] Vale enfatizar a continuidade entre escola e universidade contida no modelo educacional projetado por Anísio Teixeira, bem como a constituição de um novo pensamento pedagógico inspirado nas ideias de John Dewey, a formar "cérebros" criativos e autônomos, sem distinção entre filhos de trabalhadores e filhos das elites. O sistema de ensino proposto era composto pelas seguintes instituições escolares: a) Centros de Educação Elementar, integrados por Jardins de Infância, Escolas-Classe e Escolas-Parque; b) Centros de Educação Média, destinados à Escola Secundária Compreensiva e ao Parque de Educação Média; c) Universidade de Brasília, composta de Institutos, Faculdades e demais dependências destinadas à administração, biblioteca, campos de recreação e desportos. Cf. Anísio Teixeira, "Plano de Construções Escolares de Brasília", 1961.

Em 21 de abril de 1960, data da fundação da nova capital, Juscelino Kubitschek, impulsionado por Cyro dos Anjos, enviou para o Congresso Nacional a mensagem propondo a criação da Universidade de Brasília. Darcy Ribeiro passou a acompanhar, cotidianamente, o longo e exaustivo trabalho nas Comissões da Câmara dos Deputados e, depois, no Senado, administrando conflitos e buscando novos apoios com vistas a enfraquecer a oposição, até ver o Projeto de Lei – que contou com a colaboração em sua redação de San Tiago Dantas – ser aprovado numa situação absolutamente excepcional.

Dera-se a renúncia do presidente Jânio Quadros e um tumulto se instalara no Congresso Nacional. Darcy Ribeiro, em meio ao transtorno geral, conseguiu inserir na pauta do dia, por intermédio do presidente da sessão – Deputado Sérgio Magalhães –, o Projeto de Lei relativo à criação da UnB, que foi aprovado junto com outros tantos pontos, para, em seguida, o feito ser repetido no Senado Federal, em que pese a oposição. Darcy recordava-se de seu sentimento então: "Eu tinha em mãos, pois, toda uma lei admirável que deveria pôr em execução" (Ribeiro, 1995, p. 10).

João Goulart, ainda sob as tensões do parlamentarismo de ocasião no Brasil, cujo único intento foi impedi-lo de chegar à presidência, uma vez tendo sido eleito vice de Jânio, sancionou a Lei nº 3.998, criando, enfim, a Fundação Universidade de Brasília, em 15 de dezembro de 1961. Os cargos de reitor e vice-reitor foram entregues respectivamente a Darcy Ribeiro e a Anísio Teixeira. O Brasil vivia tempos de democracia instável e, para Darcy, se a universidade iniciasse as aulas, nada mais poderia estancá-la. Quatro meses depois, a UnB começou a funcionar.

Darcy Ribeiro traça uma linhagem que teria permitido a concepção da UnB. Elogia a Escola Livre de Sociologia e Política (ELSP) em São Paulo, na qual ele mesmo se graduou. Tratava-se da primeira instituição de ensino superior organizada para promover a pesquisa e o ensino no campo das ciências humanas e sociais, criada, logo após a derrota da revolução constitucionalista de 1932, pela elite paulistana, que, contudo, não teria conseguido enxergar plenamente, segundo nosso autor, o potencial de sua própria iniciativa, acabando por freá-lo. Destaca, também, a criação da Universidade de São Paulo (USP) em 1934 e de sua Faculdade de Filosofia, Ciências e Letras (FFCL), que aspirou, mas não concretizou, à integração dos campos de saber. Chama a atenção para a curta vida da Universidade do Distrito Federal (UDF), na cidade do Rio de Janeiro, que foi fundada em 1935 sob a égide dos "pioneiros da educação" e a liderança de Anísio Teixeira. A liberdade da UDF configurou-se, porém, com o advento do Estado Novo, uma ameaça à nova ordem imposta. Não tardaria seu fechamento decretado em 1939. Dali em diante, a Universidade do Brasil ganhava hegemonia nacional, sem qualquer ambição integrativa, marcada por formas de ensino tradicionais, isolada da comunidade. Darcy denunciava, ao rememorar a história da universidade no Brasil, a burocratização e a cartorização da educação superior que "conduziu a extremos de irresponsabilidade e de clientelismo" (Ribeiro, 1978, p. 55), multiplicando-se, por isso, "às centenas as falsas escolas superiores, deteriorando até níveis risíveis um ensino já muito precário" (Ribeiro, 1978, p. 56). Nesse sentido, os planejadores da UnB estavam desafiados a superar tal "estado de calamidade" para que a universidade brasileira ultrapassasse a renitente "colonialidade" e o mimetismo cultural a impedir sua participação nos padrões internacionais de cultivo e difusão do saber.

Não se tratava, em suas palavras, de "reinventar a universidade se não lhe dar autenticidade e funcionalidade" (Ribeiro, 1975, p. 169). Havia pontos específicos a serem enfrentados pela "Universidade Necessária" à nação, dentre eles o elitismo na educação, observado no estreitamento progressivo da oferta de matrículas no sistema público e gratuito em contraste à expansão desmedida do ensino privado. Também cabia repudiar a cátedra que entregava o controle de um campo de conhecimento a uma única pessoa, reforçando o caráter paternalista e patrimonialista da universidade, e substituí-la pelos colegiados departamentais. Reconhecia-se ainda a carência de quadros pós--graduados no Brasil, planejando-se, por isso, a criação de cursos de pós-graduação. Haveria ainda de prever uma saudável vida universitária por meio do incentivo à participação responsável dos estudantes na cogestão acadêmica. Tratava-se, por fim, de romper o "encapsulamento" da universidade tradicional, ao se estimular a comunicação extracurricular livre no *campus* e fora dele, com a cidade e com o país, por meio de programas efetivos de difusão cultural e extensão universitária.

A universidade pública "necessária" tinha papel preponderante na integração da vida social, política e cultural brasileira e se voltaria à construção de um diálogo internacional permanente, especialmente com as demais nações latino-americanas (Alencar, 1969, p. 219-220). Darcy Ribeiro era conhecedor de que, em contraste com a América Hispânica, o Brasil chegara à independência sem contar com uma única universidade. Em que pese esse registro, era para ele nítido que, no continente inteiro, as universidades eram *loci* da "recolonização cultural", contra o que se insurgia.

> A América Latina, imersa num regime neocolonial de atualização histórica, ficou para trás até cair nas atuais condições de dependência em relação aos Estados Unidos. Mesmo contando com uma tradição universitária própria e secular, deixou-se recolonizar culturalmente pelo modelo francês de universidade e, mesmo este, só logrou implantar mediocremente (Ribeiro, 1982, p. 90).

No planejamento da UnB, no lugar das faculdades isoladas, cada instituto central agrupava todas as atividades de ensino, pesquisa e outras em sua área de saber. Para tal remodelagem universitária, a carreira docente era radicalmente modificada. Os professores tinham como regime de trabalho as 40h, com dedicação exclusiva. Para atrair intelectuais e cientistas "de ponta" de todo o Brasil e do mundo, era necessário lhes oferecer as condições mais alvissareiras de trabalho e liberdade acadêmica. Interessava, também, agregar jovens talentos em início de carreira, estes a assumir os postos de "instrutor" e "assistente". O instrutor, ainda fora da carreira universitária, era o estudante de pós-graduação que passava a receber um salário por essa função. O segundo, primeiro nível da docência, era detentor do título de mestre. Todos os demais níveis (professor assistente; professor associado; professor titular) requeriam, no mínimo, a titulação de doutor. Pensar algo assim no início da década de 1960 expressava um poder de antevisão raro (Salmeron, 2012, p. 96), em se visando ao protagonismo da universidade na produção de conhecimento e de quadros de liderança para a nação.

Cabia à comunidade acadêmica pensar uma inédita estruturação da universidade, bem como os novos cursos, programas e currículos. Anísio Teixeira substituiu na reitoria Darcy, chamado para a pasta da Educação e Cultura pelo primeiro-ministro Hermes Lima, e teve como vice-reitor Almir de Castro. Para inaugurar a Letras, foi chamado Cyro dos Anjos, que assumiu a UnB, ainda que como membro do Tribunal de Contas da União (TCU). Victor Nunes Leal, presidente do Supremo Tribunal Federal (STF), deu início ao "curso tronco" de Administração, Direito e Economia que fundou o Centro de Ciências Humanas, cuja coordenação foi entregue a Eduardo Galvão. Os dois primeiros, em caráter absolutamente extraordinário, tinham dedicação parcial. O Centro de Artes, inicialmente ligado à Arquitetura e Urbanismo, sob a responsabilidade de Oscar Niemeyer, teve seu primeiro coordenador em Alcides da Rocha Miranda. As Artes, além da pintura e escultura, inovavam-se com a introdução das artes gráficas, do desenho artístico industrial, da fotografia, do cinema e da música. Por sua vez, o Centro de Biociências foi assumido por Antonio Rodrigues Cordeiro, enquanto o Centro de Química era inaugurado por Otto Richard Gottlieb e o Centro de Física recebia como coordenador, após Salmeron – que passou a se dedicar à coordenação geral dos Institutos Centrais de Ciências e Tecnologia –, Jayme Tiomno. Havia ainda o Curso de Jornalismo e o Centro de Extensão Cultural. Também o Instituto de Teologia, já mencionado, sob a coordenação do frei dominicano Mateus Rocha. Em fase inicial de planejamento, encontravam-se a Faculdade de Medicina e a Faculdade de Tecnologia (Salmeron, 2012, p. 75-6; 92).

O currículo foi adaptado ao sistema de créditos no qual a aprovação do estudante numa disciplina era reconhecida em toda a universidade. Assim, se um estudante quisesse seguir nova orientação profissional não precisaria cursar outra vez as disciplinas em que já havia obtido aprovação. A atenção à pluralidade do público universitário era, também, preocupação de Darcy Ribeiro. Em *A universidade necessária* (1975), vemos propostas três tipificações de estudantes: a) consumidor; b) profissionalista; c) acadêmico. Este último era subdividido em: 1) técnico-profissional; 2) universitário.

O primeiro tipo referia-se ao estudante que ainda não amadureceu sua escolha profissional embora busque na universidade uma ambiência cultural e social diferenciada daquela que teria se fosse apartado dela. Segundo Darcy, para este, a UnB daria naturalmente o que necessita. O segundo tipo tinha pressa, precisava e desejava trabalhar, buscando, pela obtenção do diploma, a habilitação formal para o exercício de seu ofício. Não pretendia ser acadêmico ou cientista, nem podia ser obrigado a isso, o que significaria não precisar ser exposto a uma série de exigências, para ele, excessivas, enquanto a real qualificação de que necessitava seria deixada de lado. Para esse aluno, a universidade devia garantir todos os serviços educativos a que fazia direito e, mediante a comprovação de seu aproveitamento, emitir seu diploma, em tempo mais ágil, que não o desanimasse a tentar obtê-lo. A oferta do turno noturno era, pois, para esse perfil de estudante, imprescindível, além de cursos nas férias, com disciplinas e carga horária distintas em acordo com o ritmo realista de sua dedicação à universidade. Não seriam alunos malformados – até mesmo porque todos os tipos de estudantes passavam pelo ciclo básico comum antes da opção pela carreira e pelo tipo de formação universitária que almejavam

– porém não eram o estudante tipicamente acadêmico, sobre o qual recaía o maior investimento da universidade. Do perfil acadêmico, era requerida a dedicação exclusiva, o acompanhamento de professores em cujos programas de pesquisa se inseriam obrigatoriamente, posto que seu aprendizado extrapolava a sala de aula. O dia inteiro na universidade supunha, certamente, uma assistência diferenciada (bolsas de estudo desde o primeiro período), já tendo sido a toda comunidade acadêmica assegurados restaurante, residência e biblioteca equipada. Sabe-se que nasceriam deste grupo os futuros quadros qualificados no Brasil, lideranças empresariais, científicas, humanistas, que tenderiam a se destacar em seu campo de conhecimento, seja no mercado mais amplo (o técnico-profissional), seja na carreira acadêmica (o universitário).

No projeto da UnB, era enaltecida a formação cidadã dos estudantes, capacitados em nível de "primeiro mundo" e engajados na solução dos problemas nacionais. Ilustram tais propósitos as palavras do professor Antonio Márcio Junqueira Lisboa acerca, por exemplo, do ensino de pediatria:

> E a Faculdade de Ciências Médicas seria estruturada com proposições revolucionárias como "formar um profissional indiferenciado, capaz de atender às necessidades básicas de saúde da população – promoção, prevenção, recuperação, reabilitação – em diferentes níveis de atenção – primária (domiciliar, postos e centros de saúde), secundária (hospitais comunitários), e terciária (hospitais especializados e maternidades) [...] Uma das principais inovações era a de acabar com a fragmentação do ensino provocada pela existência de inúmeras disciplinas autossuficientes, que impediam uma visão holística do ser humano. [...] No ciclo clínico, o aprendizado era realizado sob a forma de treinamento em serviço, ou seja, o aluno aprendia fazendo (Lisboa apud Dias, 2013, p. 178).

A autonomia universitária era palavra de ordem no planejamento que se desenhava com seu autogoverno democrático, exercido pelos corpos acadêmicos, cuja política de ensino, pesquisa e extensão não poderia sofrer ingerências do Estado ou de organismos internacionais. Autonomia essa que supunha responsabilidade pública:

> O papel da universidade, para Darcy, indissocia-se da criação de uma consciência crítica. A universidade é uma instituição social fundamental, prenhe de ideologias e interesses, portanto, politizada, com a missão de nortear o desenvolvimento autônomo de sua nação. O postulado do saber científico neutro é recusado por Darcy que, não

ingenuamente, sabe que a despolitização da universidade é nitidamente sua submissão aos interesses e à lógica dominante de distribuição de poder numa sociedade que não rompe com sua condição de atraso e de subdesenvolvimento. A transformação da sociedade exige a política – em seu sentido digno. A universidade tem, pois, um papel político: *poder fazer* (Miglievich-Ribeiro; Matias, 2006, p. 202).

Com dois anos de vida, porém, a recém-nascida UnB, sofreria o acachapante Golpe de 1º de abril de 1964 a se desdobrar em um turbilhão de aflições, intervenções, perseguições. Uma promessa de universidade era abortada. Falar disso também é preciso.

O Golpe e a universidade

João Goulart reunira desafetos que vinham desde os tempos de sua atuação como ministro do Trabalho de Getúlio Vargas. Ainda, a Guerra Fria e o clima de polarização comunismo *versus* capitalismo não ajudava e fazia com que as reformas de base do Governo Jango, a se realizar em consonância à ordem democrática, fossem interpretadas e divulgadas indevida e massivamente como uma aproximação ao bloco socialista. Acusava-se Jango de querer "rasgar a Constituição", e, paradoxalmente, a título de evitar isso, os militares e os civis golpistas trataram de fazê-lo.

> Os principais elementos deflagradores do golpe tinham natureza política: o medo, a insegurança e a reação ao processo de esquerdização ou de "comunização" supostamente em curso no país. As representações anticomunistas, que foram dominantes nos discursos favoráveis ao golpe, expressavam o temor em relação aos movimentos sociais no campo [...] à força crescente dos sindicatos [...] à politização dos subalternos das Forças Armadas e à esquerdização dos jovens universitários. Além de expressarem o medo difuso despertado pelo aumento da influência da esquerda, tais representações tinham a vantagem de colocar o problema em linguagem compreensível para a sociedade, há muito acostumada a ouvir discursos sobre o "perigo vermelho". Por outro lado, tal linguagem permitia conferir mais gravidade ao quadro político, inscrevendo a situação brasileira nos parâmetros da Guerra Fria (Motta, 2014, p. 23).

João Goulart foi derrubado sem oferecer resistências, partindo para o exílio. Imediatamente, a UnB sofreu as consequências. O campus foi transformado em cenário de guerra, com a ocupação por tropas da polícia militar mineira e do Exército de "armas em punho" (Motta, 2014, p. 31). A propaganda de ódio à UnB já se alastrara, segundo a qual o *campus* seria um "antro comunista". Não se tratava de conhecer seu projeto acadêmico e seu trabalho, mas de aniquilá-lo.

> [...] quando a UnB, assim como todo o país, foi sacudida pelo movimento militar de 1 de abril de 1964. A 9 de abril, tropas da Polícia Militar de Minas Gerais e efetivos do Exército, sediados em Mato Grosso, ocupando 14 ônibus e trazendo três ambulâncias de serviço médico – não se sabe até hoje o porquê, mas era esperada uma reação armada por parte da Universidade! – em uniforme de campanha e, portanto, equipamento de combate, invadiram o campus universitário. À invasão seguiu-se uma minuciosa batida e revistamento das secretarias da reitoria dos demais departamentos, em particular da Biblioteca Central, cujo prédio, inclusive os gabinetes dos professores do Instituto Central de Ciências Humanas, sediado no primeiro andar, foi interditado por dezesseis dias. Com as tropas, vinha uma lista de professores a serem aprisionados. Doze desses professores, puderam ser encontrados, seja no campus, seja em suas residências, onde foram chamados pela reitoria e pelos colegas que julgaram melhor que seria os mesmos se apresentarem, já que nada tinham a ocultar e, assim, poderiam facilmente desfazer equívocos. Nossa surpresa foi, porém, que muitos deles ficaram presos no quartel do batalhão da Guarda Presidencial de treze a dezoito dias (Machado Neto, 1969, p. 251).

O reitor Anísio Teixeira foi demitido e o Conselho Diretor da Fundação Universidade de Brasília, destituído. Zeferino Vaz, da Faculdade de Medicina de Ribeirão Preto – autoridade sanitária que já entrara em choque com o movimento sindical da área da saúde e era assumidamente antijanguista – foi nomeado como interventor, tomando posse imediatamente para, em seguida, ser "eleito" membro do Conselho Diretor da Fundação Universidade de Brasília (FUB).

Num primeiro momento, o reitor *pro tempore* tentou abrir o diálogo com a comunidade acadêmica, anunciando que os professores e alunos presos seriam libertados e que se comprometia em dar continuidade à obra de Darcy Ribeiro. O discurso repercutiu bem internamente, quando ainda os ânimos dos que abraçaram o projeto da UnB, embora fortemente abalados, não se sabiam derrotados, e "prevaleceu a tese de que, considerada a situação anormal em que vivia o país, valia a pena perseverar perseguindo o ideal de manter a UnB malgrado a afronta" (Machado Neto, 1969, p. 252). Os professores, aos poucos, retomaram as aulas e as pesquisas.

> Apesar dessa interferência vital, as atividades continuaram com o mesmo vigor e a universidade tomou impulso raramente visto em tão pouco tempo em universidades de nosso país. Todos os setores desenvolviam-se rapidamente, chamando atenção de colegas de outros centros, que nos contavam. Alguns cientistas e artistas do exterior estavam colaborando conosco e outros queriam vir colaborar, e instituições estrangeiras auxiliavam-nos substancialmente devido ao prestígio dos responsáveis por projetos (Salmeron, 2012, p. 29).

Os ataques externos, contudo, não cessaram. Foi instaurado um inquérito policial militar (IPM) para a apurar a subversão no campus e, com ele, o clima de "terrorismo cultural" tomou conta da universidade. Zeferino Vaz, cedendo às pressões, expulsou 16 (dezesseis) docentes e um discente sem acusação, sem processo jurídico, sem direito de defesa (Aparecida, 1991, p. 45). O argumento formal restringia-se a: "Eram indisciplinados e a indisciplina deveria ser considerada uma subversão" (Salmeron, 2012, p. 30). Os alunos denunciavam os arbítrios por meio das mobilizações e exigiam a readmissão de seus professores, colocando-se, também, como alvo das perseguições políticas.

Entre junho e setembro de 1965, a crise foi agudizada e vários alunos foram expulsos. Zeferino Vaz, após uma audiência com o presidente militar Castello Branco, anunciou sua renúncia. O novo reitor empossado, Laerte Ramos de Carvalho, professor da USP, suspendeu as atividades acadêmicas e solicitou ao DOPS o envio de tropas policiais ao campus. Mais 15 (quinze) professores foram demitidos. A comunidade universitária reagiu novamente, mas o diálogo havia sido definitivamente suspenso pelo segundo interventor. Diante da absoluta impossibilidade de se seguir trabalhando em tais condições, deflagrou-se a demissão voluntária de 223 (duzentos e vinte e três) professores na maior "diáspora" da história das universidades. Os estudantes, ainda que fatalmente prejudicados, deram irrestrito apoio a seus mestres.

> Essa demissão coletiva, caso único na história da universidade no mundo, foi espontânea, não foi programada, nem dirigida do exterior como alguns ridiculamente pretenderam. Por causa da determinação e da união dos docentes, houve quem duvidasse de

sua espontaneidade. Por que tal atitude de 223 pessoas? Que fatos levaram a tantos, conscientes e responsáveis, a se convencer de que não era mais possível continuar trabalhando nas condições que lhes eram impostas? A situação podia ser resumida numa frase, em termos simples: seria possível manter a dignidade de cidadãos e de professores construindo uma universidade cujo corpo docente deveria estar sujeito às arbitrariedades de um reitor e de um ministro da Educação que julgavam normal receber instruções do Serviço Secreto do Exército e de outros serviços policiais? O Ministro da Educação dizendo em entrevistas que educação é assunto de segurança nacional? (Salmeron, 2012, p. 31-2).

Geralda Dias Aparecida (1995), professora de História na UnB, relatou que a "diáspora" dos professores durou de outubro de 1965 até início de 1966. A universidade, dada a intransigência do regime militar, havia perdido, então, 80% de seu corpo docente. Laerte Ramos foi substituído, em novembro de 1967, pelo novo reitor, Benjamin Dias, que conseguiu, paulatinamente, "repovoar" a UnB com novos quadros profissionais. Seu discurso era o da técnica e da eficiência, não tolerando qualquer movimento político reivindicatório.

No fatídico 13 de dezembro de 1968, poucos sabiam, exceto os militares, que Darcy Ribeiro estava no Brasil, na primeira de suas duas tentativas de regresso no período ditatorial. Enquanto a UnB era "aterrorizada", aquele que a gestou permanecia detido na Ilha das Cobras, o quartel-general dos fuzileiros navais, onde ficou até setembro de 1969. No dia seguinte de sua soltura, soube que os militares ordenaram novamente sua prisão e, velozmente, com o apoio do sociólogo venezuelano José Augusto Silva Michelena, conseguiu um visto consular para entrar em Caracas – após ter sua entrada recusada pelo cônsul dos EUA, em que pese convite acadêmico – onde se estabeleceu e passou a trabalhar como professor visitante na Universidad Central de la República (Ribeiro, 1997).

Darcy Ribeiro, no exílio, descobriu-se "cidadão latino-americano". Mal tendo chegado a Montevidéu – isso antes da Venezuela, em 1964 – foi convidado como professor da Universidade de la República Oriental del Uruguay, quando organizou uma série de seminários que lhe rendeu o já mencionado livro *A universidade necessária*. A contar daí, iniciava uma nova trajetória como "reformador de universidades" na América Latina. Seu *pensamento-ação* não seria detido.

Considerações finais

No ano de 1991, em sua primeira fala ao Senado, Darcy Ribeiro, aplaudido de pé ao final por longos minutos, dentre outros, por Nelson Carneiro, Mario Covas, Fernando Henrique Cardoso (Ferraz, 2008, p. 17), contou o sentimento de derrota dele e de Anísio Teixeira com a "interrupção" da UNB em 1965: "Juntos, vimos todas essas conquistas serem desmerecidas e degradadas por uma ditadura que impôs ao Brasil retrocessos em todos os campos. Inclusive, sobre nosso sistema educacional já tão precário que foi levado à calamidade" (Ribeiro, 2008, p. 78).

Os acordos MEC-Usaid que se seguiram vulnerabilizam ainda mais a universidade pública e autônoma no Brasil. A sociedade civil resistia, sobretudo o movimento estudantil, que, em junho de 1967, havia realizado no Rio de Janeiro o Seminário Nacional Imperialismo MEC-Usaid, promovido pela União Metropolitana dos Estudantes, cujo resultado era a recomendação de que todos os acordos fossem amplamente estudados dentro das unidades universitárias. Dali para a frente, os enfrentamentos entre os estudantes e o regime ditatorial foram aprofundados, assim como as retaliações.

Não demoraria a se dar "o golpe dento do golpe", como também ficou conhecido o Ato Institucional n° 5, pelo general-presidente Costa e Silva, fechando as assembleias estaduais, aposentando compulsoriamente ministros do Supremo Tribunal Federal e, finalmente, suspendendo a garantia do *habeas corpus* para os presos políticos. No mesmo dia, o governo baixou o Ato Complementar n° 38, colocando o Congresso indefinidamente em recesso (Munteal Filho; Freixo; Freitas; 2008).

Em 28 de novembro de 1968, quinze dias antes, havia sido aprovada a "reforma universitária", com a promulgação da Lei n° 5.540, que fixava as normas de organização e funcionamento do ensino superior e sua articulação com a escola média, e dava outras providências. A UnB, despojada do conteúdo crítico e da liberdade acadêmica que a edificavam, tornou-se, paradoxalmente, a primeira universidade no Brasil não somente a se adequar ao ritmo da reforma universitária, como a lhe servir de referência.

> De fato, quando se promulgou a chamada "reforma universitária de 1968" e, posteriormente, todos os remendos adispostos a ela, aquelas liberdades já vieram castradas, e aquelas renovações estruturais degradadas. O mais grave, porém, é que os velhos catedráticos e a reação acadêmica já se haviam reapossado da universidade. Em suas

mãos, como era inevitável, cada inovação se converteu num escárnio, agravando muitas vezes os problemas que poderiam ter resolvido. Assim é que pululam pelo Brasil afora os simulacros dos institutos centrais; as departamentalizações de mentira; o regime de crédito funcionando pior que os antigos seriados; os currículos de curta duração deteriorando os títulos profissionais; os falsos programas de pós-graduação falsificando a moeda acadêmica, que são os graus de mestre e doutor (Ribeiro, 1978, p. 64).

Não que o longo Estado de Exceção não legaria sequelas na redemocratização da sociedade brasileira e na reconstrução da universidade pública e de todo o sistema educacional brasileiro. No regresso definitivo do exílio e com a anistia, ao lado de Leonel Brizola, no governo do Estado do Rio de Janeiro (1983-1986), Darcy Ribeiro encabeçou o projeto dos CIEPs, fartamente narrado nesta coletânea. No segundo mandato de Brizola (1991-1994), Darcy Ribeiro, "fazedor de universidades", fundou a Universidade Estadual do Norte Fluminense (Uenf), chamada "Universidade do Terceiro Milênio", em Campos dos Goytacazes, antagonizando-se às tradicionais oligarquias rurais (Miglievich-Ribeiro, 2012).

O "portador de utopias" veio a falecer em 17 de fevereiro de 1997. Deixou-nos lições, deveres e esperança. Podemos pensar que o "fazer histórico" é transgeracional e a memória aqui narrada há de alimentar o que está por vir.

Referências

ALENCAR, Heron. Apêndice I. A Universidade de Brasília. Projeto Nacional da Intelectualidade Brasileira. In: RIBEIRO, Darcy. *A universidade necessária*. Rio de Janeiro: Paz e Terra, 1982, p. 271-296.

APARECIDA, Geralda Dias. UnB em dois tempos. Carta: falas, reflexões, memórias. *Informe de distribuição restrita do Senador Darcy Ribeiro*, n. 14, 1º Semestre, 1995, p. 37-53.

BRASIL. Lei nº 5.540, de 28 de novembro de 1968. Fixa normas de organização e funcionamento do ensino superior e sua articulação com a escola média, e dá outras providências (Reforma Universitária 1968). *Diário Oficial da República Federativa do Brasil*, Brasília, DF, Seção 1 – 29/11/1968, Página 10369 (Publicação Original). Disponível em: http://www2.camara.leg.br/legin/fed/lei/1960-1969/lei-5540-28-novembro-1968-359201-publicacaooriginal-1-pl.html. Acesso em: 3 fev. 2022..

DIAS, Marco Antonio Rodrigues. *UnB e comunicação nos anos 1970*: acordo tácito, repressão e credibilidade acadêmica. Brasília: Ed. UnB, 2013.

FERRAZ, I. Grinspum. Introdução. In: RIBEIRO, Darcy. *Darcy Ribeiro. Utopia Brasil.* São Paulo: Hedra, 2008, p. 9-18.

FREIXO, Adriano; FREITAS, Jacqueline Ventapane. Introdução. In: MUNTEAL FILHO, Oswaldo; FREIXO, Adriano; FREITAS, Jacqueline Ventapane (Org.). *Tempo negro, temperatura sufocante.* Estado e Sociedade no Brasil do AI-5. Rio de Janeiro: Ed. PUC-Rio; Contraponto, 2008, p. 9-35.

MACHADO NETO, A. L. Apêndice 2. A ex-universidade de Brasília. Significação e crise. In: RIBEIRO, Darcy. *A universidade necessária.* Rio de Janeiro: Paz e Terra, 1969, p. 239-260.

MANNHEIM, Karl. *Ideologia e Utopia.* Rio de Janeiro: Guanabara, 1986.

MANNHEIM, Karl. *Sociologia da Cultura.* São Paulo: Perspectiva, 1974.

MOTTA, Rodrigo Patto Sá. *As universidades e o regime militar.* Cultura política brasileira e a modernização autoritária. Rio de Janeiro: Zahar, 2014.

MIGLIEVICH-RIBEIRO, A. M. Reflexões sobre a utopia necessária e universidade brasileira a partir de Darcy Ribeiro e Anísio Teixeira. In: VILLAR, José Luiz; CASTIONI, Remi (Org.). *Diálogos entre Anísio e Darcy.* O projeto da UnB e a educação brasileira. Brasília: Verbena, 2012, p. 27-59.

MIGLIEVICH-RIBEIRO, A. M.; MATIAS, G. R. A universidade necessária em Darcy Ribeiro: notas sobre um pensamento utópico. *Revista Ciências Sociais.* Unisinos, 42 (3), p. 199-205, set./dez. 2006.

RIBEIRO, Darcy. Prólogo. Carta: falas, reflexões, memórias. *Informe de distribuição restrita do Senador Darcy Ribeiro,* n. 14, 1995-1, p. 7-11.

RIBEIRO, Darcy. *Confissões.* São Paulo: Companhia das Letras, 1997.

RIBEIRO, Darcy. Primeira Fala ao Senado. RIBEIRO, Darcy. *Utopia Brasil.* São Paulo: Hedra, 2008, p. 75-96.

RIBEIRO, Darcy. *Testemunho.* São Paulo: Siciliano, 1990.

RIBEIRO, Darcy. *UnB*: invenção e descaminho. Rio de Janeiro: Avenir, 1978.

RIBEIRO, Darcy. *A universidade necessária.* Rio de Janeiro: Paz e Terra, 1982.

SALMERON, Roberto A. *A universidade interrompida*: Brasília 1964-1965. Brasília: EdUnB, 2012.

SOUZA RICARDO, Pablo A. G. de. *Utopia Selvagem, de Darcy Ribeiro e a Idade da Terra, de Glauber Rocha.* O visível, as vozes e a antropofagia. 107 p. Dissertação (Mestrado em Letras: Estudos Literários). Faculdade de Letras da Universidade Federal de Minas Gerais, UFMG, Belo Horizonte, 2007.

TEIXEIRA. Plano de Construções Escolares de Brasília. *Revista Brasileira de Estudos Pedagógicos.* Rio de Janeiro, v. 35, n. 81, p. 195-199, jan./mar. 1961.

CAPÍTULO III

PAULO FREIRE
Da leitura do mundo à leitura da palavra

PAULO FREIRE E ERNANI FIORI: UMA LONGA E FRATERNAL PARCERIA PEDAGÓGICO-POLÍTICA[1]

Balduino Antonio Andreola[2]

Palavras iniciais

Em 1992 Paulo Freire e sua esposa, Ana Maria Araújo Freire, estiveram no assentamento do MST, em Fronteira da Conquista, município de Hulha Negra, no lançamento do Projeto de Alfabetização nos acampamentos e assentamentos do MST. Eu havia viajado para lá, na noite anterior, no ônibus fretado pelo CEPERS. Quando Paulo Freire e sua esposa chegaram, todos os presentes haviam já almoçado. Enquanto Freire aguardava que servissem o almoço a ele, sua esposa e o motorista, Frei Sérgio Görgen, eu bati um breve papo com ele, e lhe fiz a seguinte proposta: "Lembrando sua grande amizade com o professor Ernani Fiori e sua longa parceria com ele, no campo da educação, pensei em escrevermos juntos um livro sobre ele". Paulo Freire aceitou na hora, com emoção, minha ideia, e propôs, concretamente: "Balduino, podemos combinar uma ida tua para São Paulo. Tu me entrevistas, durante algumas horas por dia, ao longo de dois ou três dias", e acrescentou: "Antes disso eu gostaria, porém, de reler os escritos do Fiori, para que não seja um livro com conteúdo apenas afetivo".

Após aquela conversa, o tempo foi passando. Um dia escrevi a ele, dizendo: "Professor Paulo, com tantos compromissos seus, dificilmente

---

[1] Este texto foi publicado como artigo na *Revista Eletrônica Mestrado*. Educ. Ambiental. E-ISSN 1517-1256, Edição especial XIX Fórum de Estudos: Leituras de Paulo Freire, p. 6-24, junho, 2017. 121). Agora, como capítulo de livro, foi reformulado segundo a política do editor.

[2] Bacharel em Teologia e Licenciado em Filosofia. Mestre em Educação pela Universidade Federal do Rio Grande do Sul (UFRGS) e doutor em Ciências da Educação pela Universidade Católica de Louvaina (Bélgica). Professor titular da UFRGS (1978-1996). Diretor da Faculdade de Educação da UFRGS (1988-1992). É professor emérito da Faced/UFRGS. Foi professor do PPGEDU da UFRGS no período de 1985 a 2002. Foi professor do Programa de Pós-Graduação em Educação do Centro Universitário La Salle de Canoas – Unilasalle. Estudioso das obras de Paulo Freire, Ernani M. Fiori, Emmanuel Mounier e Paul Ricoeur. balduinoandreola@yahoo.com.

encontrará tempo para reler inteiramente os livros do Fiori. Eu lhe faço uma proposta prática. Seleciono um certo número de fragmentos dos textos do professor Ernani, relacionados diretamente com as perguntas que pensei preparar para a entrevista". Ele aceitou, mas quando estava me dispondo a fazer aquela seleção, Paulo Freire partiu para sua viagem definitiva.

Outro projeto meu, com relação à obra e à memória de Ernani Maria Fiori, foi o de conseguir a publicação de vários textos seus que estão em minhas mãos. A sobrecarga contínua de quase quarenta anos de ensino superior transferiu para o mundo das veleidades sonhadoras este outro projeto. Considero, porém, que os dois sonhos bibliográficos foram supridos, em parte, com o livro em parceria com o saudoso professor Triviños, sobre Freire e Fiori no exílio (Triviños; Andreola, 2001).

Meu interesse pelo resgate da obra do Fiori foi minha descoberta da importante influência de Fiori na obra de Freire. Não tive o privilégio, que vários colegas da UFRGS tiveram, de ser aluno ou colega do Fiori. Assim mesmo meu interesse por sua obra, e por sua extraordinária parceria com Freire, ao longo de três décadas, foi aumentando. Quanto mais eu lia e estudava Freire, mais foi aumentando em mim o interesse pela obra de Fiori. Todavia, eu não fui o primeiro a salientar a parceria entre Freire e Fiori. Já na primeira sessão anual do Fórum de Estudos: Leituras de Paulo Freire, realizada na Unisinos, em 1989, foi apresentado um trabalho no qual Adriano José Hertzog Vieira fazia uma aproximação entre Freire e Fiori, sob o título:"Ernani Maria Fiori: um interlocutor de Paulo Freire" (Vieira, 1999).

O resgate da obra de Fiori, como de outros autores brasileiros, deveria sanar uma amnésia crônica da nossa cultura, que Afrânio Coutinho denuncia como uma síndrome, ao escrever, no prefácio a um dos livros de Anísio Teixeira, que nós, brasileiros, somos tristemente famosos por condenar ao esquecimento grandes personalidades da nossa história. Mas quando teria começado aquela trajetória das variadas e numerosas interlocuções entre Freire e Fiori e quem nos responde é o próprio Freire. Depois de lembrar que se encontrou com muitas pessoas, no Brasil e no mundo, de cujo impacto precisaria "pesquisar muito a mente" para lembrar algo, acrescenta: "No entanto, o encontro com o Ernani jamais se apagou, exatamente pela força extraordinária de sua personalidade diante de mim".

No "Posfácio" ao II volume das obras de Fiori, Freire disse:

Vou começar pela minha primeira lembrança de Ernani, que vem do meu primeiro encontro com ele em Porto Alegre, nos anos 50. Se eu mesmo me perguntar agora o ano exato, o mês exato, não saberia responder, a não ser que eu fizesse uma pesquisa histórica, o que não é o caso, mas me lembro bem do episódio. Naquela época eu trabalhava no SESI de Pernambuco e visitava o do Rio Grande do Sul. Conversando com o então superintendente de lá, prof. Mário Reis, ele me disse, ao término da conversa: Tu tens que conhecer um grande amigo meu nesta cidade, Ernani Maria Fiori. E, que acreditava na seriedade do Mário e não tinha por que não conhecer mais uma pessoa no mundo sou um sujeito que não se cansa jamais de conhecer gente –, concordei, e, no dia seguinte, numa hora marcada, cheguei à casa de Ernani. Eu tenho até a entrada da casa na cabeça, talvez porque inclusive a tenha revisto algum tempo depois, quando voltei a Porto Alegre, já então dirigindo o Movimento de Cultura Popular (Fiori, 2014, vol. II: p. 321-322).

Duas páginas adiante, naquela entrevista Freire salta, em sua memória, das décadas de 50 e 60, para 1984, quando de sua última conversa com Fiori, e relata que muito o impressionou "[...] um dos últimos diálogos que teve com um dos filhos, quando, segurando-lhe a mão, disse, pouco antes de morrer: Neste momento – já com dificuldade de falar – preciso de duas coisas: lucidez e coragem. Lucidez para entender o que está vindo e coragem para enfrentar o que não entendo" (Fiori, 2014, p. 324). E o Freire comenta: "Quer dizer, um homem como o Ernani não podia morrer senão assim".

No final daquela entrevista, que seria o "Posfácio" do II volume, Freire volta a lembrar, com emoção, aquele último encontro de 1984. E aqui me ocorre uma reminiscência pessoal. No meu discurso, como orador oficial, na outorga a Freire do título de "Doutor honoris causa" da UFRGS, em 1994, iniciei com as últimas palavras que Freire ouviu do amigo agonizante: "Paulo, estou contente porque tu não paraste". E Freire comenta:

> É, disse: tu não paraste. Eu achei isto formidável. Saí felicíssimo de um lado, ao mesmo tempo triste do outro, porque estava seguro de que aquela seria a última vez. [...]. Ernani morreu moço. Isto é uma coisa maravilhosa. Pode o corpo ter envelhecido, até porque maltratado pela doença. Mas a cabeça não. Ernani morreu jovem. Ele jamais perdeu a paixão pelos seus sonhos (Freire apud Fiori, II, 2014, p. 338).

A lembrança emocionada de Freire de sua última fala com Fiori me lembrou um depoimento também carregado de muita emoção, de Yeda Simões Cáceres, que foi aluna de Fiori:

> Foi com muita tristeza e sentimento que soube do falecimento do Prof. Ernani Maria Fiori. Ele foi dessas raras pessoas que deveriam perdurar para sempre. [...]. Foi muito bom falar sobre ele, e reler algumas de suas palavras. Ele deixou gravado fundo, em nossa mente e em nosso coração. Se ele tivesse que retornar à Terra, seria em forma de luz ou água cristalina (Carta inédita).

Diferentes momentos de encontros e diálogos entre Freire e Fiori

Eu já fiz, várias vezes, em aula ou palestras, um teste que me levasse a desmentir a denúncia de Afrânio Coutinho. O teste consistia em perguntar: "Quem é o autor do prefácio ao livro mais importante de Freire, *Pedagogia do Oprimido?*". Infelizmente o desmentido não aconteceu, até hoje, porque a resposta foi muito rara.

Paulo Freire considerava aquele prefácio tão lindo e tão profundo, que disse em várias conversas: "Em futuras edições, eu pensei em colocar o livro como prefácio, e o prefácio como livro". O título: "Aprender a dizer a sua palavra", é um título tão denso de significado que, na sua brevidade quase lacônica, expressa com eloquência rara o significado mais profundo daquele livro e de toda a obra de Freire. O próprio Fiori explicita aquele significado radical e extremamente amplo, ao escrever:

> Com a palavra, o homem se faz homem. Ao dizer sua palavra, pois, o homem assume conscientemente sua essencial condição humana. E o método que lhe propicia essa aprendizagem comensura-se ao homem todo, e seus princípios fundam toda a pedagogia, desde a alfabetização até os mais altos níveis do labora universitário (Fiori, 2014, II vol., p. 72).

As vindas de Freire ao Rio Grande do Sul, nos inícios de 60, foram várias. Numa delas, estando já no Ministério de Educação, como inspirador e coordenador do grande Programa Nacional de Alfabetização de Adultos, veio a Porto Alegre em companhia do Ministro da Educação, Júlio Sambaqui, para tratar com Ernani do apoio à criação do Instituto de Cultura Popular do Rio

Grande do Sul. A primeira informação de que dispomos sobre o Instituto, nos chegou através da entrevista que o Prof. Tomaz Tadeu da Silva manteve com o Prof. Paulo Freire, para um número especial da revista *Educação e Realidade* (Freire, 1986). Naquela entrevista o Prof. Tomás fez uma pergunta relativa ao Instituto. A partir das informações trazidas naquela entrevista, procurei ouvir pessoas que participaram da fundação do Instituto, e fui à cata dos documentos existentes, a partir dos quais escrevi um artigo para outro número da revista *Educação e Realidade* (Andreola, 1988). Motivado pela importância de que se revestira o Instituto, realizei uma pesquisa, como bolsista do CNPq, e promovi um Seminário, durante o colóquio da SBPC, em Porto Alegre, em 1991, do qual participaram, 27 anos após a fundação, onze dos fundadores. Além disso, na minha pesquisa realizei, juntamente com meus bolsistas e orientandos da época, várias entrevistas com pessoas que participaram do Instituto, e de todo aquele processo extraordinário de Cultura e Educação Popular, ligado diretamente ao Programa Nacional de Alfabetização. As entrevistas e gravação do seminário durante o evento da SBPC, reunidos para o Relatório ao CNPq, somam 338 páginas (Andreola, 1995), fonte possível para outras pesquisas.

A criação do Instituto de Cultura Popular, com personalidade jurídica registrada em cartório, obedeceu a uma necessidade, segundo a intuição histórica do Prof. Ernani Fiori, de garantir a continuidade dos projetos de cultura e educação popular, ameaçada por uma situação política marcada por uma ambiguidade. O governador do Estado Ildo Meneghetti, do PSD, creio que levado pelo seu bom senso, convidou a professora Zilah Totta para assumir o cargo de secretária de Educação, e ela chamou para a Secretaria as pessoas que mais se destacavam, no campo da Cultura e Educação Popular, em especial nos projetos de alfabetização de adultos, segundo o Método Paulo Freire. Uma das educadoras populares mais atuantes, Ana Maria Zardin, por ocasião do golpe, conseguiu salvar mais de trinta recortes de jornais da época, que documentam mais de seiscentos Círculos de Cultura, para alfabetização de adultos, no Rio Grande do Sul. Na sua aguçada intuição política, o Ernani estava certo de que o PSD, partido do Governador, não lhe perdoaria ter confiado a Secretaria de Educação à professora Zilah Totta, com certeza a maior educadora gaúcha da época, mas que, sendo de esquerda, não interessava aos objetivos do partido. E realmente ela não durou um ano inteiro na Secretaria. Com a demissão da professora Zilah e de toda a sua equipe, a continuidade dos trabalhos foi garantida pela existência do

Instituto, até que com o golpe teve que encerrar suas atividades. Eu concluo meu artigo sobre o Instituto escrevendo:

> A repressão não matou os sonhos do Instituto de Cultura Popular do Rio Grande do Sul, como não matou a multidão dos sonhos dos quais estava nascendo o Brasil novo dos anos 60. Os ditadores da América Latina pensaram no exílio como forma de jogar ao vento os sonhos dos povos do continente. Os sonhos não são punhados de cinza. O vento não os leva. Eles são trigo. O exílio foi semeadura. Resgatemos a história, porque os tempos são de colheita (Andreola, 1988, p. 46).

As leitoras e os leitores podem me cobrar que contar estórias não está muito de acordo com as exigências de um artigo ou capítulo de livro. Mas acontece que estou escrevendo sobre a longa e fraterna parceria entre dois grandes pensadores e educadores. E parcerias como aquela de Freire e Fiori não são tecidas apenas de eventos acadêmicos e debates em torno de temas altamente filosóficos ou científicos, mas também de fatos e experiências do dia a dia. Mesmo em coisas as mais simples, temos muito a aprender. Fiori e Freire participavam de uma reunião da qual participava também um gago. "Compadecido" com a dificuldade que o gago tinha para completar as palavras, o professor Fiori se preocupou em "ajudá-lo". Se ele engasgava na palavra *dedemo...*", o Fiori completava: *cracia*, ou se tentava dizer: "*Nós brabras...*", o professor Fiori "socorria": *...sileiros*. E assim por diante. O Freire o cutucava com os pés, por baixo da mesa. Depois da reunião, o Fiori lhe perguntou: "Paulo, por que me cutucavas por baixo da mesa?" E o Freire explicou: "Se ele está traumatizado porque não consegue completar as palavras, e você completa, ele se sente mais incapaz e se traumatiza mais ainda". O Fiori agradeceu ao grande pedagogo, que estava dando um toque de psicologia ao filósofo exímio.

Freire e Fiori eram tão diferentes e, ao mesmo tempo, tão sintonizados, solidários e engajados juntos, durante tantos anos, na luta contra todas as formas de opressão, de dominação e de exclusão, e a favor de um projeto de sociedade justa e igualitária. Esta convivência, na práxis histórica, na elaboração teórica e na ação direta, a serviço de um processo de libertação dos povos latino-americanos, aconteceu sobretudo na fase do exílio conjunto dos dois no Chile, e, a partir do Chile, para vários outros caminhos e outros compromissos, que o saudoso professor Triviños e eu tentamos historiar no livro intitulado *Freire e Fiori no Exílio: Um projeto político-pedagógico no Chile* (Triviños; Andreola, 1995).

Ninguém, todavia, lembrou com mais precisão que Luiz Alberto Gomez de Souza (Gomez de Souza, 1985) certos caminhos andados pelos dois famosos exilados, especialmente em assessorias para as quais foram convidados pelos bispos latino-americanos, e, em particular, pelo Celam. No artigo intitulado "Ernani Fiori: um pensamento fértil na consciência latino--americana", publicado logo após a morte do Fiori, Luiz Alberto datou assim aquele primoroso artigo: Roma, dia da Páscoa da Ressurreição, 1985. Falando do exílio, ele escreveu:

> No Chile, seu diálogo com Paulo Freire seria intenso, fraterno e permanente. Muitas foram as longuíssimas e apaixonadas discussões do gaúcho com o pernambucano, no embate da intuição fulgurante posta à prova pela lógica rigorosa (Gomez de Souza, 1985, p. 23).

Nessa citação Luiz Alberto, ao falar do "diálogo [...] permanente" entre os dois grandes amigos, não pode deixar de caracterizá-los magnificamente, na sua diferença e complementaridade. Vejamos então como Freire, naquele Posfácio ao II volume, ao falar do primeiro encontro com o Ernani, reage quase que encantado à caracterização feita pelo Luiz Alberto.

> Ernani era mesmo uma inteligência viva, penetrante. Lembro-me bem da linguagem dele. Um discurso do Ernani era na verdade muito organizado. Era incrível! isto veio a exercer mais adiante uma influência em mim, no nosso encontro permanente no Chile. Aliás, o Luis Alberto escreveu uma coisa, para mim, muito inteligente e muito sensível, num artigo redigido logo após a morte do Ernani, quando ele fala do encontro do pernambucano e do gaúcho, e da solidariedade entre a intuição do pernambucano e o rigor do gaúcho. Isto é uma verdade, eu preciso felicitar o Luis Alberto por este achado; Ernani era muito mais sistemático e preciso do que eu. Não significa que eu não tinha lá minhas "rigorosidades", mas em Ernani isso fazia parte de sua forma de ser Neste meu acompanhamento itinerante do "diálogo permanente" entre o gaúcho e pernambucano, acho interessante lembrar qual era a expectativa do pernambucano com relação ao gaúcho, na hora da grande mobilização dos movimentos de cultura popular. Ouçamos a preocupação do pernambucano: Naquele momento de emersão das massas, em que elas começavam a encher as ruas, a demandar, a exigir, em que os movimentos de cultura popular começavam a aparecer, se poderia pensar: qual terá sido a posição do pernambucano e a do

gaúcho? Será que vão se distanciar agora? Será que o gaúcho vai ficar apenas no nível da preocupação universitária, vai falando apenas do Hegel, que ele tratava como pouca gente neste país? E aí com surpresa – não para mim –, se vê o gaúcho aparece como presidente do Instituto de Cultura Popular do Rio Grande. Vocês vejam que, no fundo, não era por acaso que a minha admiração era tão grande para o gaúcho (Freire, 2014, p. 329).

Os apresentadores do II volume, Otilia Beatriz e Paulo Arantes, por sua vez, escreveram:

Naquele mesmo ano de 67, em que retificava em Montevidéu o rumo de suas reflexões sobre a Universidade, enquanto foco irradiador da consciência social em seu grau mais elevado, Ernani Fiori prefaciava o livro de Paulo Freire, *Pedagogia do Oprimido*, selando muito mais do que uma amizade fraterna e uma convergência ideológica. Antropologia Filosófica presente nas entrelinhas dos primeiros escritos metafísicos finalmente encontrava a terra firme de que carecia: o Método Paulo Freire, uma das invenções mais extraordinárias da prática social na América Latina moderna (Arantes; Arantes, 2014, p. 15-16).

Eu não poderia omitir esta citação, quanto ao encontro e a convergência, na linha da teoria e da práxis histórica, das obras e da trajetória de Ernani Fiori e Paulo Freire. Segundo as palavras da filha filósofa e do genro filósofo do Ernani, os altos voos metafísicos do Fiori encontraram, na pedagogia da libertação de Freire, a pista de aterrissagem da práxis histórica pedagógico- -política, e da extraordinária utopia pedagógico-política de um projeto de libertação dos oprimidos e dos opressores. Freire, por sua vez, encontrou no luminoso pensamento filosófico-político de Fiori as luzes necessárias para a caminhada histórica que a todos nos desafia.

No campo mais especificamente teórico, cabe-nos destacar dois textos de grande importância: "Conscientização e Educação", e "Educação Liber- tadora". O primeiro foi uma conferência proferida em Washington, em 1970, em reunião promovida Conferência Nacional dos Bispos Americanos, e, num segundo momento, na Universidade de Columbia, em Nova Iorque.

Ao citar a segunda conferência, "Educação Libertadora", lembro uma declaração extremamente significativa, que ouvi do filósofo nicaraguense Alejandro Serrano Caldera. Em 1985, pouco tempo antes da defesa de minha tese, na Universidade Católica de Lovaina, na Bélgica, fui ouvir uma conferência dele, num Seminário sobre Filosofia Latino-Americana, promovido pelo filósofo da libertação Sirio Lopes Velasco, há muitos anos docente da FURG, em parceria com um professor da Universidade Católica. Após sua fala, fui cumprimentá-lo, e, ao apresentar-me como brasileiro, ele declarou emocionado: "Um brasileiro que muito nos ajudou a nós, os líderes da Revolução Nicaraguense, foi o brasileiro Ernani Fiori". E acrescentou que foi em seminários ocorridos no Panamá. Eu contei isso ao Paulo Freire, que relatou minha conversa no "Posfácio" ao II volume das obras do Ernani, acrescentando que, em tempos mais recentes, ao almoçar com um ministro da Nicarágua, ouviu dele: "Paulo, o que eu devo ao Ernani e a ti" – ministro lá, vejam! – "com relação a uma visão de mundo diferente, revolucionária, eu não posso pagar" (Freire, 2014, p. 330).

No *Relatório da Cruzada Nacional de Alfabetização* da Nicarágua, organizado pelo teólogo brasileiro da libertação Hugo Assmann, é confirmada a colaboração de Paulo Freire com uma foto (p. 74) e com a escrita: "PAULO FREIRE, el conocido maestro brasileño de la Pedagogia del Oprimido colabora con la preparación de la CNA". Na foto aparecem, da esquerda para a direita: Hugo Assmann del DEI, Anturo Ornelas, delegado de la OEA, Paulo Freire, el ministro de la Educación Carlos Tünnermann B., el Coordenador de la CNA, padre Fernando Cardenal. Na mesma página, sob o título *La opinión de los expertos internacionales sobre la Cruzada Nacional de Alfabetización,* lemos:

> El Profesor Pablo Freire, reconocida autoridad mundial en el campo de la Afabetización, quien convivió con el equipo de la Alfabetización Nacional durante varios días, manifestó su total apoyo a nuestro proyecto, al cual calificó de excelente, en su planificación, metodología, contenido temático y formas organizativas (Assmann, 1981, p. 74).

Tendo lembrado antes as duas conferências de Ernani Fiori, "Conscientização e Educação" e "Educação libertadora", comentei esta segunda, situando-a no contexto das contribuições de Fiori e Freire aos líderes da Revolução Nicaraguense. Julgo oportunas algumas reflexões sobre a importância da primeira, "Conscientização e Educação". Parece-me que, ao falar das contribuições de Fiori para a educação libertadora e para a obra de Freire, nos limitamos, com certa frequência, ao famoso prefácio a *Pedagogia do oprimido*, intitulado "Aprender a dizer a sua palavra". Da importância e da profundidade daquele texto, já falei anteriormente, citando inclusive o reconhecimento emocionado de Freire.

Sem desconhecer minimamente o valor daquele texto, relembro o que eu disse e escrevi várias vezes, que ninguém, talvez nem mesmo Paulo Freire, desenvolveu com tanta profundidade e amplitude de abordagens o conceito de conscientização como o fez Ernani Fiori naquela conferência. Eu elaborei, há vários anos, um esquema, ou roteiro de leitura das diferentes aproximações conceituais feitas por Ernani Fiori, conforme o quadro abaixo (Fiori, 2014, vol. II: p. 83 e ss).

CONSCIENTIZAÇÃO – Aproximações conceituais segundo Ernani Fiori

Item	Pág.	Ideia-Chave	Conscientização Significa:
1	83	Existência e Consciência.	Retomar reflexivo da consciência como existência.
2	83-84	Processo interno às contradições estruturais.	Fator de transformação sociocultural.
3	85-86	Consciência/Mundo.	A consciência se reconquista ao conquistar o mundo.
4	86-87	Reciprocidade não especular.	A ação transformadora que se faz reconstruindo o mundo.
5	87-88	Objetividade/ Subjetividade (encarnação).	Conscientização é encarnação histórica, práxis transformadora.
6	88-89	Intersubjetividade (não ipseidade isolada): Encarnação é comunhão.	Tarefa mundana e compromisso pessoal de amor.
7	89-91	Temporalização/ Historização.	Conscientização é práxis libertadora de desalienação (a partir da consciência crítica).

8	91-92	Perspectiva axiológica, busca de novos valores; revalorização da existência.	Humanização; nova cultura; construção do homem novo.
9	93-94	Condicionamentos da natureza e das estruturas de dominação.	O homem se assume como sujeito da história e da cultura.
10	94	Conscientização não é uma ciência da consciência.	É opção pelo homem e luta por sua desalienação.
11	99	Cultura, Comunicação, Aprendizado (não transmissão).	"Cultura autêntica é aprendizado, e aprendizado é conscientização".
12	102	Conscientização não é exigência prévia para a luta de libertação.	É própria luta de libertação.
13	103-104	Cultura popular é cultura do povo, não para o povo; organizações de base.	Cultura popular é o método de conscientização do povo e de luta contra a dominação; conscientização é politização.
14	104	Processo de libertação dos povos latino-americanos.	Sentido original da conscientização: "revolução cultural".

Fonte: Fiori (2014, vol. II, p. 83-104).

A primeira conceituação de conscientização, que aparece junto ao item um do quadro acima, no seu texto (p. 83), Fiori a coloca, surpreendentemente, entre aspas, ao escrever que conscientização é o "retomar reflexivo da constituição da consciência como existência". Se fosse de outro autor, Fiori o explicitaria. Também não sei se as aspas são um recurso destinado a salientar o que é dito. Da minha parte, aquela ideia me leva a aproximar essa definição do que Teilhard de Chardin define como "hominização". Há muito tempo achei que Fiori tivesse usado, em sua conferência, o conceito de hominização. Mas, ao folhear as páginas do prefácio a *Pedagogia do oprimido* (Fiori, 2014, vol. II p. 73), dei-me conta que é naquele prefácio que Fiori traz, entre aspas, a palavra "hominização". De qualquer modo, aquela definição, "retomar reflexivo da consciência como existência", ainda mais entre aspas, me parece que este conceito de conscientização tem a ver com o processo histórico, plurimilenar, segundo Telhiard de Chardin, de "hominização".

Um olhar simples e rápido sobre as diferentes tentativas de Fiori, de se aproximar, conceitualmente, do que seja ou deva ser a conscientização, nos deixa muito claro, creio, que não se trata de uma definição de dicionário comum, ou até de um dicionário especializado, de filosofia ou de pedagogia. Trata-se, porém, de um processo muito complexo, na dimensão da práxis pedagógica ou política. E no campo mais especificamente político, podemos dizer que a conscientização foi elemento-chave e decisivo para que acontecesse a repressão que ocorreu no Brasil na Ditadura Militar. Até que o Programa Nacional de Alfabetização, coordenado por Paulo Freire, significasse ensinar, a multidão de analfabetos, a ler e escrever, na linha tradicional e rudimentar, de dominar as letras do alfabeto, ninguém contestaria. Mas, quando os detentores do poder de dominação se deram conta de que essa nova palavra, "conscientização", se acrescentava à "alfabetização", e que isso significava, para o povo, pensar criticamente a realidade, "aprender a dizer a sua palavra", e dizê-la participando como "sujeito histórico", a coisa mudou radicalmente.

Mudou como? Àquela fase primaveril, "auroral" do "pré-tempo", segundo o filósofo argentino Gustavo Cirigliano, de uma grande floração dos movimentos de cultura e educação popular, não apenas para o povo brasileiro, mas para os povos latino-americanos em geral, sucedeu a fase do "contra-tempo", dos golpes e da repressão, que no Brasil duraram mais de duas décadas. Depois viria, segundo o mesmo filósofo, a terceira fase, a do "des-tempo", dos que perderam o trem da história, achando que não valeria mais a pena acreditar na utopia da luta por um outro mundo possível.

Na tese de livre docência do Fiori, na edição de 1963, que ele não pôde defender ao ser cassado da docência universitária pelo golpe militar, lemos na página 110, o verbo "consciencializar", segundo a frase seguinte:

> Na interioridade, não perseguimos o ser, como se ele fosse algo que nos foge e escapa, quando, ao contrário, nos envolve e invade. Na

intimidade do eu, não encontramos o ser, pois nele "somos e nos movemos", mas consciencializamos nossa coincidência com o ser, que se intimiza em nosso espírito. A intimidade da autoconsciência é a intimidade espiritual do ser. E, na experiência de nossos atos espirituais, experienciamos a atuação interior do ato que existência os seres no ser (Fiori, 1963, p. 110-111).

No primeiro volume das obras do Ernani Fiori, na segunda edição, o texto está na página 233. A leitura daquele texto, mais precisamente, a presença do verbo "consciencializar", me motivou a propor uma questão vocabular, mas que não é apenas vocabular. Em escritos anteriores ao famoso prefácio que Freire pediu ao Fiori para *Pedagogia o oprimido*, em particular, numa série de conferências feitas por ele, em 1967, em Toledo, no Uruguai, Fiori usava o vocábulo "consciencialização". Surgem, assim, duas questões. A primeira seria esta: "Nos escritos do Fiori, consciencialização e conscientização teriam o mesmo significado ou, em outras palavras, são sinônimas?" A segunda questão, se refere à origem desses termos. O vocábulo "conscientização", sabemos que Freire o assumiu das obras de Vieira Pinto. Quanto a "consciencialização", seria um neologismo criado por Fiori, ou ele o teria herdado de outro filósofo, ou de outra corrente filosófica? O verbo "consciencializar" aparece, na tese do Fiori, num texto no qual ele cita vários autores da "filosofia do espírito", cuja influência é lembrada por ele na sua famosa conferência intitulada "O fio condutor de um pensamento itinerante", e reconhecida também por Lima Vaz, no Prefácio ao I volume das obras, quando se refere a Louis Lavelle como "metafísico de alta estirpe" (Lima Vaz, 2014, p. 25). Lavelle, o autor que é citado, aliás, imediatamente antes do texto em que aparece o verbo "consciencializar". A presença do verbo "consciencializar" num texto inspirado em autores da "filosofia do espírito", e empregado por Fiori antes de seus diálogos com Freire, nos permite perguntar se tal termo não teria também sua origem ou inspiração na "filosofia do espírito". Ou Fiori teria herdado da Fenomenologia?

Não sei se as questões por mim levantadas são importantes, ou se refletem apenas curiosidades semânticas. Feito o registro da diferença vocabular – consciencialização e conscientização –, não pretendo pessoalmente ir mais além no meu questionamento. Fica a pista para pesquisadores hermeneuticamente mais curiosos do que eu.

Quanto à participação de Ernani Fiori nos movimentos de Cultura e Educação Popular, além dos textos citados, não podemos omitir a história da criação do Instituto de Cultura Popular do Rio Grande do Sul, aos 14 de dezembro de 1963, do qual ele foi o idealizador, e seu primeiro, único e efêmero presidente, sendo que o Instituo oficialmente encerrou suas atividades com o golpe de 1964.

Ao falarmos de parceria fraterna de Freire e Fiori no exílio, creio importante lembrar que o filho do casal Ernani e Hilda, José Luiz Fiori, há muitos anos professor da Universidade Federal do Rio de Janeiro (UFRJ), teve que partir para o exílio antes do pai, pois, como líder estudantil, estava na mira da repressão, sendo mais um dos jovens brasileiros inscritos nas listas dos candidatos à prisão, à tortura e, quem sabe, a cemitérios desconhecidos até hoje, quando muitos tresloucados ainda pedem a volta da ditadura. José Luiz foi colaborador direto de Paulo Freire, junto com a chilena Marcela Gajardo. Eu tenho comigo um livro, publicado na Espanha, intitulado: "Educación liberadora" (Fiori et al., Madrid, 1973), sendo os autores dos três capítulos, pela ordem: Ernani Maria Fiori, José Luiz Fiori, Paulo Freire.

Um detalhe bibliográfico da maior importância é que, na *Pedagogia do oprimido* (Freire, 2007, p. 130), na nota de rodapé, Freire reconhece que o José Luiz tem razão de falar em "círculos de investigação temática", em se tratando de pesquisa, e não "círculos de cultura", "que – segundo Freire – podia, ainda, estabelecer confusão com aquela em que se realça a etapa que segue à da investigação". Aquela nota de rodapé mostra como Freire valorizava a colaboração de seus "bolsistas", como diríamos hoje. Mas há, nas notas de rodapé, uma lacuna irrecuperável. Não lembro bem de quem fiquei sabendo desta lacuna. Mas acho que foi o próprio José Luiz que me disse. No calhamaço de 338 páginas das entrevistas feitas para a pesquisa sobre o Instituto de Cultura Popular, há uma que fizemos, eu e meu orientando de Mestrado Cosme Luiz Chinazzo, com a filha do Prof. Ernani, Otília Beatriz, e o filho José Luiz. Houve vários momentos daquela entrevista em que a gravação foi interrompida. De qualquer modo, creio ter sido naquela ocasião que o José Luiz nos contou que Freire registrara várias vezes, em nota de rodapé, que determinada ideia a havia debatido com ele, José Luiz, e com a Marcela Gajardo. E os dois acharam que era humildade demais de Freire em valorizar tanto, em seu livro, as contribuições deles, e acabaram apagando a maioria das notas de rodapé em que eram citados. Penso que Paulo Freire, absorvido por tantas correrias, não se deu conta dessa "censura" bibliográfica. Pessoalmente, compreendendo embora a modéstia dos dois colaboradores, acho que foi uma perda para a obra. Fica aqui uma sugestão. Algum pesquisador arguto, quem sabe, entreviste o José Luiz, para saber se ele ainda lembra o conteúdo das notas de rodapé canceladas.

Acho muito difícil que exista, na nossa história, outro exemplo, ainda que de longe semelhante, de uma sintonia tão profunda e de uma parceria semelhante entre dois intelectuais, como as que viveram, durante três décadas, Paulo Freire e Ernani Fiori. E ninguém melhor do que o José Luiz Gomez de Souza saberia descrever aquela trajetória fraternamente parceira, como ele o fez em seu artigo já citado, por ter sido aluno de Fiori na UFRGS, e parceiro de Fiori e Freire no exílio. Ele retoma, com uma capacidade invejável de penetrar, com inteligência, o conteúdo histórico e filosófico de Fiori, nos vários momentos de sua trajetória de "pensamento itinerante" de um "anônimo peregrino do absoluto" (Fiori, 2014, I vol., p. 39-60). Numa igualmente rara capacidade de síntese, refere-se à década de 60, acena aos debates do Fiori com os jovens na JUC, na JEC e na AP, para escrever, logo em seguida:

> A relação cultura-mundo passa a ser, e seguirá por muitos anos, seu jeito de reflexão e, em planos diferentes, terá um encontro fecundo com seus novos grandes amigos, Henrique C. de Lima Vaz, ao nível da "consciência histórica e Paulo Freire, para devolver ao povo sua palavra" (Gomez de Souza, 1985, p. 30).

Quanto à influência de Fiori, na obra de Freire, destacarei ainda duas frases do Luiz Alberto: "Pode-se afirmar que a reflexão dialética de Fiori teve um significativo impacto em seu repensar entre outros [...]". E referindo-se ao texto que seria prefácio a *Pedagogia do oprimido*, afirma: "Poucas vezes Paulo Freire foi analisado tão bem e até o fundo dinâmico de sua intuição educativa, irredutível a um simples método entre outros". É por isso que Freire confia a Fiori o prefácio de seu novo livro (Gomez de Souza, 1985, p. 36-37).

Referindo-se ao convite ao Ernani, em 1966, "[...] para trabalhar no Instituto de Educação Rural", ele afirma que para o Fiori:

> [...] começa um dos períodos mais fecundo de sua vida, nesses tempos de uma diáspora que espalhou tantos brasileiros pela

América Latina e pelo mundo afora. Dali começa um diálogo com jovens universitários de toda a América Latina. [...] Estudantes que vinham ao Chile para fazer cursos num centro de formação democrata-cristão, espontaneamente o procuravam em busca de outros horizontes de pensamento. Discretamente saíam à noite e iam até sua casa. Ali encontrei e discuti com jovens centro-americanos e da área andina. Também chegava Paulo Freire e se realizavam verdadeiros seminários informais, dinâmicos e entusiastas (Gomez de Souza, 1985, p. 32-33).

Mas Paulo Freire fala também de outros seminários, menos amplos, mas não menos importantes. Eram os seminários dos sábados. Falando de seus diálogos com o Fiori, principalmente sobre a pedagogia do oprimido, ele nos conta: "Nossas conversas se davam principalmente nos sábados à tarde, quando Hilda e Ernani chegavam". Depois das primeiras conversas sobre assuntos do cotidiano, "mas, imediatamente a demanda epistemológica do Fiori acabava com o 'penso que é' [...], e então virava seminário". E o Paulo prossegue:

> Era quando eu entrava com os meus assuntos. Puxa, como eu aprendi com o Ernani nestas tertúlias de fim de tarde! Eu digo a vocês, com alegria, como na verdade eu me sentia um bom aluno do Fiori, reconhecendo que encontrava nele explicações, fundamentos, razões de ser para algumas de minhas curiosidades. Todos os sábados se dava isso, todos eram assim, e os seminários se alongavam, em geral, numa sopa em comum. O prefácio nasceu num desses sábados (Freire, 2014, p. 335).

Freire lembra que às vezes participavam outros exilados, como Paulo de Tarso, Weffort, Plínio de Arruda Sampaio.

Além da entrevista que resultou no "Posfácio" ao II volume, há uma outra de grande valor, da qual não disponho agora, com relação às parcerias e ao aprendizado recíproco de Freire e Fiori. Quem fez aquela entrevista com Paulo Freire, publicada na revista *Educação e Realidade*, creio que em 1986, foi o Prof. Tomaz Tadeu da Silva (Freire, 1986). Segundo o Tomaz, o Freire se emocionou e disse: "Tomaz, o Fiori merece muito mais do que uma página. Vamos fazer assim: tu vais a São Paulo, e me entrevistas, durante algumas horas, ao longo de alguns dias, e incluis assim a entrevista naquele número especial da revista *Educação e Realidade*.

Palavras finais

Das longas e fecundas parcerias entre Freire e Fiori, há muitos aspectos, momentos, trocas e realizações, na perspectiva da construção teórica e da práxis pedagógico-política. Mas as parcerias não se limitavam a essas dimensões, na linha da teoria e da ação. Para além delas, sem dúvida extremamente importantes, eu vejo outras, expressas em diferentes formas de comunhão, em testemunhos de amor nas relações humanas, e de "simbiogênese", na linguagem de Fritjof Capra", como raiz de complexificação empática e de fraternidade, contra a lei perversa da competição, do evolucionismo social. E a fraternidade torna eternas as coisas humanas, fecundadas por outros valores, que Freire descreve, não apenas com rara clareza, mas também com muita emoção, no fragmento de sua memorável entrevista, que trarei como conclusão destas minhas páginas:

> O Ernani foi um testemunhal, por exemplo, do ponto de vista da amorosidade – como gente, como homem, – da honestidade, sem ser jamais um piegas, um hipócrita. Ernani foi um testemunhal como pai de família, sem ser um machista, uma coisa extraordinária na geração dele. Ele pode ter cometido muitos erros no convívio com os filhos, como eu, mas ele testemunhou a eles essa curiosidade diante do mundo, essa indagação diante dos fatos [...]. Ernani testemunhou o amor pela mulher, pelo país... Vou contar aqui um fato dando um imenso salto cronológico [...]. Eu me lembro de que um dia – porque em todos os cursos de que participei no Chile, para a formação de quadros para a educação popular, eu pus o Ernani a falar –, pois bem, um dia [...] ele deveria falar para um grupo grande... Ernani chega e é logo aplaudido. Começa a falar e daí a pouco fala do Brasil. Quando ele fala do Brasil, não suporta a emoção e chora. Chora, retira-se por uns momentos para uma sala da casa onde estava, se refaz, volta, ri e continua a aula. Vocês vejam como este foi um homem que realmente não teve medo dos sentimentos, nem tampouco de expressá-los (Freire, 2014, II vol., p. 326).

Inspirado por essa última citação de Freire, parodiando em parte, e desmentindo Pascal, penso que há "razões" que fazem com que "a Razão" reconheça "as razões do coração". As razões do coração expressas em minha tese de pós-doutorado, intitulada *Emotividade Versus Razão: por uma pedagogia do coração*. Aos meus 90 anos, só me resta sonhar que muitos outros(as) pesquisadores e pesquisadoras possam avançar neste horizonte de um mundo mais humano e solidário.

Referências

ANDREOLA, Balduino Antonio. *Emmanuel Mounier et Paulo Freire*: Une pédagogie de la personne et de la communauté. Thèse doctorale, Louvain-la-Neuve, Université Catholique, 1985.

ANDREOLA, Balduino Antonio. Cultura e Educação Popular nos anos sessenta no Rio Grande do Sul. *Educação e Realidade*, Porto Alegre, v. 13, n. 2, p. 39-48, jul./dez. 1988.

ANDREOLA, Balduino Antonio. *Relatório de Pesquisa*: O Instituto de Cultura Popular do Rio Grande do Sul – História, influências e desdobramentos. Aprovado pelo CNPq. Introdução: p. III a XX; Entrevistas e Seminário: 338 páginas. Porto Alegre, Universidade Federal do Rio Grande do Sul, 1995.

ARANTES, Otília Beatriz Fiori; ARANTES, Paulo Eduardo. Apresentação. In: FIORI, Ernani Maria. *Educação e Política*: Textos escolhidos – volume 2; coordenação: Otília Beatriz Fiori Arantes. 2. ed. Porto Alegre: UFRGS Editora, 2014, p. 7-22.

ASSMANN, Hugo (Org.). *NICARAGUA – Cruzada Nacional de Alfabetización*. San José, Costa Rica, Equipo DEI – Departamento Ecumênico de Investigacione, 1981.

COUTINHO, Afrânio. Apresentação. In: TEIXEIRA, Anísio. *Educação não é privilégio*. 6. ed. Rio de Janeiro: Editora UFRJ, 1999, p. 13-14.

FIORI, Ernani Maria. *Abstração metafísica e experiência transcedental*. Alegre: Gráfica Moderna, 1963.

FIORI, Ernani Maria. *Educação e Política*: Textos escolhidos – volume II; coordenação: Otília Beatriz Fiori Arantes. 2. ed. Porto Alegre: UFRGS Editora, 2014.

FIORI, Ernani Maria. *Metafísica e História*: Textos escolhidos – volume I; organização: Maria Sieczkowska Mascarello e Maria Tereza Papaléo; supervisão: Otília Beatriz Fiori Arantes. 2. ed. Porto Alegre: UFRGS Editora, 2014.

FREIRE, Paulo. *Ernani Fiori: um intelectual apaixonado*. Entrevista com Tomaz Tadeu da Silva. *Educação e Realidade*, Porto Alegre, FACED/UFRGS, v. 11, n. 1, p. 11-18, jan./ jun. 1986.

FREIRE, Paulo. *Pedagogia do oprimido*. Prefácio de Ernani M. Fiori. 46. ed. São Paulo: Paz e Terra, 2007.

FREIRE, Paulo. Posfácio: Depoimento de um grande amigo. In: FIORI, Ernani Maria. *Educação e Política: Textos escolhidos – volume II*; coordenação: Otília Beatriz Fiori Arantes. 2. ed. Porto Alegre: UFRGS Editora, 2014.

GOMEZ DE SOUZA, Luiz Alberto. Ernani Maria Fiori: Um pensamento fértil na consciência latino-americana. *Síntese*, n. 48, Rio de Janeiro: Edições Loyola, 1985, p. 27-43.

LIMA VAZ, Henrique Cláudio. O itinerário do absoluto no pensamento de Ernani Fiori. In: FIORI, Ernani Maria. *Metafísica e História*: Textos escolhidos – volume 1; organização: Maria Sieczkowska Mascarello e Paria Tereza Papaléo; supervisão: Otília Beatriz Fiori Arantes. 2. ed. Porto Alegre: UFRGS Editora, 2014.

PINTO, Álvaro Vieira. *Consciência e realidade nacional*: a consciência crítica. V. 2. Rio de Janeiro: MEC/ISEB, 1960.

TRIVIÑOS, Augusto Nibaldo Silva; ANDREOLA, Balduino Antonio. *Freire e Fiori no exílio*: um projeto político-pedagógico no Chile. Porto Alegre: Editora Ritter dos Reis, 2001.

VIEIRA, Adriano José Hertzog. Ernani Maria Fiori: um interlocutor de Paulo Freire. *Fórum de Estudos:* Leituras de Paulo Freire. São Leopoldo: Unisinos, 1999.

EDUCAÇÃO POPULAR E PEDAGOGIA CRÍTICA: EM DEFESA DA ESCOLA PÚBLICA

Fernanda dos Santos Paulo[1]

Introdução

O presente texto aborda a Educação Popular freiriana na dimensão teórico-metodológica para a constituição da Pedagogia Crítica, antagônica às Pedagogias capitalistas. As reflexões são oriundas dos estudos, pesquisas e atividades que versam a história e a Memória da Educação Popular brasileira e latino-americana.

No ano de 2021 foram realizadas inúmeras atividades em defesa do Legado de Paulo Freire[2], tanto no Brasil como em diversos países do mundo. No caso de nosso país, uma das temáticas que sobressaíram foi a defesa da escola pública, popular, gratuita, democrática, estatal e de qualidade social.

Trata-se de uma pesquisa qualitativa de cunho bibliográfico, cujo objetivo do texto é apresentar o conceito de Educação Popular freiriana e o de Pedagogia Crítica, articulando-os aos temas escola pública, democracia e capitalismo. Em um primeiro momento serão contextualizados os sentidos da Educação Popular. Posteriormente, apresentar-se-á a base teórico-metodológica de Pedagogia Crítica, associando-a aos tensionamentos das Pedagogias Capitalistas e a luta em favor da democracia e da escola pública.

Os autores que embasam este texto são: Paulo Freire, Marcos Raul Mejía, Alfonso Torres Carrilo, Carlos Rodrigues Brandão, Jaqueline Moll, Christian Laval, Atílio Boron, José Clóvis Azevedo, Moacir Gadotti, Henri Giroux, entre outros referenciais.

---

[1] Educadora Popular. Doutorado e Mestrado em Educação. Especialista em Educação Popular e Movimentos Sociais. Licenciatura em Pedagogia e Filosofia. AEPPA/MEP, FEJARS, FEPE/RS. Porto Alegre, Rio Grande do Sul, Brasil.

[2] Considerado como "andarilho da esperança" que nos deixou bases para a Educação Popular e para a Pedagogia Crítica. Ver Wolpato e Moretti (2021).

A questão que alude ao tema em debate é: quais os desafios e limites da construção de uma escola radicalmente democrática, popular e embasada por Pedagogia Crítica libertadora?

Desenvolvimento

O conceito de Educação Popular freiriana tem o propósito de descolonizar as educações que possuem o sentido colonial e capitalista, cujos fundamentos políticos, epistemológicos e sociais são e estão sustentados pelas pedagogias instrumental, positivista e bancárias, fomentadas pela modernidade egocêntrica (Paulo, 2018, 2021; Freire, 1979a; Torres, 2021).

Para a compreensão dos sentidos e significados da Educação Popular, é ponderoso destacar suas origens mundiais. A essa recuperação da história, Paulo (2018, 2021) apresenta os usos da Educação Popular, os quais nem sempre têm o sentido de revolucionário. Como demonstrativos das compreensões de Educação Popular ao longo da história da educação, apresento o Quadro 1.

O diálogo suscitado pela questão "Quais os desafios e limites da construção de uma escola radicalmente democrática, popular e embasada por Pedagogia Crítica libertadora?" nos convida a reconstituir a historicidade da Educação Popular e, com isso, recuperar igualmente as acepções de pedagogia, para que depois possamos defini-la enquanto Pedagogia Crítica.

A compreensão de Pedagogia na história da educação é heterogênea. Paulo (2020), baseada no livro de Ghiraldelli Júnior (2006), apresenta essas diferentes perspectivas. Emile Durkheim (1858-1917), segundo a autora (Paulo, 2020), conceitua a pedagogia enquanto teoria idealista, separada da prática (ação). Essa interpretação não compreende a pedagogia como ciência da educação.

Johann Friedrich Herbart (1776 -1841), tradição alemã, tem uma visão que está relacionada à pedagogia como aplicação da filosofia, não separando a ciência da pedagogia. É, portanto, o formulador da ideia de "pedagogia como ciência da educação" (Ghiraldelli Júnior, 2006, p. 9).

John Dewey (1859-1952) não separou a pedagogia da filosofia, e compreendeu-a na qualidade de ciência da educação, cuja teoria e prática não se separam. Essa acepção aproxima-se de Paulo Freire. Paulo (2020), em sua análise, acerca dos autores e das compreensões sobre pedagogia, destaca que as relações entre Pedagogia e Educação Popular freiriana/libertadora

Quadro 1 – Sentidos e significados da Educação Popular

Contextos	Compreensões de Educação Popular
Simón Rodríguez (1769-1854)	Educação popular na perspectiva de transformação social, aproximando-se da perspectiva de Paulo Freire.
Reforma Protestante	Educação popular cristã-instrumental.
Karl Heinrich Marx (1818-1883)	Educação Popular rebelde e revolucionária, aproximando-se da perspectiva de Paulo Freire.
Herman Nohl (1879-1960)	Educação Popular na perspectiva da prevenção, distancia-se de Paulo Freire, pois está associada à manutenção da sociedade.
Johann Heinrich Pestalozzi (1746-1827)	Educação Popular de cunho assistencialista, distancia-se de Paulo Freire, pois está associada à manutenção da sociedade e não sua transformação.
José Martí (1853-1895)	Educação Popular como heurístico-politizador, aproximando-se da perspectiva de Paulo Freire.
Andrés Bello (1781-1865)	Educação Popular como metodologia de ensino e de popularização da educação escolar.
Domingo Faustino Sarmiento (1811-1888)	Educação Popular como civilizatória, distancia-se de Paulo Freire, pois está associada à elite capitalista.
Educação Popular inglesa	Educação Popular conservadora, distancia-se de Paulo Freire, pois está associada à elite capitalista.
Educação Popular francesa	Educação Popular cidadã burguesa (com algumas aproximações de Paulo Freire, a exemplo da escola laica e gratuita).
Educação Popular brasileira	Vários sentidos e significados ao longo da História (Paulo, 2018).
Educação Popular freiriana latino-americana	Educação Popular enquanto projeto de sociedade radicalmente libertadora-emancipadora, visando à transformação social, contra o projeto de sociedade neoliberal.

Fonte: Paulo (2018; 2021).

aproximam-se do pensamento de John Dewey[3]. Uma das marcas de aproximação é o movimento de defesa da educação pública no Brasil (Paulo, 2018), fundamentado no pensamento pedagógico progressista (Paulo, 2020). Esse entendimento, de prática e teoria concomitantes, não dicotomizadas, confere o *status* de pedagogia enquanto ciência da educação da práxis, defendida por Paulo Freire (1961, 1967, 1977, 1982, 1991, 1994, 1995, 2000, 2001, 2003, 2011, 2013, 2014, 2015), por Brandão (2021) e Barreiro (1980). Ainda, em conformidade com Paulo (2020), essa seria uma Pedagogia socialista inspirada no socialismo democrático de Paulo Freire.

Diante dessa contextualização, fica evidente que a Pedagogia Crítica, na perspectiva da Educação Popular freiriana, tem um posicionamento ético-político contra as pedagogias capitalistas. Quero dizer que a pedagogia crítica de Paulo Freire precisa ser compreendida através de suas experiências e de suas raízes epistemológicas – sendo que a Educação Popular libertadora constituiu-se desde o socialismo democrático[4]. Ou seja, uma das identificações entre a Pedagogia Critica e a Educação Popular é a identificação da pedagogia latino-americana com base na Educação Popular freiriana, é "o projeto popular de educação, que pressupunha uma sociedade mais justa, é o que aproxima a pedagogia socialista com a Educação Popular, cuja formação política em espaços coletivos tem como horizonte a emancipação humana" (Paulo, 2020, p. 27). Então, a Educação Popular libertadora pressupõe democracia participativa e palavração (Freire, 1987), consubstanciada pelo diálogo crítico e problematizador, com vistas à transformação social.

Destacam-se pensadores e pensadoras da América Latina que vêm apresentando reflexões decoloniais no processo de construção do conhecimento libertador, cuja ciência da educação tem como epistemologia as dimensões política, pedagógica, metodológica, filosófica e sociológica na acepção de Educação Popular freiriana (Paulo, 2018). No quadro 2, apresento autores e autoras que são fontes condutoras de pesquisas que tratam da Pedagogia Critica e da Educação Popular libertadora.

---

[3] John Dewey foi citado por Freire, a partir do livro *Democracia e educação*, na defesa da educação e de um país democrático.

[4] Freire em muitos dos seus livros criticou o capitalismo, apostando que necessitamos refutar os valores neoliberais, construindo um projeto de educação e sociedade desde o socialismo democrático. Saber mais conferir em Streck e Gottardo (2019).

Quadro 2 – Pensadores latino-americanos e a Educação Popular

Aníbal Quijano	Teoria crítica decolonial.	Modernidade – colonialidade – raça: colonialidade do poder, globalização, eurocentrismo e colonialidade.
José Martí	Teoria crítica. Pedagogia Revolucionária.	Denunciava os interesses dos Estados Unidos no processo de colonização (expansão econômica sobre a América Latina). Buscava unidade social e política para os fins revolucionários.
Paulo Reglus Neves Freire	Pedagogia da Libertação. Teoria crítica.	Educação como prática da liberdade, educação conscientizadora, dialogicidade, transformação social e humanização.
Enrique Dussel	Teoria crítica. Filosofia da Libertação desde a América Latina.	Faz crítica ao pensamento do centro – especialmente o europeu. Enfatiza a necessidade de práticas de libertação do oprimido latino-americano.
Frantz Fanon	Teoria crítica. Pedagogia de descolonização via solidariedade e libertação.	Eurocentrismo/visão de mundo branca. Solidariedade e libertação.
Carlos Rodrigues Brandão	Teoria crítica. Pedagogia da Educação Popular.	Educação Popular – pesquisa participante e Teologia da Libertação.
Orlando Fals Borda	Teoria crítica decolonial.	A Investigação-Ação Participativa e a Educação Popular. Educação Popular Latino-Americana com uma ciência/pedagogia não eurocêntrica.

Fonte: Paulo (2020).

O conceito de libertação é o fio condutor das produções intelectuais dos pensadores latino-americanos referentes à Educação Popular, cujas experiências de metodologias participativas, essência da democracia participativa, são indícios de uma Pedagogia Crítica latino-americana. As reflexões que revigoram o debate da reinvenção da escola pública perpassam pela relevância da construção de um projeto educativo dialógico, mediante uma pedagogia da luta, da resistência, da conscientização e da emancipação. Assim, salienta-se que as metodologias participativas possibilitam, por meio de uma Pedagogia da Oarticipação Popular e da democracia, ir reinventando a escola pública no Brasil.

Orientada pelos estudos de Moretti (2008), o princípio educativo da pedagogia latino-americana são os movimentos de resistências. Nesse sentido, é necessário clarificar quais os limites conjunturais e estruturais da edificação processual e dialógica da Educação Popular e da pedagogia crítica na luta em prol de políticas públicas estatais no âmbito da educação escolar. Para tanto, um dos desafios é a formação ético-política da classe popular para compreender, de modo crítico, o contexto histórico e econômico da educação brasileira. Diante desse desafio, é urgente a retomada dos diálogos reflexivos com os movimentos sociais populares, cujos saberes de luta política podem auxiliar na reinvenção da escola pública. Estes espaços de processos de luta social e política contribuem para a construção de redes conectivas de "intelectuais engajados/as da Educação Popular" (Paulo, 2018) na elaboração de propostas de Educação Popular e de pedagogia crítica na defesa e produção de projetos de escola pública com *"prácticas educativas populares orientada a la formación de una conciencia de clase"* (Torres, 2021, p. 60). Consciência de que, por exemplo, atualmente temos projetos de educação e de sociedade em disputas, cuja ideologia de mercado, seus princípios e valores da economia capitalista apresentam a mercoescola como única alternativa ao progresso nacional (Azevedo, 2007; Gadotti, 2006).

Para tanto, em um primeiro momento, se faz urgente que as escolas baixem seus muros para não serem um simulacro da vida real (Moll, 2013) e, assim sendo, possam contribuir com o processo de formação ético-político com base na Educação Popular freiriana, colaborando para a análise crítica dos projetos de educação e sociedade em disputas: mercoescola (Azevedo, 2007) e Educação Popular libertadora (Paulo, 2018). Este seria o início de um movimento de resistência às pedagogias capitalistas (Boron, 2002; Laval, 2004), constituindo-se em um quefazer engajado na perspectiva da pedagogia crítica (Paulo, 2018; Giroux, 1997, Mejía, 2013).

No atual contexto político brasileiro, uma das lutas políticas é a defesa da escola pública, gratuita, democrática, estatal e de qualidade social, sobretudo porque estamos vivendo um período em que:

> No panorama atual, portanto, ao agudizarem-se as marcas da lógica neoliberal é preconizada por esse sistema uma árdua disputa com um contexto educacional democrático e progressista, o qual centra "fogo" nas concepções de sua organização. Diante disso, podemos percebê-las no conjunto das diversas reformas empreendidas, principalmente àquelas que contundentemente afirmam a meritocracia, os *rankings*, a instituição de *vouchers* – como cheques disponibilizados às famílias para que "escolham" a escola para seus filhos, as privatizações, as formações aligeiradas da docência (Laval, 2004) e a gestão de cunho empresarial, fortemente atrelada ao gerencialismo. Essas mudanças se alastraram fortemente para os países periféricos, por meio dos acordos e das recomendações feitas pelos organismos internacionais (Banco Mundial e Fundo Monetário Internacional, mais especialmente) (Costa; Paulo, 2021, p. 719).

O cenário explicitado é um demonstrativo dos projetos educacionais em disputas, sobretudo a partir dos anos de 1990, acirrando-se com os governos de extrema direita. É nesse viés que a Pedagogia Crítica busca uma epistemologia decolonial, e no caso do paradigma latino-americano busca-se uma epistemologia teórico-metodológica nas raízes da Educação Popular freiriana/libertadora. Dessa forma, reafirmamos a constatação da importância de conhecer a história da Educação Popular libertadora, carregada de "memória de muitas tramas, o corpo molhado de nossa história, de nossa cultura" (Freire, 2013, p. 17), para a compreensão do lugar que ocupa a educação e a escola capitalista. No entanto, uma das características da Educação Popular freiriana é o trabalho coletivo, participativo, dialógico e solidário[5] (Paulo, 2018), e esses princípios políticos e pedagógicos constituem

---

[5] Para Paulo, "Outra característica da Educação Popular é a solidariedade na partilha de saberes, apresentando-se como um movimento de educação que valoriza o trabalho coletivo, a socialização de experiências e saberes e a construção de novos saberes a partir de uma Pedagogia Engajada". (Paulo, 2020a, p, 31).

o que denominamos de Educação Popular freiriana/ libertadora, decolonial e multicultural – concepção presente na Pedagogia Critica latino-americana.

Considerações finais

Os estudos realizados sobre história e a Memória da Educação Popular brasileira e latino-americana demonstraram que a Educação Popular não possui um sentido e significado homogêneo nem mesmo análogo. Algumas compreensões aludem às dimensões assistencialistas, instrumentais e conservadoras.

Ao longo das reflexões, evidenciamos alguns posicionamentos ético-político, acerca da Educação Popular freiriana, sendo um deles o de que as dimensões pedagógica, teórica, social e metodológica da Pedagogia Crítica, com raízes no Socialismo democrático, são radicalmente antagônicas aos projetos de educação neoliberal em curso, seja no Brasil ou em outros países em que às Pedagogias capitalistas vêm predominando (Gentili; Silva, 1994).

Evidenciamos que a escola pública brasileira é objeto de estudos, reflexões e diálogos, em especial no contexto hodierno em que as políticas neoliberais se apresentam como única e possível alternativa à construção de uma escola moderna. Em contraposição, há significativos movimentos de lideranças políticas, educadores populares, professores e intelectuais engajados na defesa da escola pública, gratuita, democrática, estatal e de qualidade social. Um movimento importante dos últimos anos foram os encontros em defesa do Legado de Paulo Freire e as comemorações de seu centenário. Nesses encontros formativos, o tema da escola pública e popular foi recorrente.

Nesse sentido, a retomada da Educação Popular freiriana como base epistemológica, política e metodológica da Pedagogia Crítica é uma possibilidade de retomada ou criação de um novo projeto de escola pública, estatal, gratuita, principalmente em tempos de avanço dos valores capitalistas na elaboração e execução de políticas públicas educacionais. Diante desse desafio político e pedagógico, os princípios da democracia participativa e das metodologias participativas são balizadores para a sustentação da produção coletiva de uma escola pública, embasada pela Educação Popular freiriana.

Um dos principais limites da construção de uma escola radicalmente democrática, popular e embasada pela Pedagogia Crítica libertadora é a cultura de uma sociedade e de um projeto de escola baseado na opressão, no autoritarismo e nos processos educativos antidemocráticos – amparados por epistemologias advindas das pedagogias coloniais e capitalistas.

Minhas pesquisas a respeito da história e da Memória da Educação Popular brasileira e latino-americana apresentam indícios de uma Pedagogia Crítica Latino-Americana na perspectiva da Educação Popular freiriana. Dessa maneira, com ênfase para a defesa da escola pública, destacarei alguns apontamentos:

1. A Educação Popular freiriana/libertadora, a partir da práxis político-educativa, caminha ao lado da transformação social. E, para tanto, é urgente uma educação conscientizadora. Segundo Barreiro (1980), a Educação Popular e a conscientização têm como princípio educativo a práxis político-pedagógica. Daí, a busca de uma verdadeira ciência popular, o que chamamos de Pedagogia Crítica Latino-Americana na perspectiva da Educação Popular freiriana.

2. O diálogo problematizador entre os diferentes saberes: os construídos na universidade (saberes científicos) e os adquiridos no cotidiano da vida, estes na luta por epistemologias populares, as quais compõem a Pedagogia Crítica libertadora. À vista disso, a aposta de que a escola se reconheça como espaço de luta, resistência e tensões; e, assim, perceba a urgência de se reinventar "para construir novas possibilidades e recursos para uma educação integral" (Moll, 2013) e popular. Por esse motivo, a esperança e o sonho por um mundo e uma escola justa e humanizadora têm sido o alimento dos movimentos de Educação Popular freiriana e de intelectuais engajados.

3. Necessidade de recuperação e experiências de Educação Popular na escola pública, bem como de experiências contemporâneas de pedagogias latino-americanas. Nessa reconstrução de experiências pedagógicas de Educação Popular freiriana/libertadora e decolonial é interessante considerar que a Educação Popular latino-americana é multicultural e crítica, enquanto resistência política e de esperança na construção de um mundo verdadeiramente humanizador. A escola pública popular, na ótica da Educação Popular freiriana, tem o potencial de construir o inédito viável em Paulo Freire (2013a), o qual retrata a palavração, a resistência ético-política, a esperança e a práxis político-educativa.

Em síntese, a Educação Popular freiriana significa uma educação libertadora elaborada por um projeto idealizado por muitos intelectuais, críticos ao modelo conservador, elitista, colonial e neoliberal de educação e das injustiças sociais advindas do modelo sócio-histórico do capitalismo em voga. Paulo Freire, autor da Educação Popular e inspirador da Pedagogia Crítica, representa uma educação emancipadora, o que requer a superação dos projetos educacionais opressores e de sociedade desumanizadora. A Educação Popular freiriana está comprometida com a transformação social, e a escola pública pode se constituir em um território de resistência e de significativas transformações culturais e sociais.

Referências

AZEVEDO, José Clóvis. *Reconversão cultural da escola*: mercoescola e escola cidadã. Porto Alegre: Sulina e Editora Universitária Metodista IPA, 2007.

BARREIRO, Júlio. *Educação popular e conscientização*. Tradução de Carlos Rodrigues Brandão. Petrópolis: Vozes, 1980.

BRANDÃO, Carlos Rodrigues. Prefácio: carta sobre as cartas. In: PAULO, Fernanda dos Santos; DICKMANN, Ivo (Org.). *Arqueologia nas cartas de Carlos Rodrigues Brandão*: contribuições para a Educação Popular. Chapecó: Livrologia, 2021.

BORON, Atílio A. *Estado, capitalismo e democracia na América Latina*. 2. ed. Rio de Janeiro: Paz e Terra, 2002.

COSTA, Daianny Madalena; PAULO, Fernanda. Paulo Freire e a gestão democrática como política educacional: oposições ao neoliberalismo. *Rev. Bras. Polít. Adm. Educ.*, - v. 37, n. 2, p. 716-735, maio/ago. 2021.

FREIRE, Paulo. Simpósio "Educação para o Brasil", organizado pelo Centro Regional de Pesquisas Educacionais do Recife, PE, em 1960. Publicada originalmente na *RBEP* v. 35, n. 82, p. 15-33, abr./jun. 1961.

FREIRE, Paulo. *Educação como prática da liberdade*. Rio de Janeiro: Paz e Terra, 1967.

FREIRE, Paulo. *Extensão ou comunicação?* 3. ed. Rio de Janeiro: Paz e Terra, 1979a.

FREIRE, Paulo. Paulo Freire: Educação é prática da liberdade: reflexões de um educador cristão numa entrevista exclusiva a Tempo e Presença. *Tempo e Presença*, Rio de Janeiro, n. 154, p. 7, out. 1979b.

FREIRE, Paulo. *Conscientização*: teoria e prática da libertação: uma introdução ao pensamento de Paulo Freire. São Paulo: Cortez & Moraes, 1979c.

FREIRE, Paulo. Paulo Freire com a palavra. *Cadernos de Ensino Revista da União Est. de Estudantes RS* - Porto Alegre, RS, n. 3, p. 4-18, ago. 1982.

FREIRE, Paulo. *A educação na cidade*. São Paulo: Cortez, 1991.

FREIRE, Paulo. *Pedagogia da esperança*. São Paulo: Paz e Terra, 1994.

FREIRE, Paulo. *À sombra desta mangueira*. São Paulo: Olho d'Água, 1995.

FREIRE, Paulo. *Pedagogia da indignação*: cartas pedagógicas e outros escritos. São Paulo: Unesp, 2000.

FREIRE, Paulo. *Política e educação*. 5. ed. São Paulo: Cortez, 2001.

FREIRE, Paulo. *Educação & atualidade brasileira*. São Paulo: Cortez, 2003.

FREIRE, Paulo. *Pedagogia da autonomia*: saberes necessários à prática educativa. São Paulo: Paz e Terra, 2011.

FREIRE, Paulo. *Pedagogia do oprimido*. Rio de Janeiro: Paz e Terra, 2013a.

FREIRE, Paulo; GUIMARÃES, Sérgio. *Dialogando com a própria história* [recurso eletrônico]. Rio de Janeiro: Paz e Terra, 2013b.

FREIRE, Paulo. *Educação e mudança*. 36. ed. São Paulo: Paz e Terra, 2014.

FREIRE, Paulo. *Professora sim, tia não*: cartas a quem ousa ensinar. 24. ed. rev. e atual. Rio de Janeiro: Paz e Terra, 2015.

GADOTTI, Moacir. *Escola Cidadã*. Coleção Questões da Nossa Época, v. 24. São Paulo: Cortez, 2006.

GENTILI, Pablo e SILVA, Tomás Tadeu (Org.). *Neoliberalismo, qualidade total e educação*. Petrópolis: Vozes, 1994.

GHIRALDELLI JÚNIOR, Paulo. *O que é pedagogia*. São Paulo: Brasiliense, 2006.

GIROUX, Henri. *Os professores como intelectuais*: rumo a uma pedagogia crítica da aprendizagem. Porto Alegre: Artes Médicas, 1997.

LAVAL, Christian. *A escola não é uma empresa*. O neoliberalismo em ataque ao ensino público. Londrina: Planta, 2004.

MEJÍA, Marcos Raul. Posfácio – La Educación Popular: una construcción colectiva desde el sur y desde abajo. In: STRECK, D.; ESTEBAN, M. T. (Orgs.). *Educação Popular*: lugar de construção social coletiva. Petrópolis: Vozes, 2013.

MOLL, Jaqueline. "A escola tem que baixar seus muros para não ser um simulacro da vida real". [Entrevista cedida ao periódico La Capital]. Tradução de Julia Dietrich. Centro de Referências em Educação Integral, 24 set. 2013. Disponível em: https://

educacaointegral.org.br/reportagens/a-escola-tem-que-baixar-seus-muros-para-nao-ser-um-simulacro-da-vida-real/. Acesso em: 10 fev. 2022.

MORETTI, Cheron Zanini. *Educação Popular em José Martí e no Movimento Indígena de Chiapas*: a insurgência como princípio educativo da Pedagogia Latino-Americana.2008. Dissertação (Mestrado em Educação) – Programa de Pós-Graduação em Educação, Universidade do Vale do Rio dos Sinos, São Leopoldo, RS, 2008.

PAULO, Fernanda dos Santos. *Pioneiros e pioneiras da Educação Popular Freiriana e a Universidade*. Tese (Doutorado em Educação). Universidade do Vale do Rio dos Sinos, São Leopoldo, RS, 2018.

PAULO Fernanda dos Santos. Pedagogia Latino-Americana e as Contribuições de Paulo Freire e Carlos Rodrigues Brandão. In: LIMA, A. V.; PAULO, F. S.; TESSARO, M. (Orgs.). *Educação popular e pesquisas participativas*. Veranópolis: Diálogo Freiriano, 2020.

PAULO, Fernanda dos Santos. Da Educação Popular à Educação Popular Freiriana – sentidos do popular. In: MELLO, Marco; PACIEVITCH, Caroline; VIANNA, Marcus (Orgs.) *Do lado esquerdo do peito, Paulo Freire: Presente!* [recurso eletrônico] / Marco Mello; Caroline Pacievitch; Marcus Vianna (Orgs.). Porto Alegre: Editora Fi, ATEMPA, 2021. p. 68-84.

STRECK, Danilo R.; GOTTARDO, Bárbara. JOHN DEWEY (1859-1952). In: PITANO, Sandro de Castro; STRECK, Danilo Romeu; MORETTI Cheron Zanini. (Orgs.) *Paulo Freire: uma arqueologia bibliográfica*. Curitiba: Appris, 2019. (p. 205-206).

TORRES, Alfonso Carrillo. Paulo Freire y el surgimiento del movimiento de educación popular latinoamericana. In: MELLO, Marco; PACIEVITCH, Caroline; VIANNA, Marcus (Orgs.). *Do lado esquerdo do peito, Paulo Freire: Presente!* [recurso eletrônico]. Porto Alegre: Editora Fi, ATEMPA, 2021. p. 26-67.

WOLPATO, Loureiro Camila.; MORETTI, Cheron Zanini. Paulo Freire em Abya Yala: denúncias e anúncios de uma epistemologia decolonial. *Práxis Educativa*, v. 16, p. 1-19, 27 maio 2021.

PAULO FREIRE E ALGUMAS PAUTAS PARA A EDUCAÇÃO POPULAR NA ATUALIDADE

Jaime José Zitkoski[1]

A esperança da emancipação humano-social

Freire está na origem da Educação Popular enquanto paradigma latino-americano que traz inúmeras contribuições para a pedagogia mundial. Paulo Freire foi um dos pioneiros em problematizar os desafios concretos que impulsionaram a articulação de lutas organizadas a partir de Movimentos Populares em direção à transformação das realidades sociais opressoras. Pela coragem e pela postura coerente de humildade e autocrítica, a proposta freiriana convergiu para um grande movimento de *Práxis Transformadora*, que foi emergindo da realidade social latino-americana, e passou a agrupar inúmeros líderes, intelectuais e educadores do mundo todo[2].

Mas a razão maior de trazer Freire para discutir novos horizontes teóricos no campo da Educação Popular reside no fato de que ele nunca fixou seu modo de pensar, de ler o mundo e de refletir sobre seu grande tema que era a Educação no sentido amplo da palavra. Desde os anos 60, quando Freire lançou suas primeiras obras mais sistemáticas, expressando sua proposta de educação, ele buscou rever-se a si mesmo, considerando as críticas que recebia de seus leitores e estudiosos, e, por outro lado, sempre ficou atento ao dinamismo da realidade que nos desafia a reler constantemente o nosso mundo e rever nossas posições.

Em toda sua trajetória, enquanto educador e teórico da educação, Freire buscou atualizar seu modo de pensar e refletir sobre os temas que

---

[1] Professor de Filosofia da Educação no DEBAS-FACED-UFRGS e orientador de teses e dissertações no PPGEDU-UFRGS.

[2] Ver, por exemplo, o livro *Paulo Freire: uma biobibliografia* (Organizado por Moacir Gadotti), onde estão registrados os principais momentos da vida de Freire e sua rica trajetória enquanto educador, intelectual e militante de um projeto de transformação social no mundo todo. Nessa obra, os intelectuais de renome na pedagogia contemporânea expressam a rede de solidariedade que Freire teceu no mundo todo, em torno dessa obra coletiva que é a Educação Popular latino-americana.

abraçou como plano de trabalho. Portanto, mesmo tratando de problemáticas comuns em suas diferentes obras, Freire reelaborou suas ideias, recriando o raciocínio e a forma de abordar os problemas centrais por ele trabalhados e desafiou-nos com novas intuições sempre fecundas e originais. Ele próprio, discorrendo sobre suas intuições, em um depoimento vivo pronunciado em palestra realizada no Simpósio Paulo Freire nos dias 4, 5 e 6 de setembro de 1996 na Universidade Federal do Espírito Santo (Ufes), em Vitória/ES, nos diz: *"As intuições têm muita força em mim, eu sou muito sensível às novas ideias, tanto que às vezes me concebo como adivinhador. Mas o meu mérito é não ficar cego às intuições, mas submetê-las ao crivo crítico".*

Nessa direção, uma das grandes intuições que Freire submeteu à análise e reflexão crítica, ao longo de sua trajetória enquanto educador e filósofo da educação, é a *problemática da libertação* das pessoas concretamente em suas vidas desumanizadas pela opressão e dominação social. Essa foi a grande luta travada por Freire e sua proposta pedagógica traduz, de forma integral, as preocupações que perpassam de início ao fim sua atuação prática enquanto educador e intelectual.

O desafio maior que Freire lançou a si mesmo e para quem compartilha do mesmo sonho e da mesma utopia é a humanização do mundo através da ação cultural libertadora. Esse desafio, sem sombras de dúvida, continua hoje mais atual do que há vinte ou trinta anos e requer de nós, seres humanos sujeitos da história, um compromisso ético e político claramente definido em favor da transformação da realidade. O mundo real que nos cerca é intrinsecamente dialético porque, efetivando-se historicamente, nos constitui e, ao mesmo tempo, é constituído por nós enquanto sujeitos da práxis social. Portanto, ante os problemas que a realidade atual nos apresenta, precisamos impulsionar novos momentos de ação para atingir outros níveis de humanização do mundo, da sociedade e da cultura.

A humanização do mundo atual exige que repensemos muitos aspectos da vida em sociedade. Dentre os vários aspectos da mesma, destacamos a necessidade de repensarmos a educação que praticamos, as relações humanas na sua cotidianidade, por exemplo: as práticas da economia e da vida privada, as posturas políticas, e as relações sociais delas resultantes, a produção do conhecimento científico-técnico que está na base da reprodução dos sistemas hegemônicos da sociedade.

Em suma, o projeto humanista e libertador de sociedade exige de nós hoje que repensemos a cultura que cultivamos e os modelos de racionalidade intrínsecos à ela. A centralidade da economia em nossas vidas nos aliena a todos, pois passamos a maior parte de nosso tempo conectados com o trabalho ou o produtivismo e deixamos de lado outras dimensões de nossa existência de igual ou até maior importância.

Paulo Freire, em seus últimos escritos, principalmente na *Pedagogia da Esperança e Pedagogia da Autonomia*, deu importantes passos nesse sentido emancipatório da vida humana, reelaborando seu próprio pensamento à luz dos novos contextos socioculturais inaugurados nos anos 90. Dessa forma, não podemos ler Paulo Freire hoje, sem a visão do capitalismo globalizado e/ou sem levar em conta sua crítica ao neoliberalismo.

O que nos chama a atenção em suas últimas obras é a compreensão de que o capitalismo se transformou e já não segue a mesma lógica dos anos 60, 70 ou 80. Transformaram-se as relações sociais que tinham como base o taylorismo-fordismo, o capital financeiro tornou-se dominante a partir das novas tecnologias e, principalmente, através do domínio do conhecimento técnico. Igualmente, o capitalismo atual transforma os imaginários sociais das classes populares através da indústria cultural de massas. Dessa forma, estamos diante de uma nova forma de dominação social e política, arquitetada a partir da força da *imagem* que regulamenta e controla a vida quotidiana das massas populacionais, por intermédio do poder da mídia.

Um olhar crítico de Freire diante da globalização neoliberal em curso

Esse poder ideológico da *mídia* é usado de modo estratégico pelas elites dominantes, em nível mundial, na busca de reciclar sua forma de dominação a partir do projeto da globalização econômica ancorada no livre mercado e no consumismo como fim último da ordem social.

> A capacidade de penumbrar a realidade, de nos 'miopizar', de nos ensurdecer que tem a ideologia faz, por exemplo, a muitos de nós, aceitar docilmente o discurso cinicamente fatalista neo-liberal que proclama ser o desemprego no mundo uma desgraça de fim de século. Ou que os sonhos morreram e o válido hoje é o 'pragmatismo' (Freire, 1997, p. 142).

Diante desse contexto, Freire nos deixou muitas intuições para repensar o mundo atual à luz do projeto de reconstrução da ação crítica libertadora. O ponto de partida dessa tarefa reside no fato de que a exclusão e opressão social não desapareceram. Muito pelo contrário, ampliaram seus quadros acrescentando a novos contingentes populacionais as consequências de sua lógica perversa.

Portanto, há que se reconstruir o projeto social emancipador e, por essa razão, a ideia de *utopia e esperança* no futuro histórico da humanidade aparece em Freire como contracultura e/ou contradiscurso ante a ideologia dominante dos anos 90.

> Não há mudança sem sonho, como não há sonho sem esperança. Por isso, venho insistindo [...] que não há utopia verdadeira fora da tensão entre a denúncia de um presente tornando-se cada vez mais intolerável e o anúncio de um futuro a ser criado [...]. A utopia implica essa denúncia e esse anúncio (Freire, 1994, p. 91).

A afirmação histórica do ser humano enquanto ser em busca de liberdade e esperançoso é a base para construir a visão ética e política indispensável ao projeto de transformação social e/ou à reinvenção do *paradigma emancipatório* de sociedade.

A pedagogia da política enquanto ação transformadora do mundo

O grande esforço de Freire, em toda a sua vida, foi a sua colaboração diante do desafio histórico na construção de uma *Pedagogia do oprimido* enquanto elaboração de estratégias políticas e saberes válidos para a luta de libertação. Tal pedagogia só é possível a partir dos próprios oprimidos, que, ao assumirem-se enquanto construtores de uma nova sociedade, engajando--se na luta de humanização do mundo, vão libertando a si e aos opressores. A libertação será verdadeira se for integral e partir dos oprimidos, pois estes, proibindo que os opressores continuem praticando a opressão, estarão libertando a si próprios e, também, os opressores (Freire, 1994).

O ponto de partida para Freire deve ser radical para não cairmos novamente nas históricas "traições" do processo de libertação que acabam em *posturas reformistas* e não alteram a lógica da dominação (Freire, 1995). Nesse sentido, não são os intelectuais, as academias ou os líderes políticos que deverão elaborar para os oprimidos a *pedagogia de sua luta política*. Ao contrário, o ponto de partida são as próprias classes populares, que devem encontrar em si mesmas as forças necessárias para reconstruir a história humana a partir de novas práticas que ressignifiquem a produção da cultura, as relações interpessoais e a vida política de cada sociedade.

É por tais razões que a luta política de libertação exige que os oprimidos exerçam o centro do processo de luta a partir de seus próprios objetivos políticos e não apenas sirvam de espetáculo para a promoção de líderes interesseiros.

> Nenhuma pedagogia realmente libertadora pode ficar distante dos oprimidos, quer dizer, pode fazer deles seres desditados, objetos de um 'tratamento humanitarista', para tentar, através de exemplos retirados de entre os opressores, obter modelos para a sua promoção. Os oprimidos hão de ser o exemplo para si mesmos, na luta por sua redenção (Freire, 1993, p. 41).

Não há modelos a seguir nesta prática revolucionária que deve ser a elaboração de uma *Pedagogia dos oprimidos* lutando por sua libertação. A violência que os oprimidos sofrem, mas que não foi inaugurada por eles, não será superada se ocorrer a reprodução da cultura de opressão que dá origem às práticas políticas violadoras da liberdade humana.

Portanto, o círculo vicioso da violência inaugurado pelos opressores somente poderá ser superado pelos oprimidos, que, resistindo à violência que sofrem, devem impedir que a opressão se reproduza em novos processos sociais. Somente a partir desse ponto a libertação poderá efetivar-se na história e a vida das pessoas em sociedade poderá, então, ser fundada em relações que cultivem a solidariedade, a esperança, o amor à vida, o diálogo e a utopia de um mundo mais belo.

Palavras finais

Nessa perspectiva, além de retomarmos as contribuições de Freire em seu contínuo esforço de atualizar as propostas no campo da Educação Popular, ressignificando e repensando suas questões centrais, os desafios da atualidade à Educação Popular nos impõem a tarefa de construirmos espaços que sirvam de instância mediadora entre a sociedade civil, partidos políticos e poder instituído na direção de romper com os vícios do assistencialismo, acomodação e indiferença e promover, gradativamente, uma intensa mobilização da sociedade diante dos problemas sociais mais dramáticos, tais como: desemprego, exclusão social, violência, marginalidade, opressão de gênero e religiosa, massificação cultural e todas as formas de discriminação e ataques à dignidade humana.

Essa mobilização da sociedade antes referida é possível se partirmos da realidade prática que o povo vive no seu cotidiano e despertarmos o interesse das populações e sujeitos sociais diretamente afetados pelos problemas e situações limites na perspectiva de organizarem lutas de insurgência, de rebeldia e de construção de outras lógicas de vida social.

É nessa direção que a democracia representativa (meramente burguesa, formal) poderá ser dialeticamente superada por um sistema misto entre ela própria e a *democracia direta,* onde a sociedade civil tenha mecanismos de controlar o Estado (Santos, 2007). A riqueza e a qualificação da esfera política de uma sociedade estão em seu grau de politização, que se materializa na participação ativa dos cidadãos nas decisões e atividades públicas. É a sociedade civil, constituída por cada cidadão (enquanto sujeito social), que deve decidir os rumos de sua história e não apenas escolher representantes que seriam os *iluminados* para decidir o futuro de todos.

A *reinvenção do poder* (Freire, 2004) passa pela reinvenção da política, principalmente do modelo de democracia representativa hoje vigente. Esse processo requer uma posição radical de desconstrução do que está envelhecido e, de modo ultrapassado, conserva as antigas relações de poder via assistencialismo, troca de favores e bajulações entre lideranças. Mas, para além da desconstrução, é necessário construir um novo projeto, criando alternativas para que nosso continente supere o histórico colonialismo aqui implantado e trilhe seus próprios caminhos a partir de um projeto autêntico e verdadeiramente cidadão – porque construído com a participação de todos os sujeitos históricos, discutindo seus próprios problemas e interferindo na realidade rumo à transformação social.

> Estamos em um momento histórico, cuja tarefa central é a construção de uma DEMOCRACIA RADICAL, na qual todos nos sintamos representados, e que compatibilizem Igualdade e Liberdade, Unidade e Multiplicidade, Diversidade e Diferença, Direitos das Maiorias e Direitos das Minorias (Mejía, 1994, p. 73).

Esse processo de superação do atual estágio da democracia representativa requer caminhos de comunicação social que sirvam de alternativa ao grande poder da mídia, que está intimamente sintonizado com o controle do poder político pelas classes dominantes. O *empoderamento dos oprimidos*

(Mejia, 1996), enquanto resistência ante os meios de comunicação de massa que alienam e homogeneízam as consciências, só será possível através de novas estratégias de comunicação popular que deem reais condições de reflexão crítica e consciente às pessoas no seu cotidiano social. Portanto, a mobilização social rumo à transformação da política e das estruturas sociais requer o diálogo, o debate e a permanente comunicação popular entre os que mais sofrem o atual ciclo de opressão social.

É imprescindível, então, desencadearmos um processo pedagógico e político de problematização sobre o mundo, sociedade e vida humana, constituindo um caminho alternativo da política democrática que, de fato, reestruture as relações de poder rumo à verdadeira cidadania. Esse processo histórico-cultural deve constituir uma nova *racionalidade humana* enquanto fundamentação da vida social e atribuição do sentido existencial para cada ser humano, racionalidade essa que, respeitando o saber de cada um, que brota do seu *Mundo Vivido*, oportunize a construção de novos horizontes de vida em sociedade, através de um saber coletivo que dinamize e articule o cotidiano da vida prática com a ciência e a técnica (Santos, 1993).

Referências

GADOTTI, Moacir. *Paulo Freire*: uma biobibliografia. São Paulo: Cortez, 1996.

FREIRE, Paulo. *Pedagogia do oprimido*. São Paulo: Paz e Terra, 1993.

FREIRE, Paulo. *Pedagogia da esperança*. Rio de Janeiro: Paz e Terra, 1994.

FREIRE, Paulo. *Educação e mudança*. Rio de Janeiro: Paz e Terra, 1987.

FREIRE, Paulo. *A sombra desta mangueira*. São Paulo: Olho d'água, 1995.

FREIRE, Paulo. *Pedagogia da autonomia*. São Paulo: Paz e Terra, 1997.

MEJÍA, Marco R. *Transformação social*. São Paulo: Cortez, 1996.

MEJÍA, Marco R. Educação e política: fundamentos para uma nova agenda latino--americana. In: GARCIA, Pedro B. et al. *O pêndulo das ideologias*. Rio de Janeiro: Relume Dumará, 1994.

SANTOS, Boaventura de Souza. *Um discurso sobre as Ciências*. Porto: Afrontamento, 1993.

SANTOS, Boaventura de Souza. *Renovar a teoria crítica e reinventar a emancipação social*. São Paulo: Boitempo, 2007.

TORRES, Carlos A. *Leitura crítica de Paulo Freire*. São Paulo: Loyola, 1981.

TORRES, Carlos A. Da pedagogia do oprimido à luta continua. In: *Paulo Freire: poder, desejo e memórias da libertação*. Porto Alegre: Artes Médicas, 1998.

CAPÍTULO IV

MILTON SANTOS
As territorialidades para compreender a educação

PENSAR A EDUCAÇÃO A PARTIR DO ESPAÇO GEOGRÁFICO: UM DIÁLOGO COM A VIDA E A OBRA DE MILTON SANTOS

César Augusto Ferrari Martinez[1]

Uma Geografia da Educação? Isso existe?

> Então, quando a gente faz falar o território – que é um trabalho que creio que é o nosso, fazer falar o território, como os psicólogos fazem falar a alma, como o Darcy Ribeiro quis fazer falar o povo, como o Celso Furtado quis fazer falar a economia –, o território também pode aparecer como uma voz. E, como do território não escapa nada, todas as pessoas estão nele, todas as empresas, não importa o tamanho, estão nele, todas as instituições também, então o território é um lugar privilegiado para interpretar o país (Santos, 2022, n. p.).

Quem circula nos meios acadêmicos está acostumado a entender a educação como um objeto de interesse social e que convida ao debate desde diferentes disciplinas. Com frequência, transitamos em currículos de licenciaturas para encontrar áreas como a Psicologia da Educação, Filosofia da Educação, História da Educação, Políticas Educativas, Gestão Educacional, dentre tantas outras que contribuem para dar conta da complexidade do processo educativo. Contudo, há muito já me incomoda (Martinez, 2012) a estranheza que desperta quando eu e outros colegas falamos de uma "Geografia da Educação". Por que a Geografia tem pouca ou nenhuma contribuição para pensar a Educação? Porque a relação entre Geografia e Educação se dá sempre na forma da Didática da Geografia (comumente reconhecida como Ensino de Geografia, entre o meio) e não no uso de seu arcabouço teórico-conceitual para pensar a gênese do processo educativo? Afinal, não é a Educação também um processo espacial?

---

[1] Programa de Pós-Graduação em Geografia da Universidade Federal de Pelotas (UFPel).

Talvez para muitos a contribuição de grandes geógrafos como Milton Santos, proposta deste texto, não se faça tão evidente. Afinal, Milton (permito-me chamá-lo assim daqui por diante) não foi propriamente um teórico da Educação. Será verdade que a relação não é evidente, mas é importante que ponhamos as áreas no esforço epistemológico que elas merecem. Acredito que o limite que se dá nessa relação entre disciplinas seja justificado em uma compreensão limitada do que é Educação e do que é Geografia. Comecemos pela última. Se a Geografia for tomada apenas como contexto, sinônimo de características de determinada localidade, ela será pouco produtiva para pensar a educação. Ou seja, tomando o espaço como um palco onde ocorrem os eventos sociais, separando dessa forma o que é espacial do que é social, não será possível pensar que o espaço é parte constituinte do processo de educar. O segundo limite está em pensar a educação como um processo neutro e isento, descolado das trajetórias políticas e sociais de quem participa dela. Ao fazermos isso, desprezamos a espacialidade como um catalisador das relações educativas. Assim, os educandos são meros indivíduos, objetos de diretrizes que ignoram suas vidas, seus interesses, seus sentidos. Obviamente, os que são mobilizadores de uma educação crítica e que reconhecem a importância do social no transcurso de uma trajetória educativa rechaçarão de imediato qualquer proposta que neutralize essa dimensão, pois são sabedores da importância da educação para a produção de um sujeito social, histórico e geográfico. Necessitamos desse ponto de partida para trazer uma Geografia que não se limitará a ser um pano de fundo onde transcorrem as práticas. Diferentemente, é importante pensar o espaço geográfico como um agente central na produção dos sujeitos e conhecimentos. E como acontece isso?

O primeiro ponto é que o conhecimento transforma a relação com o espaço. A educação crítica nos permite construir novos significados políticos, de pertencimento, de trajetória, de entendimento de nossas vidas de maneira geral. Ao pensarmos a produção do espaço gaúcho, por exemplo, podemos fazê-lo de maneira normativa e conservadora ou de maneira crítica e problematizadora. Ao insistirmos na primeira, que historicamente tem pautado muitas das práticas, inviabilizaremos os corpos negros e indígenas, ignoraremos a distribuição fundiária desigual, desconheceremos os parâmetros coloniais que forjam nossa identidade. Ao promovermos uma compreensão crítica e contextualizada, ressignificaremos histórias familiares dos estudantes, potencializaremos leituras de realidade, abriremos espaço para formas de organização social mais autônomas e democráticas. O segundo ponto é que o espaço também compõe necessidades educativas. Os estudos do currículo são bem cientes disso quando apontam a necessidade de pensarmos estruturas organizativas distintas para os diferentes espaços de vivência. O currículo da escola rural deve estar atento aos tempos e espaços do campo; o currículo da escola indígena deve priorizar os conhecimentos relevantes para aquela ou esta nação; o currículo da escola urbana de periferia deve pautar sentidos para os jovens que aí vivem. A educação é, portanto, um processo espacial. O conhecimento, nesse sentido, é um catalisador da produção de novos espaços e de novas relações espaciais. Pois bem, aqui entra Milton Santos.

Milton Santos, uma breve biografia

Partindo da ideia de que o leitor deste texto talvez seja alguém que não está familiarizado com a vida e obra de Milton, é importante apresentá-lo. As informações apresentadas nesta seção foram sistematizadas a partir dos artigos de Machado (2011), Saquet e Silva (2002) e Zusman (2002), bem como do próprio Milton em entrevista à revista *Caros Amigos* em 1997 (Santos, 2022*)*. As ideias e o trabalho de Milton não são alheias a quem ele foi e como viveu. Nascido em Brotas da Macaúba, na região da Chapada Diamantina, na Bahia, em 3 de maio de 1926, Milton estaria perto de completar 100 anos no momento de escrita deste manuscrito. Foi criado em uma família de professores, o que para o Brasil do início do século XX já se constituía uma vantagem em relação à média de escolaridade da população. Os privilégios de Milton terminavam aí, já que ser um jovem negro, nordestino, interiorano e, conforme ele mesmo descreve, de família remediada não eram precisamente vantagens sociais. Muito pelo contrário, enfrentar a sociedade racista e desigual daquele momento constitui-se como o primeiro grande desafio do intelectual.

A primeira educação do jovem foi recebida na própria casa da família, com ênfase nos conhecimentos que encantavam Milton: a álgebra e o francês. Em ir ao ginásio, já na cidade de Salvador, Milton teve aulas com o renomado professor de Geografia Oswaldo Imbassahy, que o apresentou não apenas à disciplina, como à obra do grande geógrafo Josué de Castro. Dele, Milton leu clássicos como *Geografia da fome* e *Geopolítica da fome*, que viriam a influenciar o seu trabalho a partir da ideia de uma Geografia terceiro-mundista. As aulas de Geografia o levaram a despertar alguns interesses específicos à

143

época: primeiramente, o debate sobre a Geografia Humana incitava a discussão sobre a presença e destino da humanidade sobre a Terra, algo que instigava Milton. Depois, era apaixonado pelo movimento do mundo. Interessava-lhe o movimento das coisas, das pessoas, das mercadorias, das ideias. Ainda na juventude e em período escolar, Milton já mostrava um entendimento da posição que o Brasil ocupava em relação ao mundo, bem como das incoerências e controvérsias da própria distribuição espacial do território brasileiro. No entanto, o seu desejo de formação era por outra área.

Milton planejava cursar a renomada Escola Politécnica da atual Universidade Federal de Bahia. Seu interesse e habilidade na matemática o levou a sonhar com o curso de Engenharia. Ao compartilhar esse projeto com os seus professores, ele foi desaconselhado. Mais uma vez, a corporeidade negra de Milton apresentava-se como um empecilho para que ele desenvolvesse uma trajetória educativa plena. O obstáculo racial ao processo de admissão fez com que Milton buscasse uma carreira distinta e bem alijada das engenharias, o Direito. Para os que nunca leram Milton Santos, esse é um ponto de ruptura, pois ele não realizou a sua formação inicial na Geografia. Com o tempo, algumas pessoas (de pensamento mais letárgico, diria eu), recusaram-se a referir-se a ele como geógrafo. Ora, se no Brasil do século XXI a Geografia é um curso presente em todos os estados e em mais de 40 Programas de Pós-Graduação, naquele momento e espaço a disciplina ainda fazia um esforço por se institucionalizar nos bancos universitários. Com poucas opções formativas no grau superior, era natural e esperado que muitos daqueles que tinham o interesse no processo social e na coisa pública buscassem o Direito como opção de carreira, afinal, era um curso onde se estudava o processo de constituição do Estado brasileiro, e com excelentes diálogos com Filosofia, História, Linguística etc. Aqui, é preciso dizer: Milton foi geógrafo não pelo seu diploma, mas pelo trabalho incansável de décadas dedicadas a estudar e entender o objeto maior da disciplina, o espaço geográfico.

Retornemos, não obstante, à trajetória do jovem Milton. Tendo a Engenharia abandonada pelo racismo e a escolha pelo Direito definida, ele nunca exerce de fato a advocacia. Seu interesse pelo debate social e pelas humanidades o levam a circular por ofícios que se relacionam com as duas de suas principais atividades ao longo da vida, que são as de ensinar e escrever. Milton tanto atua como professor no Colégio Municipal de Ilhéus, quanto como jornalista do diário *A Tarde*. A partir daí, Milton passa a atuar de forma mais contundente no ambiente acadêmico. Escreve livros sobre a economia cacaueira na Bahia, passa a lecionar na Universidade Católica da Bahia e se torna figura conhecida nos congressos e seminários da Geografia. É em um desses eventos, no Rio de Janeiro da década de 1950, que ele recebe o convite para realizar o seu doutorado na Europa, mais especificamente na Universidade de Estrasburgo. Voltamos a recapitular essa biografia que teve na infância o aprendizado da álgebra e do francês. Se a primeira lhe foi negada por um Brasil ainda mais racista no século passado, o segundo lhe possibilitou avançar sobre algumas barreiras raciais e ir à França doutorar-se em uma época em que isso era impensável para a maior parte da população negra brasileira.

A trajetória de Milton Santos levanta essa questão importantíssima do descontrole sobre o impacto dos conhecimentos escolares. Por mais que queiramos ver um resultado imediato e efetivo, nem sempre é possível vislumbrar as consequências de uma excelente educação escolar. Alguns desdobramentos fogem ao nosso controle e a beleza do tempo educativo está também nessa imprevisibilidade. Por mais que conduzamos o currículo para o exercício crítico e criterioso da cidadania, produzimos espaços de imprevisibilidade, o que significa também produzir espaços de incertezas. O devir educativo está vivo e não se encerra na certificação escolar. Alguns conhecimentos vão ganhar sentido quando os estudantes crescerem e estiverem acompanhando, por exemplo, os próprios filhos em suas trajetórias escolares. O caso de Milton nos ilustra com ironia as valências de um processo de escolarização preocupado com o desenvolvimento dos sujeitos. Os saberes são brechas nas imposições da contingência social e constituem-se como catalisadores de possibilidades. Milton, mais tarde, será um grande teórico da possibilidade.

Saltamos ao Brasil de 1961, tempo efervescente socialmente falando. Um já doutorado Miton Santos, de regresso ao Brasil, passa a figurar como uma das referências intelectuais da Bahia. É convidado a compor o governo federal em cargos estratégicos do planejamento econômico e chega a acompanhar o então presidente Jânio Quadros à polêmica viagem a Cuba. O título e a experiência na vida pública deram a Milton as credenciais para postular uma vaga na Universidade Federal da Bahia, em 1964. Contudo, conforme dito, era 1964. Com a explosão do golpe militar, Milton é preso, mas consegue auxílio do Cônsul da França para ser dispensado da prisão e partir ao exílio. Inicia uma das mais tristes e importantes fases de sua vida, a itinerância forçada.

Aquele jovem Milton, apaixonado pelo destino do homem na Terra e pelo movimento das coisas, passa a conviver com uma Geografia iterativa provocada pela rejeição de um governo totalitário às suas ideias críticas e mobilizadoras. Impedido de lecionar no próprio país, ele passa a aceitar convites de universidades ao redor do mundo e transitar de país em país, aprendendo e compartilhando suas Geografias. Na esteira de outros intelectuais que fizeram o mesmo durante a ditadura, tal como Paulo Freire, Milton Santos passa a ser uma das vozes do chamado Terceiro Mundo nas cátedras acadêmicas. Entre 1964 e 1977, durante 13 anos, Milton Santos passa a percorrer as mais diversas universidades em vários extremos do planeta, incluindo a conceituadíssima Sorbonne, em Paris; o Massachussets Institute of Techonology (MIT), considerado a maior referência mundial em engenharias; o University College, em Londres: a Universidade de Columbia, em Nova York; mas também, os países à época denominados como Terceiro Mundo, como Venezuela, Peru e Tanzânia. É nessa trajetória de vida, é nessa transbordante biografia espacial que Milton Santos – o menino que gostava de álgebra e francês e era apaixonado pelo movimento – passa a ser o Milton Santos do mundo. O rapaz negro do interior da Bahia que não pode concorrer a uma vaga no curso de Engenharia, agora é convidado como Professor Visitante na maior das universidades tecnológicas do século XX, o MIT.

Milton Santos encontra no retorno ao Brasil, no final de década de 1970, acolhida na Universidade de São Paulo (USP), onde trabalhará até o seu falecimento em 2001. Nesse momento e imbuído de muitas experiências espaciais, Milton se dedica ao processo de análise e sistematização de suas principais obras. Ele aborda questões como o desenvolvimento, a cidadania, a desigualdade, o urbano, mas, acima de tudo, preocupa-se em elaborar com rigor uma epistemologia crítica à Geografia, tratando o espaço como uma possibilidade e suas contradições como motores da sociedade. Dentre as principais obras, devemos colocar *O espaço dividido: os dois circuitos da economia urbana dos países subdesenvolvidos*, marco na teoria crítica geográfica; *A natureza do espaço: técnica e tempo; razão e emoção*, grande copilação de seu trabalho e livro fundamental na fundação de uma epistemologia crítica à Geografia; e *Por uma outra globalização: do pensamento único à consciência universal*, livro que lança críticas à geopolítica da economia transnacional. Para quem queira conhecer a obra de Milton, essas leituras seriam ótimos pontos de partida.

De acordo com Machado (2011), a obra de Milton Santos tem três fases que estão relacionadas com a própria experiência espacial do autor. Ou seja, inicialmente temos um Milton Santos professor e jornalista que se preocupa com a dimensão regional: a economia baiana, a história social da Bahia, a vida política. Posteriormente, com o exílio, Milton Santos se torna cidadão do mundo e se aproxima dos partidos comunistas. Nessa etapa, surge um autor cosmopolita e preocupado com os processos globais desiguais e contraditórios. Finalmente, após seu retorno ao país e dando início a um profundo trabalho de sistematização, dá-se espaço ao Milton Santos epistemólogo, que irá buscar as formulações e as relações entre as diversas realidades experienciadas. Ou seja, o que a produção miltoniana nos mostra é que há conexão íntima entre vivência espacial e produção de conhecimento. Não podemos separar sua teoria de sua trajetória.

De que espaço falamos? As epistemologias de Milton

Esta seção começa com um pedido de desculpas. Tão longa possa ser, ainda assim falhará em explicar a obra de Milton como um todo, que é imensa, complexa e diferente entre suas variadas etapas. Faço, assim, a opção de arriscar uma contribuição pessoal sobre conceitos que possam ser potentes para a análise que estamos propondo desde a Geografia da Educação. É necessário buscar o contexto de produção da Geografia de Milton Santos, tanto no que se refere a contexto histórico-geográfico-político quanto epistemológico. Evidentemente, um Milton Santos que sai do país exilado por uma ditadura militar, em meio à Guerra Fria, e chega a uma França em plena década de 1960, respiraria a atmosfera geopolítica que paira em todos os ambientes. Da mesma forma, será inegável a influência do marxismo acadêmico em múltiplas formas na sua produção.

Milton assume a função de coordenar, junto a outros intelectuais da época, a politização das ciências humanas e sociais, trabalhando junto à adjetivação "crítica" uma Geografia que abandonaria a visão do espaço como um mero palco onde transcorria a história; ao contrário, o assumiria como um vetor que estava no centro do processo contraditório da desigualdade social. Milton Santos desenharia uma epistemologia geográfica radicalmente social, dando centralidade aos processos de produção desiguais dos territórios no entendimento do mundo. Em um típico processo antropofágico, Milton deglute os principais nomes da escola crítica europeia e estadunidense, como Henri

Lefebvre, Yves Lacoste, David Harvey, dentre outros; e os redimensiona criativamente na formulação de uma teoria sumamente latino-americana. Essa teoria não apenas evidencia a luta de classes, mas coloca em pauta a assimetria do processo de globalização. Ou seja, Milton Santos assume a desigualdade social, mas incorpora o espaço como um elemento fundamental no seu entendimento e análise.

Vale dizer que vigorava com muita força na primeira metade do século XX uma corrente geográfica denominada Teorética, cujos pressupostos teóricos e metodológicos eram bastante apoiados no Positivismo Lógico. A Geografia Teorética, ainda que haja contribuído sobremaneira à consolidação da Geografia nas universidades, promoveu uma noção de espaço métrica e cartesiana; logo, esvaziado de sentido social. Milton Santos foi uma das principais vozes em sua superação, advogando a importância de incorporar as contradições políticas no processo de produção do território. Para Milton (2007), a adoção de um quadro epistemológico relacionado às ciências naturais afastou a Geografia do debate político e social, deshistorizando a disciplina. Por isso, sua teoria seria alicerçada em alguns pontos de diálogo com a teoria marxista e crítica de forma geral, a saber: a preocupação em pautar o espaço como uma categoria social; o entendimento de que o espaço não é dado, mas produzido a partir de relações dialéticas e de disputas entre agentes sociais; a compreensão da paisagem geográfica como uma expressão de um processo materialista-histórico; a noção de formas espaciais como heranças das contradições sociais da história e o espaço como produto da acumulação desigual de tempos.

Ao longo de sua obra, Milton teve como objeto de análise o *urbano*. Evidentemente, as cidades foram um excelente tema de discussão para pensar a formação econômica e social e sua expressão na vida das pessoas, pois cresciam vertiginosamente e se conectavam umas às outras, ignorando a contiguidade territorial. Portanto, o urbano para Milton era muito mais do que um espaço definido tecnicamente por um conjunto de formas, mas apontava a uma configuração produtiva que articulava os circuitos da economia em grande dinâmica e complexidade. No entanto, é analisando as metamorfoses do espaço urbano que Milton se depara com as contradições geopolíticas do espaço global. Ele então passa a vincular de forma criativa e densa o espaço de produção do cotidiano (a cidade, o local, o espaço público, o entorno) aos projetos de totalidade espacial vigentes na hegemonia contemporânea (o global, o capitalismo, o estado-nação, a divisão internacional do trabalho).

Nesse marco, Milton Santos desenvolve um manancial de categorias importantíssimas para a análise do espaço, tal como o conceito de *rugosidades*: as marcas históricas que permanecem na paisagem e vão se adaptando a novas funções no meio técnico-científico-informacional (2006). Para Milton, as formas (expressas pela paisagem) vão constituindo registros das relações de poder no espaço geográfico ao longo da história. Contudo, não são estáveis, pois as mesmas formas adquirem novas funções conforme o espaço vai se reconfigurando. Um determinado palácio, centro de um poder em uma época, pode constituir-se no século seguinte em um museu, um edifício abandonado, até mesmo um estacionamento. A paisagem é a expressão concreta da história e de seus desdobramentos. O binômio forma-função é um dos mais importantes eixos do trabalho analítico proposto por Milton (Santos, 2008a; 2012). Novamente, a visão materialista-histórica na obra do geógrafo promoveu, além da incorporação de categorias sociais à análise do espaço, uma dissolução da dicotomia natureza-sociedade. Uma vez considerando as apropriações produtivas da humanidade sobre os meios, a natureza passa também a ser uma apropriação social, mediada pela técnica, pelo conhecimento, pelas formas de produção. É um conceito de paisagem que é resultado de um processo social, mas que não ignora o meio físico em sua constituição.

> Assim sendo, torna-se relevante insistir no conceito de estrutura espaciotemporal em uma análise do espaço geográfico ou espaço concreto. A sociedade só pode ser definida através do espaço, já que o espaço é o resultado da produção, uma decorrência da sua história – mais precisamente, da história dos processos produtivos impostos ao espaço pela sociedade. A paisagem é o resultado cumulativo desses tempos (e do uso de novas técnicas) (Santos, 2008a, p. 89).

Além, Milton propôs a produção do espaço por meio de *horizontalidades e verticalidades*, ou seja, a partir dos espaços contíguos e dos espaços hegemônicos, dando evidência às contradições das racionalidades global e local. Esse entendimento é fundamental na compreensão de que o espaço não é métrico, ou seja, de que não são as distâncias físicas que conectam os diferentes lugares, mas o meio técnico-científico-informacional. Milton deu enorme contribuição a pensar a organização espacial do Brasil e do mundo ao propor uma análise de como os espaços se organizavam em rede na globalização. Mais do que as distâncias físicas, importava o grau de conectividade estabelecido pelos processos produtivos, pela capacidade comunicacional e pela presença de redes técnicas que interligavam os diferentes territórios. Políticas globais definidas por uma série de macroatores vão definindo o ordenamento geral do espaço global no que Milton chama de uma "ordem implacável" (Santos, 2015, p. 108).

Também relevante, devemos a Milton o desenvolvimento do conceito de *totalidade*, importado da Filosofia e com grande aporte de Jean Paul Sartre. A totalidade miltoniana é o entendimento de que as partes não se explicam sozinhas, mas encontram funcionamento dentro de um sistema de objetos e ações. Em conjunto, essas contribuições promovem novos entendimentos de processos históricos importantes, como é o caso da Globalização. Na obra miltoniana, a globalização é vista desde a periferia do mundo, ou seja, do que se costumava chamar Terceiro Mundo. Isso fez com que o território fosse visto tanto pelas suas frações e o papel que desempenhavam nas configurações espaciais, como na totalidade e nos projetos de arranjos produtivos e usos desses territórios. Ou seja, a escala geográfica era para Milton Santos uma arena de disputa política.

Impõe-se, assim, um conceito de extrema importância para entendermos o papel dos sujeitos na reflexão sobre o seu espaço e em sua capacidade transformativa: a categoria *lugar*. Apesar da totalidade (por exemplo, a planetária) apresentar-se como condição espacial para a existência, é pelo lugar que essa existência é apreendida. Para Milton (2015, p. 162), fomos ensinados a compreender que o passado determinava o transcurso da história. Ele (ibid.) levanta a questão: e se for o futuro que promove essa definição? Seria então o lugar o ponto em que a flecha da história entorta? Seria o lugar o lócus dos eventos que vão distorcendo os projetos da totalidade? É pelo lugar que aprendemos a ler o mundo, a entendê-lo desde uma posição dada. Será também pelo lugar que encontramos o espaço como possibilidade: um ponto convergente, aonde as trajetórias se encontram, mas também divergente, pois daí partem em um devir de acontecimentos.

Tomemos o *lugar* como o centro da análise espacial para pensar a educação transformadora.

Espaço e possibilidade: pensando a Educação a partir de Milton Santos

Milton Santos não era um determinista. Assim como ele percebia a pobreza como uma condição sócio-histórica, ele entendia que essa posição socialmente marginal era um espaço de mobilidade política para a transformação do espaço cotidiano. Como um leitor de Lefebvre, Milton Santos reivindicava o direito à cidade. Na obra *O espaço do cidadão* (Santos, 2014), ele denominou o acesso das pessoas às decisões sobre a paisagem de seus cotidianos de "direito ao entorno", enaltecendo não apenas o seu uso, mas o processo decisório sobre esse uso. Para ele (Santos, 2014, p. 64), "a lei é a do processo produtivo, cujos resultados ofendem, insultam e desenraizam as pessoas".

Uma das formas que Milton previa a emancipação das consciências era a partir do lugar. Mas não somente no lugar entendido como "local", ou seja, como uma dimensão reduzida e fragmentada do espaço geográfico. O lugar no sentido miltoniano era uma trama de condições e possibilidades. A partir do momento em que os cidadãos conhecessem outros lugares e passassem a pensar o seu próprio em relação ao mundo, esse lugar seria o do potencial. A diferença, para Milton, seria um catalisador de novas relações socioespaciais. Segundo ele, o grande desafio que temos é passar "da situação crítica à visão crítica" (Santos, 2015, p. 116) para, em seguida, "alcançar uma tomada de consciência" (ibid.). Milton entendia que a transformação social demandava um instrumento que conecte as "situações" às "visões", gerando o que ele afirmava ser uma "pedagogia da existência" (ibid.).

O direito ao entorno é um convite ao questionamento da racionalidade global. Em *Pensando o espaço do homem*, Milton escreve:

> Com a mundialização da sociedade, o espaço, tornado global, é um capital comum a toda a sociedade. Entretanto, sua utilização efetiva é reservada àqueles que dispõem de um capital particular. Com isso, a noção de propriedade privada de um bem coletivo é reforçada. [...] O espaço que, para o processo produtivo, une os homens é o espaço que, para esse mesmo processo produtivo, os separa (Santos, 2012, p. 31-33).

Se há um espaço insaciável das políticas globais, pautadas por diretrizes econômicas e produtivas que chegam articuladas via rede em fluxos efêmeros e macroestruturais, também há o espaço banal, que é "o espaço de todos [...], o espaço das vivências" (Santos, 2015, p. 108). Nesse espaço, há a fluência de uma "solidariedade horizontal interna" (2015, p. 109) em que os agentes se articulam em uma natureza da sobrevivência, não sempre mediada por atores estruturantes como o Estado ou as grandes empresas. O espaço banal é a territorialização do cotidiano do lugar.

A Educação, como qualquer outra política social, encontra-se nesse entremeio: na trama entre a racionalidade global e o espaço banal. Somos afetados por políticas curriculares alinhadas ao produtivismo; absorvemos valores pautados por uma intencionalidade corporativa, que busca produzir uma mentalidade meritocrática por sobre o direito social; sustentamos uma moralidade do trabalho e do esforço individual, renegando a cooperação e a potência política da coletividade. Por outro lado, trabalhamos com grupos humanos que perturbam a ordem a partir da inquietude; questionam o geral a partir do próprio; juntos, nós produzimos espaços de conhecimento que geram fissuras nas lógicas generalistas e distorcem o valor unívoco da verdade. Como podemos, a partir desse embate de escalas, pensar uma educação articulada, mas não subalterna e alheia às nossas demandas? Milton também nos aponta caminhos.

Em "Por uma outra globalização", sua última grande obra, Milton Santos (2015, p. 74-75) tece críticas contundentes ao alinhamento de partidos e políticos de esquerda ao que chama de "soluções paliativas", ou seja, qualquer política pública que vise amenizar uma crise social sem criar as bases para uma transformação profunda de suas políticas. Para ele, a solução passa por uma "revalorização radical do indivíduo" (2015, p. 169), abandonando uma ideia de cidadania baseada no consumo e possibilitando o uso pleno dos espaços por todos. No mesmo livro, Milton defende que as grandes concentrações de pessoas e a diversidade cultural presente nas grandes cidades diminuem a distância entre um "nós" e o "resto do mundo", construindo desde as relações do lugar a possibilidade de uma consciência-mundo diferente daquela dada pelas políticas de uma globalização perversa. Diz o autor (2015, p. 173) que "assim, o cotidiano de cada um se enriquece pela experiência própria e pelo vizinho, tanto pelas realizações atuais como pelas perspectivas de futuro".

Milton Santos entende a educação e as demais políticas sociais como ferramentas importantes no trato dos desbalances gerados pela desigualdade territorial. Ele considera a questão dos direitos sociais como uma questão de escala, pois coloca que os lugares deveriam ter a capacidade de pautar as suas prioridades sobre temas que são imediatos, como a educação, a saúde, a moradia. Segundo ele (Santos, 2014, p. 154):

> A educação não tem como objeto real armar o cidadão para uma guerra, a competição com os demais. Sua finalidade [...] é a de formar gente capaz de se situar corretamente no mundo e influir para que se aperfeiçoe a sociedade humana como um todo. A educação feita mercadoria reproduz e amplia desigualdades, sem extirpar as mazelas da ignorância. Educação apenas para a produção setorial, educação apenas profissional, educação apenas consumista, cria, afinal, gente deseducada para a vida.

A educação é, portanto, artifício para que a população mais pobre e marginalizada não seja apenas consumidora de produtos e informações, mas que tenha possibilidade de atuar e decidir sobre a sua produção, que – no contexto do meio técnico-científico-informacional – é a própria produção do espaço. Uma educação que parta do lugar, chegue progressivamente ao global, para retornar a um lugar já diferente, um lugar de maior apropriação, de maior consciência, de maior visão crítica. A educação que abandone o projeto do cidadão-consumidor e adote o direito ao entorno em um revolucionário projeto de entendimento de si e do mundo: uma Geografia da Educação.

Referências

MARTINEZ, César Augusto Ferrari. Por uma pedagogia do espaço. *Boletim Gaúcho de Geografia*, v. 39, n. 1-2, 2012.

SAMPAIO, Mônica. A produção intelectual de Milton Santos vista através de sua trajetória espacial: uma interpretação. *GEOgraphia*, v. 13, n. 25, p. 18-41, 2011.

SANTOS, Milton. *O espaço dividido*: os dois circuitos da economia urbana nos países subdesenvolvidos. São Paulo: EDUSP, 2007.

SANTOS, Milton. *Da totalidade ao lugar*. São Paulo: EDUSP, 2008a.

SANTOS, Milton. *Espaço e método*. São Paulo: EDUSP, 2008b.

SANTOS, Milton. *Pensando o espaço do homem*. São Paulo: EDUSP, 2012.

SANTOS, Milton. *O espaço do cidadão*. São Paulo: EDUSP, 2014.

SANTOS, Milton. *Por uma outra globalização*: do pensamento único à consciência universal. Rio de Janeiro: Record, 2015.

SANTOS, Milton. *Entrevista à Revista Caros Amigos*. Disponível em: https://miltonsantos.abmes.org.br/22-entrevistas/21-entrevista-a-revista-caros-amigos-1-e-abril-de-1997 Acesso em: 30 mar. 2022.

SAQUET, Marcos Aurelio; SILVA, Sueli Santos. Milton Santos: concepções de geografia, espaço e território. *Geo Uerj*, v. 2, n. 18, p. 24-42, 2008.

ZUSMAN, Perla. Milton Santos. Su legado teórico y existencial (1926 a 2001). *Documents d'anàlisi geogràfica*, n. 40, p. 205-222, 2002.

CAPÍTULO V

FLORESTAN FERNANDES
Defesa da escola pública brasileira

FLORESTAN FERNANDES, UM INTELECTUAL COMPROMETIDO COM A ESCOLA PÚBLICA[1]

Mario Borges Netto[2]
Maria Cristina Gomes Machado[3]

Introdução

Este trabalho expressa a inquietação dos autores sobre a função do intelectual em uma sociedade marcada por uma crise econômica e social. Não se trata de um questionamento teórico somente, que visa compreendermos as formas mais adequadas para se fazer pesquisas no campo da história da educação sobre intelectuais. Estamos lidando neste texto com a problematização sobre a nossa *práxis* enquanto intelectuais comprometidos com a classe trabalhadora. Somos profissionais da educação, docentes de universidades públicas e vivenciamos um cenário político e social, no qual impera um discurso classista de viés ideológico de desqualificação das universidades públicas e daquilo que elas produzem. Questionamos, nesse cenário, qual é a nossa função enquanto intelectuais no que se refere a responsabilidade de defender a educação pública.

Em busca de refletir sobre esse questionamento, retornamos à história da educação brasileira em busca de intelectuais que se envolveram com os magnos problemas sociais do país, em momentos de intensos debates na sociedade civil e assumiram o posicionamento em defesa da escola pública. Deparamo-nos com a vida e obra de Florestan Fernandes (1920-1995), que,

---

[1] Texto originalmente publicado na *Revista de Educação Pública*, da Universidade Federal de Mato Grosso (UFMT), sob o título "A militância de Florestan Fernandes em defesa da escola pública brasileira (1954-1964)", v. 29, 2020.

[2] Doutor em Educação pela Universidade Estadual de Maringá (UEM). Professor do Instituto de Ciências Humanas do Pontal (ICHPO) e do Programa de Pós-Graduação em Educação (PPGED) da Universidade Federal de Uberlândia (UFU), Minas Gerais, Brasil.

[3] Doutora em História e Filosofia da Educação pela Universidade Estadual de Campinas (Unicamp). Professora do Departamento de Fundamentos da Educação (DFE) e do Programa de Pós-Graduação em Educação (PPGE) da Universidade Estadual de Maringá (UEM), Paraná, Brasil.

para nós, não são somente exemplos de uma ativa e incessante luta em defesa da educação pública, senão um rico arsenal teórico que nos oferece recursos analíticos para compreendermos e darmos respostas aos dilemas da educação brasileira, com base nas mudanças da prática social.

Neste texto tomamos como objeto a ação de Florestan Fernandes no campo educacional no período de 1954 a 1964. Elegemos como foco de análise a militância do intelectual em defesa da educação pública no período de elaboração e tramitação da primeira Lei de Diretrizes e Bases da Educação Nacional (LDB) nº 4.024, de 1961. Cientista social de formação, professor catedrático da Faculdade de Filosofia, Ciências e Letras (FFCL) da Universidade de São Paulo (USP), um dos principais estudiosos da constituição da sociedade e do capitalismo brasileiro, autor de importantes estudos sobre os indígenas e os negros no Brasil, defensor das causas dos grupos subalternos, Florestan Fernandes ficou marcado na historiografia da educação brasileira por seu envolvimento ativo e persistente na luta em defesa da escola pública.

A vida de Florestan Fernandes foi marcada pelo seu envolvimento direto com a educação. Foram aproximadamente 36 anos de militância pela democratização da educação brasileira. Entre os anos de 1959 e 1961, participou da Campanha em Defesa da Escola Pública contra as propostas de teor privatista, relativas à primeira LDB, e foi signatário do *Manifesto dos educadores, mais uma vez convocados*, publicado em 1959. Pronunciou conferência e escreveu vários textos contra a Reforma Universitária de 1968, que culminou na Lei nº 5.540, de 1968. Na década de 1980, após retorno do exílio, como deputado federal pelo Partido dos Trabalhadores (PT) de São Paulo, foi presidente da Comissão da Família, da Educação, Cultura, Esportes e da Ciência e Tecnologia e da Comunicação, da Constituinte de 1988. E já debilitado pela enfermidade que o levaria a óbito, envolveu-se no debate sobre a segunda LDB, promulgada em 1996.

Como é possível notar, a educação foi um elemento constante na obra de Florestan Fernandes, desde os seus primeiros escritos na década de 1950 até os últimos artigos publicados na década de 1990 sobre o projeto da LDB 9.394/96. A educação se manifestava em diferentes âmbitos de sua vida intelectual e política, fosse na docência, enquanto professor de Sociologia da Universidade de São Paulo (USP), nas pesquisas, na militância em defesa da educação pública ou no que Dermeval Saviani (1996) denominou de ação "publicística".

A ação de Florestan Fernandes enquanto intelectual e a sua obra constituem um legado sobre uma época de transformações sociais, econômicas, políticas e culturais que marcaram a história brasileira no século XX. A busca sistemática em dar sentido aos seus próprios trabalhos conduziu Florestan Fernandes à inserção compromissada no âmbito acadêmico-científico e na luta política pela transformação da realidade brasileira. Os esforços teóricos, dedicados à compreensão do contexto que vivenciava, bem como a reflexão sobre a sua prática acadêmica e político-social, renderam a Florestan Fernandes uma vasta obra dedicada a variadas temáticas, dentre elas, a educação.

A ação intelectual de Florestan Fernandes nos ajuda a refletir o questionamento inicial sobre como enfrentar os ataques dirigidos à educação pública; por isso, propomos como objetivo deste texto problematizar os seus escritos educacionais, tendo como horizonte de análise a sua militância como intelectual em defesa da educação pública no contexto da elaboração e tramitação da LDB nº 4.024, de 1961. Trataremos a seguir da militância do sociólogo em tela pela democratização da educação brasileira e seus posicionamentos na imprensa. Por fim, tecemos nossas considerações finais, nas quais defendemos que a educação é central para compreendermos Florestan Fernandes como um intelectual comprometido com a classe trabalhadora e com o projeto democrático de sociedade.

Pela democratização da educação: a participação de Florestan Fernandes na campanha em defesa da escola pública

Vários intelectuais se envolveram na luta em defesa da escola pública no Brasil, dentre eles, Florestan Fernandes. Sua participação não foi tímida, senão uma aguerrida militância que lhe garantiu a pecha de incansável batalhador e grande divulgador da causa (Buffa, 1979; Saviani, 1996; Sanfelice, 2014). Na historiografia brasileira é unânime a constatação do envolvimento de Florestan Fernandes com o debate educacional. Saviani (1996) e Buffa (1979) afirmam que, a partir da década de 1950, Florestan Fernandes assumiu a postura de militante e divulgador da bandeira da democratização da educação no Brasil e tornou-se "[...] o batalhador incansável na luta pela escola pública, proferindo inúmeras conferências e publicando vários estudos" (Buffa, 1979, p. 63). Mesmo que haja divergências sobre a militância de Florestan Fernandes na Campanha, se ele foi ou não um reformista, todos os estudiosos, cujos trabalhos analisamos, posicionam o nosso autor ao lado dos intelectuais que defendiam a educação pública.

A ação militante foi um dos pilares da formação intelectual e política de Florestan Fernandes. A formação teórica, construída na sua fase de *scholar* no curso de ciências sociais da USP, e as pesquisas realizadas na década de 1940 que lhe conferiram os títulos acadêmicos de mestre e doutor foram significativas para Florestan Fernandes, pois ensinaram-lhe o ofício de sociólogo. No entanto, foram a militância e a inserção ativa no debate sobre a luta pela democratização da educação nacional, a partir de 1959, que lhe abriram novas possibilidades de estudos e pesquisas e o forjaram enquanto um intelectual comprometido com a classe trabalhadora. Vejamos o que nos diz Florestan Fernandes (1963) em depoimento:

> Graças à Campanha de Defesa da Escola Pública, alguns meses após participar dêsse simpósio tive a oportunidade de sair do relativo isolamento a que ficam condenados, por contingências da carreira e por outros motivos menos louváveis, os professores universitários. O longo debate, que se seguia a cada conferência, ofereceu-me um instrumento de sondagem endoscópica da sociedade brasileira, de real significado para os meus centros de interesse científico. Em quase cinco dezenas de debates, [...] consegui estabelecer um diálogo, por vêzes de natureza polêmica, com representantes dos diferentes círculos e correntes sociais da sociedade brasileira contemporânea. Se me foi dado perceber, reiteradamente, que a "fome de instrução" é boa conselheira e que até os leigos incultos são capazes de atinar com as soluções que deveríamos pôr em prática, também tive de ceder a conclusões sumamente penosas e inesperadas. Nós nos modernizamos por fora e com frequência nem o verniz aguenta o menor arranhão. É uma modernidade postiça, que se torna temível porque nos leva a ignorar que os sentimentos e os comportamentos profundos da quase totalidade das *"pessoas cultas"* se voltam contra a modernização (Fernandes, 1963, p. 205).

Como podemos perceber, o envolvimento na Campanha foi um momento importante na vida do sociólogo, quando este colocou a sua ampla e sólida formação intelectual à disposição dos grupos sociais que historicamente foram excluídos pela sociedade brasileira do sistema educacional. Nas palavras do próprio Florestan Fernandes (1978, p. 51-69), essa participação na Campanha "[...] foi uma ruptura já não teórica, mas prática"; foi, portanto, "[...] uma avenida que nos pôs em contato com os problemas humanos da sociedade brasileira". Na citação a seguir verificamos que o inconformismo e a disposição de Florestan Fernandes para a luta foram motivados pela sua condição de classe, que o fez perceber a sua tarefa de ser o representante e porta-voz das camadas populares.

> Ao contrário dos educadores que participaram da elaboração do projeto governamental, encaminhado pelo ministro Clemente Mariani, ou que firmaram posição através do projeto *liberal e conciliador* em que aquele projeto foi refundido, a minha disposição de inconformismo achava fundamento na própria situação de existência. Tudo se passou como se me transformasse, de um momento para outro, em porta-voz das frustrações e da revolta dos meus antigos companheiros da infância e da juventude. O meu estado de espírito fez com que o professor universitário falasse em nome do filho da antiga criada e lavadeira portuguesa, o qual teve de ganhar a sua vida antes mesmo de completar sete anos, engraxando sapatos ou dedicando-se a outras ocupações igualmente degradadas, de maneira severa, naquela época. [...] coube-me o dever de levar ao mundo cultivado do Brasil as angústias, os sentimentos e as obsessões dos esbulhados, e honro-me ao lembrar que não trepidei, por um instante, diante dos imperativos desse dever. Professor, sociólogo e socialista – não foi de nenhuma dessas condições que extraí o elemento irredutivelmente inconformista, que deu sentido à participação que tive na *Campanha de Defesa da Escola Pública*. Se em nenhum momento traí qualquer uma dessas condições, devo reconhecer francamente que elas foram circunstanciais e acessórias. Elas apenas me ajudaram a compreender melhor aquele dever e me incentivaram a servi-lo de um modo que me seria inacessível de outra forma. Com as limitações de formação intelectual de alguém que não era nem é especialista em assuntos educacionais, atirei-me a uma luta desigual, que mais me parecia uma cruzada, na qual nunca deixei de considerar-me como o representante fortuito dos interesses e dos valores educacionais das massas populares. Isso deu-me alento para valorizar e defender, ao mesmo tempo que reconhecia suas inconsistências, a política educacional da República, que não foi nem resguardada nem fortalecida em todos os episódios ligados à elaboração e à promulgação da referida lei (Fernandes, 1966, p. xx, *grifos do autor*).

Na Campanha, Florestan Fernandes lutou ao lado de um volumoso grupo de liberais e se posicionou de forma intransigente em defesa da educação pública contra os ataques proferidos pelos representantes da Igreja Católica e dos empresários da educação, expressos no Substitutivo Lacerda. A origem humilde de Florestan Fernandes, as condições materiais e objetivas por ele vividas o fizeram um defensor e representante dos interesses das camadas populares. A sua consciência de classe, forjada desde a sua infância pobre, impôs a Florestan Fernandes a necessidade de se tornar um militante e intelectual dos desfavorecidos. Notamos disso que o terreno político-ideológico, criado pelo debate sobre o projeto de LDB, não foi somente um importante espaço de formação, senão um lócus privilegiado da sua atuação política e intelectual.

O posicionamento assumido pelo sociólogo na Campanha não se manifestou por acaso, senão pela sua origem e consciência de classe, que lhe conferiram o lastro necessário para se posicionar a favor da escola pública. Mesmo diante das inconsistências inerentes às propostas defendidas pelos liberais, Florestan Fernandes compreendia a importância da educação escolarizada para o povo, "[...] do direito que êle tem de obtê-la e do dever do Estado democrático de intervir nesse processo para extinguir um dos mais odiosos privilégios – o privilégio de ser instruído numa sociedade letrada" (Fernandes, 1966, p. 360).

Essa análise de Florestan Fernandes (1963; 1966) cabe adequadamente ao que materializou no debate educacional sobre o projeto de LDB. Basta nos lembrarmos do Substitutivo Lacerda, que representava os interesses privados dos empresários da educação e da Igreja Católica e, ao mesmo tempo, atacava os anseios e impediam a concretização das propostas de democratização da educação por meio da escola pública. Vemos na ação intelectual de Florestan Fernandes, expressa na Campanha, o esforço em tornar evidentes as contradições sob as quais se vivia, as contradições dos pretensos discursos "democráticos" dos grupos hegemônicos, e apelar para a população brasileira para que defendesse a educação pública e a ordem social democrática.

Na comunicação proferida na *I Convenção Operária em Defesa da Escola Pública,* no Sindicato dos Metalúrgicos de São Paulo, Florestan Fernandes assinalou com tintas fortes a necessidade de os trabalhadores sindicalizados assumirem a vanguarda na tarefa de defender a escola pública, gratuita e laica. Para o intelectual, a condição de classe dos trabalhadores conferiu a eles a condição de críticos privilegiados da realidade social e da educação brasileira. Para as camadas sociais mais pobres, a educação se apresentava como meio para atingir fins essenciais na reprodução de suas existências, e o modo como ela estava organizada impedia a realização de tais fins. Segundo Florestan Fernandes, essas finalidades se resumiam em duas:

De um lado, a educação que prepare o homem para a vida, isto é, que dê a si próprio e a seus filhos a capacidade de agir com plena eficácia, responsabilidade e consciência sociais como seres humanos. De outro, a educação que seja capaz de auxiliar o Brasil a superar as condições de seu atraso econômico, social e cultural, incorporando-o de fato nas tendências de desenvolvimento da civilização industrial e científica (Fernandes, 1966, p. 404-405).

Os moldes organizadores do ensino no Brasil tornavam a educação um privilégio social, ao qual a classe trabalhadora tinha pouco ou nenhum acesso. Esses interesses sociais dos trabalhadores na educação permitiam que eles a encarassem em uma perspectiva político-prática e os conduziam a exigir a democratização e extensão das oportunidades educacionais a todos os brasileiros. Diante disso, para Florestan Fernandes, os trabalhadores sindicalizados deveriam se tornar os responsáveis por desmascarar os interesses privatistas, presentes no projeto de LDB, e indicar as medidas necessárias para eliminar as inconsistências do sistema de ensino e democratizar a cultura por meio das escolas públicas.

A vanguarda operária do Brasil não pode falhar diante da missão de exigir da República a realização dos seus ideais educacionais, postergados ou traídos por aqueles que exerceram ou ainda exercem mandatos políticos, sem consultar as fontes populares do seu poder. Nesta oportunidade, ela tem o dever de impor a sua vontade, fazendo ouvir a sua voz e fazendo sentir os seus atos na defesa da ordem democrática e da educação popular pelo próprio Povo brasileiro (Fernandes, 1966, p. 410).

Florestan Fernandes (1960c) defendeu veementemente o papel formativo, de conscientização e diretivo dos intelectuais, mas sempre deixou claro que quem faz a mudança é a massa e somente ela poderia defender a democracia e construir uma nova ordem social. A partir desse suposto, por vezes o nosso intelectual manifestou a sua ingrata surpresa com o silêncio que vinha das classes sociais despossuídas diante do debate sobre o Projeto de LDB. Florestan Fernandes (1960b) problematizava sobre as causas que levaram os professores e aqueles que mais dependiam da escola pública, os trabalhadores, a se calarem diante dos ataques que a educação pública sofria.

Todos se calaram: os jornalistas, os políticos, os chefes de família e até os operários das metrópoles, cujos sindicatos permanecem mudos.

Os operários que não poderiam calar: por precisarem de mais e de melhor educação para seus filhos e por ser vital para eles o progresso da Democracia. Contudo, é o caso de indagar-se, até quando e até onde ficarão calados? Será bom que fiquem calados? O que farão quando não mais ficarem calados? Uma força insopitável adormecida não é menos temível que uma força insopitável atuante; ao contrário, é mais perigosa e destrutiva (Fernandes, 1960b, p. 107-108).

Para o sociólogo, o silêncio e a apatia dos grupos subalternos eram de estarrecer. A displicência da massa diante do debate educacional abriu espaço para os intelectuais e educadores se erguerem diante da ameaça que se erigia contra a escola pública, que "tiveram de enfrentar a indiferença, o opróbrio da calúnia ou a dissenção mal dissimulada atrás de interesses palpáveis" (Fernandes, 1960b, p. 107-108). Contudo, o que podemos notar disso é que Florestan Fernandes não poupava críticas à classe trabalhadora, porém entendia que toda aquela apatia era desdobramento de uma sociedade que pretendia ser, mas que não se tornara democrática. O Brasil não havia educado os brasileiros para serem cidadãos de uma ordem social democrática, afinal, a educação no país se constituía um privilégio de classes. Além disso, muitos daqueles que tinham acesso à educação, quando convocados, defenderam interesses privados, independentemente se tais interesses feriam, ou não, o interesse da nação e o bem comum.

Sobre o modo como as classes subalternas se envolviam com os problemas sociais, Florestan Fernandes (2008b) considerava que a apatia política dos cidadãos brasileiros, dentre outras causas, era motivada pela antinomia do regime republicano ante a educação. Havia uma contradição entre a necessidade social de educar as massas populares, egressas da ordem social senhorial escravocrata, as quais não possuíam nenhum preparo para viverem e participarem de uma ordem social livre e competitiva, e a incapacidade do Estado em dar respostas efetivas para essa necessidade. Segundo o intelectual, a República não preparara os jovens para se integrarem à ordem social nascente. Os governos foram incapazes de ajustar o ensino à formação de uma mentalidade democrática. "De modo geral, ela [a educação] não contribui para criar convicções definidas, concernentes à consciência de afiliação nacional e dos direitos cívicos, que poderiam servir de lastro emocional e de inspiração racional de futuros ajustamentos na vida política" (Fernandes, 2008b, p. 108).

164

Foi nesse cenário que a ação intelectual de Florestan Fernandes no debate educacional se construiu. Essas foram as condições concretas que o conduziram a se envolver com esse grupo de intelectuais, na sua maioria liberais, para defender a escola pública. Essa conjuntura deve ser levada em consideração antes de denominá-lo de reformista. Como veremos na citação a seguir, para o intelectual, esse grupo era o que havia de mais progressista naquele momento. Sua inserção nele foi estratégica. As finalidades políticas e os projetos societários do grupo não eram os mesmos de Florestan Fernandes, contudo a bandeira da democratização da educação os unia.

O referido intelectual, em todas as oportunidades que teve, comentou a sua inserção na Campanha e tirou as dúvidas que pairavam sobre a sua intencionalidade e finalidade política, expressas no seu envolvimento na luta em defesa da escola pública (Fernandes, 1978; 2008a). Dentre essas oportunidades destacamos a carta de 29 de janeiro de 1971, escrita por Florestan Fernandes e endereçada a sua dileta amiga Barbara Freitag, na qual deixava claro o seu posicionamento diante da Campanha e rebatia a crítica feita por ela em cartas anteriores, que, posteriormente, constituir-se-ia na sua tese da *ruptura epistemológica* (Freitag, 1987):

> O outro ponto é a sua crítica à ideia do Estado-educador. Se você me perdoa, você tomou a nuvem por Juno... De fato, o que você leu são trabalhos de polêmica e propaganda políticas. Eu estava engajado numa merda de uma política pequeno-burguesa, na qual os pressupostos do jogo político consistiam em nossa fraqueza. Um punhado de intelectuais, de estudantes, de líderes sindicais e políticos de esquerda, tentando enfrentar a avalanche da fome católica pelo controle das consciências e dos setores conservadores pela destruição da escola pública independente. Naquela situação, recorri a um equivalente da simulação: os pressupostos ideais do Estado democrático. Uma maneira de fazer a "crítica moral", que desarma os inimigos e cria aliados, por ser irretorquível. Funda-se nos dados e nas exigências do "sistema". Se ele existe, logo tem de manter-se e de aperfeiçoar-se. Nesse quadro, no qual imergia como uma *putaine respectuese* e com dor de cornos (tendo de falar ao público reiteradamente – o que às vezes não consta dos escritos – que aquilo não correspondia aos valores de minha posição pessoal, socialista), o argumento era por essência político e visava fazer aliados. O que consegui (e outros junto comigo) (Freitag, 1996, p. 152-153).

O que notamos dessa citação é a clareza de Florestan Fernandes sobre a correlação de forças postas na realidade concreta sob a qual vivia. Notamos que, para o intelectual, a defesa da educação pública tratava-se de uma reivindicação concreta, que não possuía fim em si mesma, mas um fim que se tornava meio para atingir algo maior, qual seja, "criar condições dinâmicas essencialmente favoráveis à transição de uma ordem democrática incipiente para uma ordem democrática plenamente constituída" (Fernandes, 2008b, p. 111-112). Avançar no processo de democratização da sociedade significava avançar na luta e na garantia de direitos sociais para os grupos sociais subalternos.

Entendemos que a estratégia adotada por Florestan Fernandes foi resultante da ausência de uma concepção educacional de esquerda e do isolamento político partidário do sociólogo em relação aos partidos de esquerdas nos anos finais da década de 1950. Como nos mostra Saviani (1991), a ausência de uma concepção educacional de esquerda no país, entre os anos de 1920 a 1960, direcionou parcelas do movimento proletário a apoiar aquilo que se traduzia como revolução democrático-burguesa. Aventa o autor que os grupos de esquerda, nos diferentes países, "[...] deveriam atuar segundo uma estratégia em que cabia liderar a realização da revolução democrático-burguesa como etapa necessária para se passar, depois, a uma revolução socialista" (Saviani, 1991, p. 62). Na condição na qual a esquerda brasileira se encontrava, é possível considerar que avançar na democratização da educação e dos espaços de decisões políticas condizia com a construção das condições mais favoráveis para a revolução proletária. Por isso a defesa intransigente e a aguerrida militância pela consolidação da ordem social livre e competitiva e constituição da ordem social democrática.

Os escritos de Florestan Fernandes nos deixam claro que a democracia no Brasil não era fato dado e quem a representava e a defendia não era a maioria da população, como deveria ser numa sociedade democrática, senão um pequeno grupo que sentia o peso dos deveres fundamentais perante os valores republicanos que regiam a vida pública e o comportamento político do país. "É uma minoria desamparada, que não conta nos combates sequer com os poderes constituídos e que administram a coisa pública" (Fernandes, 1960b, p. 106-107). A maioria da população era composta majoritariamente por indivíduos que historicamente foram mantidos alheios e distantes do processo de participação política e de controle social, bem como por um grupo que retoricamente defendia os princípios democráticos, mas na prática os atacava para defender seus interesses privados. Diante disso, Florestan Fernandes (1960b) nos alertava para nos mantermos vigilantes, pois as forças conservadoras pairavam sobre a sociedade brasileira, mesmo diante de um processo de mudança social crescente, como o que vivíamos.

> Não pode cruzar os braços e deixar passar ... Se fizer isso, seremos tragados por uma hidra de sete cabeças: o "coronelismo" não morreu no Brasil. Ele ressuscita em toda a parte e a cada passo, até nas cidades grandes e nas metrópoles, sob mil disfarces. Diríamos que a dominação patrimonialista está travando sua última batalha, aquela que separará de vez o passado do futuro. Mas, isso não é o consolo, porque seus representantes se mostram mais fortes, mais aguerridos, mais organizados e mesmo mais numerosos que seus adversários. Os debates e os sucessos relacionados com o projeto de *Diretrizes e Bases da Educação Nacional* puseram-nos diante dessa tremenda realidade, que não devemos ocultar ou subestimar (Fernandes, 1960b, p. 106-107).

O que nossa tese vem evidenciando é que, apesar das críticas e das análises pessimistas da sociedade brasileira, Florestan Fernandes (1960b; 2008b; 2009) nutria a crença e o otimismo nas possibilidades de construirmos uma sociedade democrática. Para o autor, a democracia estava em elaboração na sociedade brasileira. O Estado democrático era algo possível de ser construído nos anos subsequentes, desde que a sociedade brasileira soubesse realizá-lo. Para tanto, o encaminhamento dado por Florestan Fernandes inspirava o comportamento político dos homens e o engajamento da luta, o que passava, necessariamente, pela educação da classe revolucionária, qual seja, a classe trabalhadora.

> O que se está provocando, com alguma sanha, não honra a sagacidade política dos adversários da Democracia. Cada qual coloca mais uma acha ao fogo, deixando a explosão da caldeira para o que vier em seguida. Nos países da Europa, o mesmo embate encontrou combatentes. Combatentes de seus propósitos. Dias melhores virão! Em nosso País, quando os combatentes afluírem, as coisas estarão maduras para pôr um ponto final a um período histórico, de transação entre a República e uma Ordem Política estável, de natureza democrática. Sob este aspecto, não sei mesmo se os adversários da Democracia trabalham por si e para si: auxiliam cegamente um processo que está em marcha, que não será detido e que não poderá

ser detido por nenhuma espécie de Reação (Fernandes, 1960b, p. 107-108).

A citação revela o otimismo de Florestan Fernandes diante da possibilidade de construção de uma ordem social democrática, contudo devemos dar a ele [o otimismo] o peso que o próprio intelectual nos orientou a dar aos seus escritos de imprensa: tratava-se de textos de propaganda política, cujas finalidades eram desvelar as contradições da realidade concreta e motivar a organização e atuação das classes desfavorecidas nos processos de decisão política. Contudo, não devemos desconsiderar as ideias contidas nesses textos. Na citação de Florestan Fernandes (1960b) fica implícito que as condições materiais para a transformação social estavam colocadas. As mudanças sociais que "modernizavam" o país, mesmo que à brasileira, eram engendradas desde o século XIX, faltava, portanto, o elemento político para canalizar essas forças sociais motrizes da transição de modo que acelerassem o processo histórico de sua concretização.

Considerações finais

Os textos educacionais de Florestan Fernandes, escritos nas décadas de 1950 e 1960, expressaram o esforço do referido sociólogo em compreender os efeitos da educação escolarizada no processo de mudança social pelo qual o país passava. O modo como a educação se configurou na sociedade brasileira, na transição da ordem social senhorial escravocrata para a ordem social livre competitiva, fomentou a manutenção de princípios e de comportamentos ligados ao atraso social e à dominação patrimonialista. A educação passava a se constituir em um obstáculo para a consolidação da nova ordem social, pois convivia-se no interior de uma ordem livre e competitiva, de aspiração democrática, mas mantinha-se um padrão educacional, comprometido com os princípios da ordem social tradicional. Em outras palavras, a educação, para Florestan Fernandes (1971), configurava-se em um dilema educacional, um desajuste entre o comportamento social concreto e os valores morais básicos, requeridos pela ordem social nascente, o que a tornava um elemento de demora cultural.

Assim como atestava Anísio Teixeira (1957), Florestan Fernandes (1971) considerava que a educação no Brasil se constituía em um *privilégio social* e isso não cabia em uma sociedade que se pretendia democrática. A educação não havia sido democratizada, segundo Florestan Fernandes. O intelectual em seus escritos buscou fazer a crítica moral aos princípios capitalistas e deu destaque a dois principais motivos que impediam a educação de ser democrática: 1) ela não estava aberta em todos os níveis de ensino a todos os cidadãos, senão a uma parcela diminuta da população nacional; 2) a formação dada pelas instituições escolares não preparava os cidadãos para a plena fruição dos direitos sociais e a aceitação dos deveres civis correlatos.

De modo geral, a educação se mantinha presa aos valores da ordem social tradicional que pouco contribuíam para a preparação dos indivíduos para o modo de viver e trabalhar de uma sociedade aberta e competitiva. A realidade da educação brasileira na primeira metade do século XX foi marcada pela dificuldade do país em dar respostas à criação de um sistema educacional que adequasse as escolas às necessidades da mudança social que estava em curso. Por isso o intelectual entendia que o sistema de ensino deveria passar por reformas e se tornar um dos fatores da construção e consolidação da ordem social democrática.

Atento às contradições que eram próprias de uma sociedade capitalista, Florestan Fernandes (1971; 2008b), apesar de identificar a educação como reprodutora de barreiras culturais que impediam a transição de uma ordem para outra, considerou-a um elemento necessário de transformação social, que poderia contribuir com a definitiva ruptura com a ordem tradicional e com a consolidação da democracia no Brasil. Seus escritos nos revelam que não havia crença do intelectual na neutralidade da educação, tampouco nas ações do Estado. Entretanto, defendeu com afinco a bandeira da escola pública, gratuita e laica como a única oportunidade de os filhos dos grupos sociais subalternos terem acesso à educação.

Ante a realidade educacional do país, Florestan Fernandes se inseriu e se posicionou no debate educacional sobre a tramitação do projeto de LDB. Na virada da década de 1950 para 1960, a questão educacional estava centrada no debate sobre o projeto de Lei de Diretrizes e Bases da Educação Nacional entre os privatistas e os defensores da escola pública. Ao lado dos intelectuais, políticos e educadores que defendiam a escola pública, Florestan Fernandes assinou o *Manifesto dos Educadores, mais uma vez convocados* (1959) e participou ativamente da *Campanha em defesa da escola pública* (1960). O envolvimento com esse movimento o marcou como o grande divulgador da causa (Saviani, 1996; Buffa, 1979).

A militância de Florestan Fernandes pela educação pública apresenta a nós um desafio que nos coloca diante da necessidade de refletir sobre as ações intelectuais e seus impactos na vida social e na formação do outro, tomando como referência a pergunta feita por Antonio Gramsci (2007): é preferível pensar sem ter consciência crítica, participar de uma visão do mundo *imposta* mecanicamente pelo ambiente externo, ou é preferível elaborar consciente e criticamente uma visão própria do mundo?

Refletindo sobre a pergunta feita por Gramsci e tomando como referência a militância de Florestan Fernandes, podemos tomar como resposta ao nosso questionamento inicial que a função do intelectual em um contexto de crise é colaborar com a formação dos grupos sociais subalternos, de modo que contribua com a construção coletiva de uma visão própria do mundo, coerente com as relações sociais e de produção que vivencia e com as carências que buscam superar. Defender a educação pública e suas instituições formativas se torna necessário, pois historicamente se tornaram os espaços privilegiados de formação dos filhos da classe trabalhadora.

A ação intelectual de Florestan Fernandes pela educação pública foi entendida por nós como a busca por intervenção na realidade social e expressão de seus estudos sociológicos que indicavam a possibilidade de a educação se tornar um fator social construtivo. *Isso nos levou a defender que os escritos educacionais se fazem centrais para entender Florestan Fernandes como intelectual, pois os mesmos são a manifestação de sua militância, de suas ações práticas no interior da luta de classes.* São textos que buscaram a popularização de uma visão crítica da sociedade e da educação de seu tempo junto aos grupos subalternos. Uma visão que poderia contribuir para os cidadãos criarem uma consciência social de si mesmos na relação com a sociedade e se colocarem ativamente em defesa da escola pública. Os escritos de Florestan Fernandes sobre a educação, no período histórico por nós delimitado, foram a expressão do seu envolvimento e compromisso com as questões sociais de seu tempo. Trata-se da expressão teórica de sua ação enquanto intelectual, haja vista que são textos escritos no calor do debate educacional, manifestações da luta coletiva, empreendida por intelectuais na Campanha, da qual o sociólogo em destaque fez parte.

Por meio da imprensa – jornais e revistas –, Florestan Fernandes socializou suas ideias educacionais e as propostas do grupo de intelectuais e educadores que defendiam a escola pública e estatal. Além da imprensa, o sociólogo uspiano saiu em viagem por diversas cidades brasileiras em campanha, proferindo palestras e conferências, cujo objetivo era a popularização de uma visão crítica da sociedade e da educação junto aos grupos subalternos. Essas ações de Florestan Fernandes o aproximaram da massa e permitiram-lhe criar as condições para a transformação das consciências em vista da intervenção e transformação do real.

Diante disso, defendemos que lutar por uma reforma educacional que democratize a educação não pode ser entendido como posicionamento reformista. Em um contexto em que a educação se caracterizava como um *privilégio social* de uma pequena parcela da população (Teixeira, 1957), defender a democratização de todos os níveis de ensino e que a sua oferta fosse feita por escolas públicas, gratuitas, de ensino laico configurava-se numa ação revolucionária. Revolucionária no sentido de que contribuiria para se avançar na conquista de direitos sociais e ampliar o terreno de participação e de controle social dos grupos subalternos na luta de classes. À reforma educacional, que a LDB potencialmente poderia provocar, foram levantadas barreiras conservadoras que impediam o avanço no campo da democratização do conhecimento, pois a mesma aceleraria as contradições da sociedade brasileira e acabaria evoluindo com maior velocidade em direções indesejáveis para os grupos hegemônicos (Fernandes, 2015).

A escola pública deveria tornar-se o espaço privilegiado de formação dos cidadãos. Uma formação capaz de conferir a cada indivíduo singular uma consciência sobre si na relação com a sociedade em que vivia. Que oportunizasse ao ser humano se integrar à vida social nascente e, uma vez integrado, organizar-se em classe para reivindicar e lutar por mais direitos sociais, capazes de garantir melhores condições de reprodução da vida social e de organização para avançar na democratização da sociedade. Na obra de Florestan Fernandes, está marcado que, para ele, a luta pela democratização da educação aguçava e deixava às claras as contradições que eram próprias do sistema capitalista, constituindo-as em elementos de formação política para os trabalhadores.

Para nós, a defesa da educação pública, empreendida por Florestan Fernandes (1960a; 1963; 1966), não foi algo fortuito na sua vida, mas a manifestação prática e social de suas convicções e de sua consciência política e de classe. Como vimos, na sua militância no campo educacional, o encontramos

171

exercendo a função de intelectual ao colocar seus conhecimentos teóricos e sua capacidade de persuasor à disposição da luta política dos grupos subalternos. Foi um legítimo divulgador de uma visão de mundo e um projeto societário, comprometidos com os interesses da classe trabalhadora. A luta de Florestan Fernandes pela democratização da sociedade, da educação e pelos direitos sociais dos mais pobres conferiu unidade à sua atuação enquanto sociólogo de ampla e sólida formação teórica e intelectual de grande consciência política. Por isso, para compreendê-lo enquanto intelectual, os seus escritos sobre educação se tornam centrais, pois foi no campo educacional que Florestan Fernandes militou ativamente ao longo de sua vida.

A militância de Florestan Fernandes na educação nos remete a uma questão central que nos ajuda a refletir sobre o papel do intelectual em um momento de crise social: o entendimento das motivações das ações intelectuais, o problema da responsabilidade, escolha e tomada de posição. Do ponto de vista do intelectual, da sua função de organizador da cultura na disputa pela hegemonia, ressaltamos a responsabilidade diante de si próprio, dos outros e do mundo. Os intelectuais não se expressam, socializam suas teorias e agem sobre a realidade por erudição ou diletantismo. Um intelectual é sempre um político, no sentido *lato* do termo, não importa se tenha clareza ou não de suas posições, pois elas repercutem nos movimentos da sociedade e atuam para conservar ou superar determinadas relações de hegemonia. Ou seja, suas ações e posicionamentos impactam na vida social e na formação dos indivíduos, direta ou indiretamente, em especial pela projeção de sua figura perante a sociedade.

Referências

BUFFA, Ester. *Ideologias em conflito*: escola pública e escola privada. São Paulo: Cortez & Moraes, 1979. (Coleção educação universitária).

FERNANDES, Florestan. *A condição de sociólogo*. São Paulo: Hucitec, 1978.

FERNANDES, Florestan. *A contestação necessária*: retratos intelectuais de inconformistas e revolucionários. 2. ed. São Paulo: Expressão Popular, 2015.

FERNANDES, Florestan. A democratização do ensino. In: BARROS, R. S. M. de (Org.). *Diretrizes e bases da educação nacional*. São Paulo: Pioneira, 1960a.

FERNANDES, Florestan. *A sociologia numa era de revolução social*. São Paulo: Editora Nacional, 1963.

FERNANDES, Florestan. *Capitalismo dependente e classes sociais na América Latina*. 4. ed. rev. São Paulo: Global, 2009.

FERNANDES, Florestan. *Educação e sociedade no Brasil*. São Paulo: Dominus, 1966.

FERNANDES, Florestan. Em defesa da escola pública. In: BARROS, R. S. M. de (Org.). *Diretrizes e bases da educação nacional*. São Paulo: Pioneira, 1960b.

FERNANDES, Florestan. *Ensaios de Sociologia Geral e Aplicada*. 2. ed. São Paulo: Pioneira, 1971.

FERNANDES, Florestan. Florestan Fernandes, história e histórias. In: COHN, A. (Org.). *Florestan Fernandes*. Rio de Janeiro: Beco do Azougue, 2008a. (Encontros).

FERNANDES, Florestan. *Mudanças sociais no Brasil*. 4. ed. São Paulo: Global, 2008a.

FERNANDES, Florestan. Objetivos da Campanha em Defesa da Escola Pública. In: BARROS, R. S. M. de (Org.). Diretrizes e bases da educação nacional. São Paulo: Pioneira, 1960c.

FREITAG, Barbara. Democratização, universidade, revolução. In: D'INCAO, M. A. (Org.). *O saber militante*: ensaios sobre Florestan Fernandes. Rio de Janeiro: Paz e Terra; São Paulo: EdUnesp, 1987.

FREITAG, Barbara. Florestan Fernandes por ele mesmo. *Estudos Avançados*, v. 10, n. 26. São Paulo, jan./abr. 1996.

GRAMSCI, Antonio. *Quaderni del carcere* – Edizione critica dell'Istituto Gramsci. A cura di Valentino Gerratana. Turim: Einaudi, 2007, 4 vols.

SANFELICE, José Luís. Florestan Fernandes: um intelectual da educação. *Revista HISTEDBR On-line*, Campinas, n° 56, p. 252-265, mai. 2014.

SAVIANI, Dermeval. *Ensino Público e algumas falas sobre universidade*. 5. ed., São Paulo: Cortez: Autores Associado, 1991.

SAVIANI, Dermeval. Florestan Fernandes e a educação. *Estudos Avançados*, São Paulo, v. 10, n. 26, p. 71-87, jan.-abr. 1996.

TEIXEIRA, Anísio. *Educação não é privilégio*. Rio de Janeiro: José Olympio, 1957.

O EMPAREDAMENTO SOCIAL NAS EXPERIÊNCIAS ESCOLARES DE FLORESTAN FERNANDES

Paulo Henrique Fernandes Silveira[1]

"Não! Não! Não! Não transporás os pórticos milenários
da vasta edificação do mundo, porque atrás de ti e adiante de ti
não sei quantas gerações foram acumulando,
acumulando pedra sobre pedra, pedra sobre pedra,
que para aí estás agora o verdadeiro emparedado de uma raça".
(Cruz e Sousa,"O emparedado", p. 632)

Introdução

Este texto foi inspirado no ensaio "Lições da militância", no qual Maria Helena Patto (2000) discorre sobre o percurso educacional de Florestan Fernandes desde suas primeiras experiências escolares. O sociólogo teve uma origem humilde, foi educado por uma mãe solteira, a dona Maria Fernandes, uma imigrante portuguesa analfabeta que ganhava a vida na cidade de São Paulo trabalhando como empregada doméstica e lavadeira. Com o auxílio da pesquisadora Adriana Salvitti, em seu ensaio, Patto destaca as experiências educacionais que levaram Florestan a se transformar num militante da escola pública. Patto analisa a curta passagem de Florestan pelo ensino primário num grupo escolar da capital paulista. Essa evasão poderia ser compreendida como uma experiência de fracasso escolar nos meios populares.

Em *A produção do fracasso escolar*, Patto (1999) faz um estudo amplo e rigoroso sobre a comunidade, as famílias, as professoras e professores, e as alunas e alunos de uma escola pública na cidade de São Paulo. Diferente de Bourdieu (2007), que foca sua pesquisa sobre esse mesmo tema em dados estatísticos, Patto e seu grupo de pesquisa formado por Denise Trento, Ianni

---

[1] Professor, pesquisador e orientador da Faculdade de Educação da Universidade de São Paulo (FEUSP). Pesquisador do grupo de Pesquisa em Direitos Humanos, Democracia e Memória do Instituto de Estudos Avançados da Universidade de São Paulo (IEA-USP). Email: paulo.henrique.fernandes@usp.br

Scarcelli e Sandra Sawaya trabalham com as palavras das pessoas envolvidas na experiência educacional. Essa perspectiva também está presente no ensaio de Patto (2000) sobre as experiências educacionais de Florestan. No entanto, o tema desse ensaio não é a produção do fracasso escolar, como também não é a possibilidade do sucesso em condições adversas, como faz Bernard Lahire (1997), numa de suas pesquisas. Percorrendo alguns textos biográficos de Florestan, o ensaio apresenta a formação do intelectual militante a partir do contexto social e político que marca sua curta trajetória escolar.

Ao analisar as condições sociais em que estava inserido até a sua adolescência, Florestan (1977) evoca a questão do emparedamento. Essa questão apareceu nas reflexões de José Correia Leite, um dos militantes do movimento negro que contribuiu, nos anos 50, para a pesquisa de Roger Bastide e de Florestan (1955) sobre a condição do negro em São Paulo. Segundo Leite, a ascensão social do negro é estruturalmente impedida por um emparedamento racial (Leite; Moreira, 2014). No livro *A poesia afro-brasileira*, Roger Bastide (1944) já havia formulado essa questão, ao discorrer sobre o poema "O emparedado", de Cruz e Sousa. Num texto em que analisa suas duras experiências na infância e na juventude, Florestan (1980) afirma também ter vivido uma forma de emparedamento social.

As interpretações de Florestan sobre o emparedamento racial influenciaram a pesquisa pioneira de Neusa Santos Souza (1983): *Tornar-se negro ou as vicissitudes da identidade do negro brasileiro em ascensão social*. Seguindo uma ideia que Florestan desenvolve em seus trabalhos, Neusa Souza sustenta que o emparedamento racial é mais complexo e restritivo que o emparedamento social. Todavia, algumas barreiras são comuns a todas as pessoas oriundas dos meios populares. Numa pesquisa recente, Torquato Rodrigo Silva (2009) analisa as barreiras atuais que jovens das favelas e pessoas em situação de rua enfrentam para ter acesso à educação.

Assim como fizeram Souza (1983), Patto (1999), Lahire (1997) e Silva (2009), pretendo discorrer sobre o emparedamento a partir dos testemunhos de quem enfrentou essa experiência social e subjetiva. Desse modo, minhas análises se seguirão às palavras de Florestan sobre o seu percurso educacional. Pela leitura cuidadosa e sensível de Haroldo Ceravolo Sereza (2005), o sociólogo compreende sua própria história de vida como uma rara oportunidade de integração de alguém do lumpemproletariado na dura e injusta sociedade de classes.

Primeiros trabalhos e amizades da infância

Florestan analisa suas experiências educacionais em ensaios e em entrevistas. Seu texto mais detalhado sobre o tema tem como título "Em busca de uma sociologia crítica e militante", publicado em 1977, no livro *A sociologia no Brasil*. Excertos desse texto foram republicados, em 1994, pela revista *Estudos Avançados*, com o título "Ciências sociais na ótica do intelectual militante". A entrevista mais extensa que trata da sua formação tem o título "Florestan Fernandes: a pessoa e o político". Publicada na revista *Escrita Ensaio*, em 1980, essa entrevista foi republicada no site da Associação dos Docentes da Unicamp (Adunicamp), em 2019, com o acréscimo de notas explicativas (Silveira, 2019).

Começo a exposição e a análise dos testemunhos de Florestan com algumas passagens sobre sua infância pobre, vivendo com sua mãe, nas regiões da Bela Vista, do Brás e do Cambuci, na cidade de São Paulo. Ainda menino, Florestan precisou trabalhar para contribuir com a renda familiar:

> Aos seis anos de idade me iniciei na vida prática. Meu primeiro trabalho foi limpar a roupa dos clientes de uma barbearia, que ficava na Major Quedinho. [...] Sempre fui muito anêmico, mas, apesar de anêmico, era uma criança bonitinha, os fregueses se engraçavam, davam 400 réis, 200 réis, o que era muito dinheiro no fim do dia. Daí passei para vários outros tipos de trabalho, tudo de modo muito ocasional. Trabalhei num açougue, em alfaiataria. Depois descobri que o que dava mais dinheiro, para uma criança como eu, era engraxar sapatos (Fernandes, 1980, p. 11).

Em seu ensaio biográfico, Florestan (1977) faz uma interpretação sociológica dessa iniciação profissional na infância:

> Fazendo o que me via forçado a fazer também era compelido a uma constante busca para vencer uma condição em que o *lumpemproletariado* (e não o operário) definia os limites ou as fronteiras do que não era 'gente'. Antes de estudar esse processo na pesquisa sobre o negro, vivi-o em todos os matizes e magnitudes (Fernandes, 1977, p. 143).

Essa interpretação foi incorporada por Neusa Santos Souza: "o negro buscou, via ascensão social, tornar-se gente" (1983, p. 21). Mesmo não impondo legalmente uma segregação territorial, o Brasil criou outras formas de segregações simbólicas, econômicas e políticas. Segundo Florestan

(1977), criou-se uma distinção entre as pessoas que são ou não consideradas cidadãs, mais ainda, uma distinção entre as que são ou não compreendidas e respeitadas como gente. No caso das negras e dos negros, pontua Neusa Santos, o tornar-se gente a partir da ascensão social implica a determinação de assemelhar-se ao branco:

> Numa sociedade de classes onde os lugares de poder e tomada de decisão são ocupados por brancos, o negro que pretende ascender lança mão de uma identidade calcada em emblemas brancos, na tentativa de ultrapassar os obstáculos advindos do fato de ter nascido negro (Souza, 1983, p. 22).

Em seus testemunhos, Florestan apresenta a São Paulo dos anos 20 e 30 como uma cidade segregada. É como se houvesse dois mundos: o das pessoas endinheiradas e urbanizadas e o das pessoas pobres e com uma cultura de *folk* (Fernandes, 1979). Assim eram seus colegas de trabalho, meninos que partilhavam com Florestan a mesma necessidade de ganhar a vida sem muita instrução:

> Todos éramos rústicos e desenraizados, mesmo os que procediam do interior do Estado de São Paulo, e todos estávamos aprendendo a viver na cidade, mesmo os que, como eu, nasceram dentro de seus marcos e dos seus muros. O código de honra, a mentalidade, a noção de dever e de lealdade, o imperativo da solidariedade, até mesmo a sobrancería irredutível dos que 'estão por baixo' não provinham da civilização – como gostam de dizer os antropólogos – nem do cosmos urbano e da religião católica. Tudo aquilo fazia parte do que, mais tarde, aprendi ser a 'cultura do inculto' e que a cidade ainda não destruíra (Fernandes, 1977, p. 144).

No início, a renda que Florestan obtinha complementava a de sua mãe, depois de um tempo, o menino tornou-se arrimo da sua pequena família. Uma das consequências dessa atividade profissional foi o súbito processo de adultização:

> Eu ficava um pouco isolado, como trabalhava muito e ficava muito tempo fora de casa, não podia ter uma vida de criança. A minha vida era de um adulto, muito prematura, portanto, o que realmente me faltou foi a socialização infantil. [...] Minha experiência adulta se antecipou tanto no nível prático como no nível intelectual (Fernandes, 1980, p. 12).

Nas palavras de Florestan (1980), a cidade foi de fato a sua escola. Nas ruas ele aprendeu ofícios e estabeleceu laços de companheirismo, com outras crianças e com adultos que o ajudaram. Experiência semelhante é relatada por Torquato Silva (2009), que também trabalhou como engraxate na infância. Além da curiosidade para aprender, Florestan estava sempre disponível para estabelecer novas relações:

> Dei-me conta quão grande e complexo era o mundo, e que nada me forçava a encerrar-me no confinamento dos porões, dos cortiços e dos quartos de aluguel em que morava com minha mãe. [...] Se tinha pouco tempo para aproveitar a infância, nem por isso deixava de sofrer o impacto humano da vida nas trocinhas e de ter résteas de luz que vinham pela amizade que se forma através do companheirismo (nos grupos de folguedos, de amigos de vizinhança, dos colegas que se dedicavam ao mesmo mister, como meninos de rua, engraxates, entregadores de carne, biscateiros, aprendizes de alfaiate e por aí afora) (Fernandes, 1977, p. 143).

Um dos testemunhos mais impactantes de Florestan é sobre um amigo engraxate que morreu ainda menino, seu nome era Angelim (Soares, 2021, p. 69). Essa morte denuncia a imensa vulnerabilidade das suas existências:

> Como criança, eu tinha pouca ocasião de ter contatos afetivos. Se alguma criança se mostrava aberta à minha amizade, eu me atirava muito profundamente a ela. Mencionei aqui o filho de uma professora, com quem eu brincava, mas era uma coisa superficial. Houve outra amizade profunda, um rapaz que também era engraxate, era um rapaz muito inteligente e sensível. Ele morreu uns dois anos depois que eu o conheci, morreu de tuberculose e de fome. Para nós, não era fácil sobreviver. Era uma vida dura, que parece literatura armada de televisão. Isso acontecia frequentemente, as pessoas caíam no caminho (Fernandes, 1980, p. 15).

Curso primário

Em sua curta experiência escolar, Florestan fez alguns anos do curso primário no Grupo Escolar Maria José, localizado no bairro da Bela Vista (Fernandes, 1977). No início do século XX, os grupos escolares tinham como um dos seus projetos propagar a disciplina e os hábitos de higiene entre as crianças dos meios populares (Silveira, 2019). A direção e o corpo docente se utilizavam de severas repreensões e castigos para cobrar a assiduidade nas aulas e o respeito às normas. Em seu trabalho, Maria Helena Patto investiga as práticas implantadas na Maria José:

> Segundo relato de ex-alunos que a frequentaram nos anos 10, 'os professores eram extremamente respeitados, apesar de exigentes e de bater nos educandos com réguas e até com taco de bilhar. A qualquer indisciplina eram trancados em um quarto escuro, provavelmente a sala de ciências, onde havia um esqueleto.' (Centenário da Escola 'Maria José': 1895-1995). As crianças mais carentes recebiam sopa e agasalho, mas havia alunos que vinham com os sapatos furados, outros que nem sapatos tinham e outros que enfaixavam alternadamente um dos pés para economizar o único par que possuíam. [...] Nos anos trinta, Florestan Fernandes está na lista de meninos matriculados. A experiência escolar deixou-lhe na lembrança cenas de violência, que aproximam a escola, como ele dirá mais tarde, das instituições punitivas e carcerárias. [...] Deixou também a consciência da exclusão e do autoritarismo presentes no cerne da vida escolar (Patto, 2000, p. 121-122).

Apesar da curiosidade intelectual e do apreço pela leitura, Florestan deixou a escola no terceiro ano do primário. Uma das razões para essa evasão escolar foi a frequência com que ele e sua mãe precisavam mudar de casa, isso ocorria toda vez que o valor do aluguel aumentava: "Com o nível de renda que tínhamos e a mobilidade espacial que ele envolvia, a escola primária era um luxo, apesar da existência de grupos escolares gratuitos em vários bairros" (Fernandes, 1977, p. 145). Essa mobilidade espacial das famílias pobres persiste nos dias atuais (Patto, 1999, p. 242).

Pelas análises de Patto, como tantas outras crianças dos meios populares, "Florestan foi filho enjeitado de uma escola pública que ignora as necessidades de seus alunos-trabalhadores" (2000, p. 121). Aluno precoce da escola que encontrou nas ruas, num certo momento, Florestan entra em confronto com a estrutura educacional vigente na escola básica:

> Mas, como muitos dos outros, eu era um 'aluno rebelde'. A escola, de fato, não fazia parte da 'nossa cultura' e tolhia as nossas cogitações imediatas. Não só cabulava aulas, uma vez ou outra. Aceitava a violência que minava a nossa cultura de machões em potencial. Como tomava tabuada de outros colegas – e o fazia segundo regras estritas – o resultado é que tinha de 'acertar contas na rua com muita frequência. O próprio ensino também não nos atraia. Preferíamos,

muito mais, fugir para o Morro dos Ingleses e construir lá um mundo muito mais humano do que os dos nossos lares e da nossa vizinhança, um mundo no qual prevaleciam a nossa vontade e os nossos desejos (Fernandes, 1977, p. 145-146).

Ao analisar a produção do fracasso escolar, Patto argumenta que as diferentes formas de rebeldia das crianças contra as práticas disciplinares visam "conservar ou resgatar a sua condição de sujeitos" (1999, p. 295). Muitas vezes, essa rebeldia tem como consequência a expulsão da criança, como relata Torquato Silva, uma vez que, para a administração escolar: "esse menino não tem jeito" (2009, p. 90).

Sobre a ignorância da escola pública das necessidades das alunas e dos alunos que precisam trabalhar, afirma Silva:

> Excluídos das condições mínimas que possibilitam avanços significativos na escolarização, muitos alunos das classes populares abandonam a escola em busca de saberes que possam trazer resultados mais imediatos para sua vida. [...] É de fundamental importância que reflitamos profundamente sobre o quão cruel é essa ordem imposta às crianças das favelas e aos moradores das ruas, visto que essas pessoas trazem consigo valores e expectativas, oriundas da sua socialização, que muitas vezes contrariam as próprias crenças e práticas curriculares da escola (Silva, 2009, p. 94).

Mesmo fora da escola, Florestan não parou de ler e de estudar. As amizades feitas na rua e nos locais de trabalho o ajudaram a conseguir muitos e diferentes livros (Fernandes, 1977). O menino que aprendeu a se defender e a ocupar um espaço no mercado informal de trabalho, também aprendeu a construir uma formação ampla e eclética como um autodidata:

> No terceiro ano tive de deixar a escola, para dar tempo completo ao trabalho; e só muito mais tarde, com pouco mais de 17 anos, quando podia tomar a decisão por mim mesmo, voltaria aos bancos escolares. Todavia, os professores tinham cumprido comigo o seu ofício, ensinando-me muitos hábitos higiênicos e ideais de vida, que nunca mais abandonei, um certo amor pela leitura e a vontade de ligar minha curiosidade aos livros que caíssem ao alcance da mão (Fernandes, 1977, p. 146).

Curso de madureza

Tendo abandonado a escola no primário, Florestan só retomaria o ensino formal aos 17 anos, num curso preparatório para os exames de madureza. De caráter supletivo, esses exames eram destinados a adultos que não tinham completado o curso regular (Haddad, 1987). Segundo Florestan, a oportunidade de fazer esse curso somou-se à de conseguir um emprego que lhe permitia ter tempo livre para os estudos:

> O toque final dessa preparação *sui generis* foi dado pelo curso de madureza. Enquanto trabalhava no Bar Bidu, na rua Lidero Badaró, instalou-se no sobrado vizinho o ginásio Riachuelo. Os professores iam ao bar tomar lanche, depois das aulas. Eu sempre ficava atento aos fregueses com os quais podia aprender alguma coisa. Cultivei relações com alguns dos professores – os mais comunicativos e assíduos – e obtive uma concessão, através do professor Jair de Azevedo Ribeiro, de fazer os estudos sob pagamento reduzido. Graças a Manoel Lopes de Oliveira Neto, um dos fregueses de que me tornara amigo, arranjei outro emprego (como entregador de amostras do Laboratório Novoterápica); e graças ao apoio de Ivana e José de Castro Manso Preto, ligados à minha falecida madrinha, um pequeno auxílio marginal (que, mais tarde, se tornou de cama e comida permanentes), o *problema do estudo* ficou reduzido à expressão mais simples. Sair do bar e ter uma nova oportunidade, naquela época (1937), era algo notável. [...] O círculo de ferro fora rompido e, com o novo emprego, poderia manter minha mãe e pagar os estudos (Fernandes, 1977, p. 147-148).

O convívio com os estudantes do Riachuelo levou Florestan a pleitear um destino diferente daquele que é imposto aos jovens pobres numa sociedade de classes (Bourdieu, 2007). Ao contrário de outras batalhas pela sobrevivência, que precisou travar sozinho ou com sua mãe, no curso preparatório para os exames de madureza, Florestan encontrou diversos parceiros:

> O Riachuelo logo desvendou um mundo novo, em que os professores e as lições não seriam o único eixo. Os estudantes compartilhavam comigo certas dificuldades – não todas. Nenhum possuía origens tão toscas e um desenraizamento tão profundo. Contudo, todos trabalhavam e viam no curso de madureza uma instrumentalidade que eu desconhecia. Todos íamos lá para aprender; os outros, porém, sabiam que abriam caminhos para etapas mais complexas, como chegar ao ensino superior ou a novos empregos. Eu me contentava

com o fruto visível, que podia apanhar com as mãos. Como trabalhávamos durante o dia, obtivemos do diretor, professor Benedito de Oliveira, o maior e talvez o único *educador* que tive a oportunidade de conhecer ao longo de minha vida, a chave do prédio. Lá ficávamos, depois das aulas, até bem tarde, às vezes, depois da meia-noite ou até uma ou duas horas da madrugada. Era uma rotina dura. Para racionalizar a verificação da aprendizagem, uns se convertiam em 'preparadores' dos outros (as matérias foram distribuídas ao azar, segundo preferências mal delimitadas; eu mesmo ficava com história natural). [...] As minhas leituras desordenadas adquiriram outra direção e, pela primeira vez, passei a ler os clássicos com afinco e a me concentrar sobre a literatura, especialmente a brasileira. Os debates eram, provavelmente, pretensiosos e ingênuos. Eu próprio ouvia mais do que falava. Ainda assim, fui formando plumagem e, aos poucos, alcei voo, curto e incerto, no entanto, por conta própria (Fernandes, 1977, p. 148-149).

Houve uma experiência de autogestão análoga à do movimento secundarista, em 2015, de ocupação das escolas públicas paulistas (Silveira, 2020). No Riachuelo, Florestan conquistou três elementos fundamentais que Lahire destaca nas situações de sucesso escolar nos meios populares: "apoio moral, afetivo e simbólico" (1997, p. 172). Como ocorre com as alunas e os alunos dos atuais cursos pré-vestibulares comunitários (Candau, 2005), Florestan foi acolhido e pôde cultivar sua autoestima:

O Riachuelo converteu-se em um segundo lar, ou melhor, em um 'lar coletivo'. Tomamos conta do prédio aos sábados pela tarde e durante todo o dia nos domingos. Até banho e nossas festas, domingo à tarde, eram feitos no Riachuelo. Se não era uma comunidade-escola, tínhamos uma escola-comunidade e, sob o seu impulso, a minha imaginação se abriu para além do imediato, do cotidiano e para os 'grandes problemas' da literatura, da filosofia e da época; autores de segunda ordem, mas conhecidos, entraram em nossas cogitações. [...] Lançávamo-nos ao debate das ideias com um senso de independência e de ousadia que nos punha ao abrigo das nossas deficiências e, por isso, nos deixava seguir adiante com os recursos intelectuais de que dispúnhamos (Fernandes, 1977, p. 149).

Pela primeira vez, esse filho de uma trabalhadora que não teve acesso à escola, admitiu a possibilidade de ingressar na universidade e se tornar professor:

Há uma socialização pela educação formal. Essa tinha percalços, que foram superados pela nossa fraternidade de estudos e por acasos felizes. Ênio Chiesa, nosso professor de latim, por exemplo, também era candidato aos exames de madureza. Em consequência, tínhamos um professor que era um *companheiro*. [...] Graças à presença do Ênio não só a qualidade de nossa reação e de nossa preparação foi melhor, tivemos um ponto de apoio intelectual para tomarmos decisões mais maduras e mais corretas. Eu próprio, afinal de contas, poderia ter desistido, não fosse o grau de coesão que o nosso grupo adquiriu, graças à nossa fraternidade de estudos, e à orientação direta do Ênio no 'campo de batalha'. [...] No Riachuelo não só aprendera as matérias dos cursos de madureza e alargara o meu horizonte cultural. Converti-me, gradualmente, em um intelectual. Comecei a pensar seriamente em fazer um curso superior e decidira que seria professor (Fernandes, 1977, p. 152-153).

Após os três anos de curso preparatório, a turma de Florestan prestou os exames de madureza, a maioria dos estudantes do Riachuelo conseguiu ser aprovada (Fernandes, 1977). Além de passar nos exames que lhe deram o diploma ginasial, Florestan também passou nos exames para habilitação em ciências sociais e políticas, mesmo sem ter feito o pré-universitário, curso correspondente ao ensino médio (Fernandes, 1977). Foi o diretor do Riachuelo, professor Benedito de Oliveira, quem sugeriu a Florestan essa área acadêmica. Numa conversa, o professor comentou: "o Florestan, com esse jeito dele, de uma pessoa que fica observando, refletindo, ele é certamente um reformador social" (Soares, 2021, p. 52).

Classes pobres

Após a Revolução Industrial, as regiões centrais de Londres e de Paris passaram por rápidas modificações. Os espaços e edifícios pouco valorizados foram ocupados por uma multidão de pessoas pobres. Sobre Londres, comenta Maria Stella Bresciane: "A instabilidade do mercado de trabalho acentua a extrema exploração do trabalhador e força-o a residir no centro da cidade, próximo aos lugares onde sua busca de emprego ocasional se faz possível a cada manhã" (1982, p. 37). Esses temas foram debatidos por diversos historiadores, filósofos e escritores da época. Alguns autores relacionaram a insalubridade das moradias e dos locais públicos com a ausência de normas e de educação e a condição frequente de desemprego com a preguiça e à vadiagem.

As pessoas pobres foram compreendidas como uma classe perigosa para a sociedade, origem de doenças, mendicância e criminalidade (Bresciane, 1982). Entre os preconceitos cultivados contra essas pessoas estava o da inaptidão para o trabalho formal.

Em seu livro sobre a pobreza na cidade de São Paulo no fim do século XIX e início do XX, Carlos José Ferreira dos Santos (2003), professor e pesquisador indígena do povo Tupinambá, analisa os argumentos do prefeito Washington Luís para acabar com a várzea do Carmo, nas margens do rio Tamanduateí, entre os bairros do Brás, Mooca e Ipiranga. Segundo o prefeito, além de resolver os problemas das inundações e das moléstias provocadas pelos mosquitos, a reestruturação deixaria a área mais limpa, bonita e segura, o que ajudaria a mudar o perfil social das moradoras e moradores (Sousa, 1918). Como bem enfatiza Santos (2003), com essas obras de saneamento e de higienização, o prefeito também pretendia expulsar as lavadeiras e todas as outras pessoas pobres da região, ou seja, as negras, as mamelucas e as caipiras, a quem ele se refere como: promíscuas, vagabundas e perigosas.

O projeto para a várzea do Carmo foi elaborado em 1911, pelo arquiteto francês Joseph-Antoine Bouvard, mas as reformas se estenderam até 1922, quando o arquiteto Francisque Cochet concluiu o parque D. Pedro II (Torres, 1984). O projeto inicial já tecia uma relação entre a higienização, o embelezamento e a mudança do perfil social das moradoras e moradores da região. A arquitetura de Bouvard reflete a influência da reforma urbana de Paris, entre 1853 e 1870, pelo prefeito Georges-Eugene Haussmann (D'Elboux, 2015). Na interpretação de David Harvey, um dos objetivos da reforma de Haussmann era, justamente, "a expulsão das 'classes perigosas' e das habitações e indústrias insalubres do centro da cidade" (2015, p. 154). Nos anos trinta, o plano de canalização e de construção das grandes avenidas de São Paulo retomou esse urbanismo de inspiração haussmanniana. No prefácio para o livro de Prestes Maia (1930) sobre essa questão, o diretor de obras Arthur Saboya anota: "Não só o saneamento do vale e das zonas vizinhas ficou assegurado; desapareceu o perigo da transformação em novas 'Favelas' das encostas marginais e do próprio vale" (1930, p. III). Quando morou na Rua Santo Antônio, na Bela Vista, Florestan (1995) conheceu uma favela enorme que ficava ao lado da várzea, extinguida nas obras de implantação das avenidas.

A ideologia sobre os perigos das classes pobres foi intensamente disseminada na cidade de São Paulo (Santos, 2003). É como alguém que fez parte desse grupo social que Florestan analisa suas experiências profissionais:

> Os preconceitos contra 'esse tipo de gente' atingia tais proporções que, nem com o apoio de Clara Augusta Bresser, irmã de minha madrinha, jamais logrei outra espécie de emprego. O mínimo que se pensava, sobre aquele 'tipo de gente', é que éramos 'ladrões' ou 'imprestáveis'! (Fernandes, 1977, p. 148).

Numa entrevista, Florestan comenta que Clara Bresser chegou a pedir a ajuda de um amigo empresário para lhe conseguir um emprego, mas ele não a atendeu (1995). Além das barreiras impostas pela sociedade contra qualquer forma de ascensão social, Florestan não recebeu estímulo da família ou dos amigos para seguir nos estudos:

> Quando decidi fazer o curso de madureza, por exemplo, enfrentei a resistência rústica de minha mãe, que achava que eu iria 'ficar com vergonha dela', se estudasse; muito pior era a incompreensão e a chacota dos colegas, que ridicularizavam minha propensão pelas leituras e meu apego aos livros dizendo que ia acabar 'com o miolo mole', de tanto ler; praticamente me incitavam a não deixar de ser como eles e a cultivar a ignorância como uma virtude ou a servidão como um *estado natural do homem*. Nos bares e restaurantes em que trabalhei, por exemplo, nunca recebi um apoio ou um conselho construtivo de qualquer colega, da minha idade ou mais velho, embora entre os fregueses encontrasse simpatia, quem me desse ou emprestasse livros, e até apoio prático para ir mais longe (Fernandes, 1977, p. 147).

Na expressão do sociólogo, essa condição opressiva foi vivenciada como um "círculo de ferro". Uma situação análoga a de uma pessoa em desespero que tenta escapar do fundo de um poço:

> Eu encarava a realidade através de um espectro simplista, que se mantém viva em minha mente até hoje. Para mim, havia dois tipos de seres humanos e de mundos. Uns viviam dentro do poço e não conseguiam sair dele. Quando tentavam, os que andavam na superfície pisavam em suas mãos, e eles caíam, ou os que estavam lá dentro puxavam-nos para baixo. Não havia um sentimento de ódio contra isso: o fato era aceito como 'natural', o preço que muitos tinham de pagar por sua *sina*. De outro lado, contudo, custou-me entender o sentido profundo do comportamento dos que estavam dentro do poço. Somente mais tarde, estudando o negro, é que iria descobrir que não

se tratava de uma demonstração rústica de falta de solidariedade. Era uma forma extrema de amor, de apego humano aos entes queridos. Os que *saíam*, se separavam, eram perdidos. Aos poucos, tornavam-se *outras pessoas*, mudavam-se do bairro e, por fim, deixavam de visitar os amigos e os parentes ou, mesmo, 'rompiam relações' com eles. A alternativa consistia em impedir a evasão, o que criava uma forma inelutável de fraqueza – pois o círculo de ferro se fechava a partir de fora e a partir de dentro – pela qual se consolidava um modo brutal de autodefesa do 'Nós coletivo' (Fernandes, 1977, p. 150).

Suas experiências de menino que brincava na rua ajudaram Florestan em suas pesquisas sobre o folclore na cidade de São Paulo (1977, p. 143). Os laços de solidariedade que conheceu entre as pessoas pobres fizeram com que ele se identificasse com o povo Tupinambá: "os que não têm nada para dividir repartem com os outros as suas pessoas" (Fernandes, 1977, p. 144; 1989a, p. 85). Sua perseverança para escapar do fundo do poço lhe formou para escutar e compreender as angústias relatadas pelo movimento negro:

> Essa situação, por sua vez, voltou à minha observação mais tarde, na pesquisa com Bastide: o tema do 'emparedamento do negro'. Esse tema foi agitado pelos movimentos de protesto. Muitos não acreditavam nele, especialmente, os brancos. Todavia, antes de investigá-lo em relação aos outros, eu conhecera a realidade que ele evoca bem de perto e muito a fundo (Fernandes, 1977, p. 150-151).

Conclusões

Em seu percurso educacional, Florestan Fernandes enfrentou inúmeras barreiras para construir as condições da sua ascensão social. Criado por uma mãe solteira, imigrante portuguesa pobre com poucos familiares no Brasil, o sociólogo precisou trabalhar desde criança. As exigências e demandas dessa realidade social pouco se relacionavam com o projeto educacional da escola pública das primeiras décadas do século XX. Com poucos anos de estudo, Florestan deixou o ensino primário para se dedicar exclusivamente ao trabalho. Anos depois, ele conseguiu pagar um curso preparatório para os exames de madureza. Com o apoio de colegas e de professores, Florestan obteve o diploma ginasial e ingressou na Universidade de São Paulo.

Em ensaios e entrevistas, Florestan compreende as barreiras que enfrentou como um emparedamento no qual as pessoas dos meios populares encontram-se na sociedade de classes. Contra esse emparedamento, Florestan (1989b) defende o acesso sistemático à universidade de todos os grupos sociais historicamente excluídos. Suas experiências de vida marcam suas reflexões e seus posicionamentos como cientista social socialista e como militante da escola pública:

> Minha disposição de inconformismo achava fundamento na própria situação de existência. Tudo se passou como se me transformasse, de um momento para outro, em porta-voz das frustrações e da revolta de meus antigos companheiros de infância e juventude. O meu estado de espírito fez com que o professor universitário falasse em nome do filho da antiga criada e lavadeira portuguesa, o qual teve de ganhar a sua vida antes mesmo de completar sete anos, engraxando sapatos ou dedicando-se a outras ocupações igualmente degradadas, de maneira severa, naquela época (Fernandes, 1966, p. XIX).

Referências

BASTIDE, Roger. *A poesia afro-brasileira*. São Paulo: Livraria Martins Editora, 1944.

BASTIDE, Roger; FERNANDES, Florestan. *Relações raciais entre negros e brancos em São Paulo*. São Paulo: Anhembi, 1955.

BOURDIEU, Pierre. "A escola conservadora". In: BOURDIEU, Pierre. *Escritos de educação*. Petrópolis: Vozes, 2007, p. 39-64.

BRESCIANE, Maria Stella. *Londres e Paris no século XIX*: o espetáculo da pobreza. São Paulo: Brasiliense, 1982.

CANDAU, Vera. Os desafios pedagógicos na formação docente dos CPVCs. In: CARVALHO, José; ALVIM FILHO, Hélcio; COSTA, Renato (orgs.). *Cursos pré-vestibulares comunitários*: espaços de mediações pedagógicas. Rio de Janeiro: Editora da PUC-Rio, 2005, p. 46-55. Disponível em: http://www.editora.puc-rio.br/media/ebook_pre-vestibulares.pdf

D'ELBOUX, Roseli. *Joseph-Antoine Bouvard no Brasil. Os melhoramentos de São Paulo e a criação da Companhia City: ações interligadas*. Tese (Doutorado em Arquitetura) – Faculdade de Arquitetura e Urbanismo, Universidade de São Paulo, 2015. Disponível em: https://teses.usp.br/teses/disponiveis/16/16139/tde-27012016-111315/pt-br.php

FERNANDES, Florestan. *Educação e sociedade no Brasil*. São Paulo: Dominus; EDUSP, 1966.

FERNANDES, Florestan. "Em busca de uma sociologia crítica e militante". In: FERNANDES, Florestan. *A sociologia no Brasil*: contribuição para o estudo de sua formação e desenvolvimento. Petrópolis: Vozes, 1977, p. 140-212.

FERNANDES, Florestan. *Folclore e mudança social na cidade de São Paulo*. Petrópolis: Vozes, 1979.

FERNANDES, Florestan. "Florestan Fernandes: a pessoa e o político". *Revista Ensaio*, Ano IV, n. 8, p. 9-39, 1980. Disponível em: https://drive.google.com/file/d/1LTnoa-M44kWQ_12YiEQRGAjSyycnhPqa/view

FERNANDES, Florestan. *A organização social dos Tupinambá*. São Paulo: Hucitec; Editora UNB, 1989a.

FERNANDES, Florestan. A universidade é agreste. In: FERNANDES, Florestan. *O desafio educacional*. São Paulo: Cortez Editora/Editorial Autores Associados, 1989b, p. 104-112.

FERNANDES, Florestan. Ciências sociais na ótica do intelectual militante. *Estudos Avançados*, v. 8, n. 22, p. 123-138, 1994. Disponível em: https://www.revistas.usp.br/eav/article/view/9686

FERNANDES, Florestan. Transcrição de entrevista concedida por Florestan a Revista Veja em 2/8/1995. (Concedida ao jornalista Paulo Moreira Leite). Arquivo (008705) acessível no *Fundo Florestan Fernandes*. Biblioteca Comunitária da Universidade Federal de São Carlos, 1995.

HADDAD, Sérgio. *Ensino supletivo no Brasil*: o estado da arte. Brasília: Reduc; Inep, 1987. Disponível em: http://cremeja.org/a7/acervo-digital/fundo-osmar-favaro/educacao-de-jovens-e-adultos/ensino-supletivo/livros/ensino-supletivo-no-brasil--sergio-haddad/

HARVEY, David. *Paris, capital da modernidade*. São Paulo: Boitempo, 2003.

LAHIRE, Bernard. *Sucesso escolar nos meios populares*: as razões do improvável. São Paulo: Editora Ática, 1997.

LEITE, José; MOREIRA, Renato. "Movimentos sociais no meio negro". In: CAMPOS, Antônia. *Interfaces entre sociologia e processo social*: a integração do negro na sociedade de classes e a pesquisa Unesco em São Paulo. Dissertação (Mestrado em Sociologia) – Instituto de Filosofia e Ciências Humanas, Universidade Estadual de Campinas, 2014, p. 357-384.

MAIA, Francisco Prestes. *Introdução ao estudo de um plano de avenidas para a cidade de São Paulo*. São Paulo: Companhia Melhoramentos de São Paulo, 1930.

PATTO, Maria Helena. "Lições de militância". In: PATTO, Maria Helena, *Mutações do cativeiro*: escritos de psicologia e política. São Paulo: Edusp, 2000, p. 119-156.

PATTO, Maria Helena. *A produção do fracasso escolar*: histórias de submissão e rebeldia. São Paulo: Casa do Psicólogo, 1999.

SABOYA, Arthur. Advertência. In: MAIA, Francisco Prestes. *Introdução ao estudo de um plano de avenidas para a cidade de São Paulo*. São Paulo: Companhia Melhoramentos de São Paulo, 1930, p. III-V.

SANTOS, Carlos José. *Nem tudo era italiano*: São Paulo e pobreza, 1890-1915. São Paulo: Annablume; Fapesp, 2003.

SEREZA, Haroldo Ceravolo. *Florestan*: a inteligência militante. São Paulo: Boitempo, 2005.

SILVA, Torquato Rodrigo. Escola-favela, conhecimentos, transgressão e poder: esses meninos não têm jeito? *Revista de Educação PUC-Campinas*, n. 27, p. 87-96, 2009. Disponível em: https://periodicos.puc-campinas.edu.br/reveducacao/article/view/73

SILVEIRA, Paulo Fernandes. Notas críticas para a reedição da entrevista: "Florestan Fernandes: a pessoa e o político". *Adunicamp*, p. 1-41, 2019. Disponível em: https://www.adunicamp.org.br/2019/02/7320-2/

SILVEIRA, Paulo Fernandes. A autogestão nas escolas ocupadas em Paris [1968] e em São Paulo [2015]. In: GALLO, Sílvio; MENDONÇA, Samuel (Orgs.). *A escola: uma questão pública*, v. 1. São Paulo: Parábola, 2020, p. 147-162.

SOARES, Eliane Veras. Primeira entrevista com Florestan Fernandes. In: SOARES, Eliane Veras; COSTA, Diogo Valença (Orgs.). *Florestan Fernandes*: trajetória, memórias e dilemas do Brasil. Chapecó: Marxismo 21, 2021, p. 49-75. Disponível em: https://drive.google.com/file/d/1QvjPT9jz7CPEkHRj8RzYtxcYZUk_S5uf/view

SOUSA, Washington Luís. *Relatório de 1916 apresentado à Câmara Municipal de São Paulo pelo prefeito Dr. Washington Luis Pereira de Sousa*. São Paulo: Casa Vanorden, 1918.

SOUSA, Cruz e. O emparedado. In: SOUSA, Cruz e. *Obras Completas*: prosa. Jaraguá do Sul, Avenida, 2008, p. 609-632. Disponível em: http://laurojunkes.com.br/site/wp-content/uploads/2016/05/cruz-e-souza-obra-completa-vol.-2_prosa_completo.pdf

SOUZA, Neusa Santos. *Tornar-se negro ou as vicissitudes da identidade do negro em ascensão social*. Rio de Janeiro: Edições Graal, 1983.

TORRES, Maria Celestina. *O bairro do Brás – história dos bairros de São Paulo*. São Paulo: Prefeitura do Município de São Paulo – Departamento do Patrimônio Histórico da Secretaria Municipal da Cultura, 1984. Disponível em: https://www.prefeitura.sp.gov.br/cidade/secretarias/cultura/arquivo_historico/publicacoes/index.php?p=8313

Capítulo VI

A EDUCAÇÃO BÁSICA COMO CONDIÇÃO PARA A SOBERANIA NACIONAL

A EXPERIÊNCIA PEDAGÓGICA
DOS GINÁSIOS VOCACIONAIS (1961-1969)

Esméria Rovai[1]

Introdução

Ensino vocacional, um encontro com o passado pensando o futuro. Foi com esse título que em 2005 encerrei o livro *Ensino Vocacional uma Pedagogia Atual,* por mim organizado, com o objetivo de retomar a história de educação inovadora e de vanguarda que aconteceu na década de 1960. Tratava-se da implantação da experiência de um novo Projeto de Ensino Secundário – o então ensino ginasial – para um novo formato mais adequado às mudanças que aconteciam no mundo e no Brasil, em decorrência da Revolução Industrial, do desenvolvimento científico e tecnológico. Esse projeto foi implantado no Ensino Público como pensava o então governador do estado, Carlos Alberto Alves de Carvalho Pinto, sob a incumbência do Secretário da Educação, Luciano de Carvalho, inicialmente em três cidades do estado de São Paulo: Batatais, Americana e São Paulo. Posteriormente estendeu-se para Barretos, Rio Claro e São Caetano, no decorrer de 1962 a 1969. Na Unidade de São Paulo foi implantado o Ensino Colegial, após a conclusão da primeira turma do Ginásio.

Hoje, faço um *reencontro* com essa história, a convite da Profa. Dra. Jaqueline Moll, o qual acolho com alegria, e ao relembrar os 60 anos de sua existência, desde seu anúncio por decreto oficial em 1961, ano em que fiz o primeiro treinamento de seis meses para apropriação dos novos fundamentos científicos a orientar as propostas para educação de jovens ingressantes na adolescência.

---

[1] Graduada em Comunicação Social pela Fundação Armando Alvares Penteado (Faap) e doutora em Psicologia da Educação pela Pontifícia Universidade Católica de São Paulo (PUC-SP). Atualmente é professora do Programa de Mestrado do Centro Estadual de Educação Tecnológica Paula Souza. esmeria.rovai@gmail.com

Aí comecei a viver essa experiência e acompanhei seu desenvolvimento, pois em 1962 teve início a sua implantação e fui selecionada para trabalhar na unidade do Ginásio Vocacional (GV) de Batatais, comunidade de predominância agrícola. Acompanhei seus primeiros anos de vida até quando, em 1964, com a ditadura, a experiência começou a sofrer as influências do contexto opressor no qual passou a viver a sociedade. Em 1966 fui transferida para a unidade do GV da cidade de São Paulo, uma comunidade metropolitana, onde permaneci até o seu desfecho, no final de 1969, momento em que a experiência foi decretada extinta pela opressão militar com o AI 5. O motivo? A ditadura houve, por viés ideológico, sem entender a cientificidade de seus fundamentos, considerá-la subversiva. Será só por isso?

Por isso posso dizer que vi essa experiência nascer, florescer lindamente e morrer prematura e injustamente, fechando as portas para uma verdadeira renovação da educação brasileira.

Foi vivê-la que brotou em mim a expressão do meu *Ser professora*: sou professora Esméria antes e professora Esméria depois do Vocacional, na qual expresso a transformação que ocorreu em mim ao participar da proposta de Ensino Vocacional. Foi vivenciá-la que me fez descobrir o sentido do papel de educar que cabe à escola e a educadora que existia em mim. Antes, no modelo tradicional, sob forte influência da visão comportamentalista de educação, eu não gostava de ser professora. No vocacional descobri a minha paixão por essa profissão.

A história e a minha familiaridade com essa experiência de educação não param por aí. Encantada que sempre fui pelas minhas autodescobertas, na década de 1980, ao optar por fazer o mestrado e seguir o doutorado em Psicologia da Educação, escolhi como objeto de pesquisa o estudo da Pedagogia do Ensino Vocacional – tese defendida em 1996, com o título *As Cinzas e a Brasa – um estudo sobre o processo de ensino-aprendizagem na experiência pedagógica do Ginásio Estadual Vocacional "Oswaldo Aranha" – 1962/1969*.

E mais. No exercício da minha profissão como professora/educadora, apesar das dificuldades encontradas no ambiente tradicional de ensino, procurei sempre seguir os princípios filosóficos e psicopedagógicos que aprendi no Ensino Vocacional, os quais são objetos desta exposição.

No entanto, apesar de devota desse sistema de ensino-aprendizado, segui acompanhando o desenvolvimento do conhecimento e fui sempre buscando a linha que me permitia evoluir no propósito de uma educação social e humanizadora. Propósito esse que a educação tradicional ainda não conseguiu alcançar. E todo o conhecimento adquirido posteriormente foi me reafirmando o valor pedagógico dessa proposta educacional, como também foi me mostrando como as mudanças de contexto pedem atualização de sua aplicabilidade, dado o movimento transformador da vida.

É essa vontade que me coloca como colaboradora do projeto deste livro de retomar experiências educacionais inovadoras vividas em escolas públicas no século passado. Começo por expor um pouco dos seus fundamentos, pois para entender o significado dessa experiência, considero imprescindível compreender em que contexto ela surge, não só no âmbito mundial como local. Como o espaço destinado a este texto é limitado, vou me dedicar ao aspecto central, ou seja, a descrição de como essa pedagogia foi pensada e arquitetada em termos práticos metodológicos e psicopedagógicos. E, para entendê-los, vejamos um pouco de seus fundamentos filosófico, científico e cultural.

A proposta de educação para jovens ingressando no ginásio surge em um momento em que, paralelamente à Revolução Industrial, a ciência e a tecnologia ganham grande impulso. No campo político o país vivia um período de efervescência com o fim da ditadura Vargas. Novas correntes de pensamento mostravam transformações na concepção de homem e de existência. Na Filosofia, a visão existencialista, sobretudo a do existencialismo cristão, constitui marcas significativas para fundamentar o projeto de educação do Ensino Vocacional (EV). No âmbito científico o interacionismo vem substituir ideias puramente inatistas e ambientalistas, para realçar a influência do papel do meio ambiente sobre a construção do sujeito. Nascia então uma nova compreensão do ser humano não só genética ou determinista, mas como construção na qual Jean Piaget, traz a concepção de que a inteligência não é inata, mas construída na interação do sujeito com os estímulos do meio. Mais tarde, Vygotsky amplia essa visão com foco nos aspectos sociais dessa construção, ressaltando o papel da cultura: surge o sociocostrutivismo, que enfatizo já vivenciado no EV apesar de Vygotsky ser ainda desconhecido. A trilha vivenciada pela Maria Nilde Mascellani – a autora e coordenadora desse projeto pedagógico – era, de certa forma, a mesma trilhada por esse pensador russo, como também era a mesma trilhada por Paulo Freire, seu contemporâneo. Diante desse quadro, a ciência avança no sentido de compreender os efeitos da cultura e da interação sujeito-ambiente no desenvolvimento humano.

Para o novo olhar nesse cenário, especificamente ao Brasil, trago as palavras de Tamberlini (2005):

> Naqueles anos mágicos, a produção cultural, artística e filosófica era intensa e rica e a juventude da época, caracterizada por uma extrema generosidade almejava a construção de um novo mundo, justo e solidário. Várias correntes de pensamento, tais como o existencialismo cristão, o existencialismo ateu, o marxismo, o anarco-sindicalismo e variações de diversos tons e matizes estavam permanentemente na pauta das discussões que fervilhavam nos meios artísticos, acadêmicos e estudantis, mobilizando os que visavam encontrar caminhos que conduzissem à construção de um mundo livre de iniquidades e de uma educação emancipadora.
>
> Inserido no espírito da época, partilhando do ideal iluminista que objetivava transformar o mundo por meio da educação e da cultura, assim como os vários movimentos políticos, culturais e educacionais dos anos 60 – tais como o Movimento de Educação de Base (MEB), Os Centros Populares de Cultura (CPCs), a campanha "de pé no chão também se aprende a ler" e outros – surgiu o Ensino Vocacional fortemente comprometido com um projeto bastante elaborado, complexo, articulado, voltado para a educação do homem brasileiro, concreto, situado, com uma dimensão política explícita que enfatizava o "engajamento" e a transformação social (p. 30).

Nos seus fundamentos é forte a presença da ideia fenomenológica evolucionista de imanência e transcendência de Teilhard Chardin em sua concepção de complexificação-conscientização, que traz a novidade de que se o homem evolui na matéria, não se explica por ela (Rovai, 1996, p. 42).

Com forte inspiração humanista, absorve ideias de outros pensadores progressistas da época, como Pierre Furter, para quem a educação deve ter uma planificação que leve em conta, além das dimensões econômicas e as necessidades de desenvolvimento industrial, as motivações humanas de ordem social, cultural, ética e religiosa e, dentro de uma visão histórica, uma antropologia. Na sua abordagem estava presente a concepção de educação permanente de Furter, assim como uma visão de mundo temporal e engajada.

Porém, outros autores fazem parte dessa convergência ao embasamento da proposta de educação do EV, como Camus, Gabriel Marcel, mas é do personalismo de Emanuel Mounier, fundado no *primado da pessoa,* a maior influência na concepção do projeto de educação dessa experiência.

Vejamos um trecho da minha tese de doutorado (1996, p. 43):

> O personalismo de Mounier, fundado no primado da pessoa, está assentado no pressuposto da imanência e, simultaneamente, da transcendência do ser humano. Aliás, sua filosofia que se recusava ao individualismo e ao coletivismo [...] buscava um novo socialismo que para ele seria a realização do *humanismo integral,* termo que designa uma filosofia que busca uma síntese ou integração entre concepções que se opunham: homem predominantemente espirito ou predominantemente matéria. Para ele, o homem não é nem só uma coisa, nem outra, mas uma integração de ambas.

> Mounier fala da conversão da pessoa que *se manifesta pela passagem jamais definitiva do indivíduo para a pessoa.* A conquista da pessoa, em detrimento do indivíduo: eis a marca do movimento personalista, ou seja, a luta contra o domínio do impessoal, a luta pela superação de si mesmo e pela personalização dos valores. Isso é o que possibilita sair da indiferença para ingressar no universo a opção consciente, que se traduz na ação consciente.

> Para ele, ação tem um sentido, uma finalidade:

> Engajamento, é resposta a um apelo, e não se limita a um impulso vital. Nessa luta contra a despersonalização, Mounier vê a pessoa como *integração [...]* que traz em si um *princípio espiritual de vida* que ele denomina a sua vocação, a vocação de ser homem e, portanto, de personalizar o mundo, isto é, conferir-lhe sentido através da descoberta continua da finalidade que lhe é inerente, uma vez que é *perseguição ininterrupta dessa vocação* (Mounier, 1967, p. 93, apud Rovai, 1996, p. 43).

Por esse recorte da tese, é possível perceber o sentido de *vocação* que embasa a Pedagogia do Ensino Vocacional. Vai além do sentido de formação meramente profissional. Essa formação humanista que caracteriza a proposta pedagógica do EV encerrava um profundo sentido filosófico: pretendia-se formar o homem comprometido com a história, com a transformação social. Embasada na filosofia de Emmanuel Mounier, centrais eram as ideias de pessoa e comunidade: a ideia de comunidade universal voltada para a promoção humana. Tamberlini diz:

> É preciso insistir que a ideia de comunidade, central no pensamento de Mounier está presente na concepção de escola comunitária do EV, pois além de se enraizar na comunidade que se inseria e fazer

dela objeto de estudo do meio, a escola envolvia e comprometia os pais com projetos de Ação Comunitária (apud Rovai, 2005, p 43).

Esse é outro componente significativo dessa experiência de educação com forte base de sustentação das associações de pais, professores, funcionários e membros da comunidade que constituíam Sociedades de Pais e Amigos dos Ginásios Vocacionais, entidades civis com personalidade jurídica própria, que agora descrevo, com foco na sua concepção pedagógica, tendo como eixo a organização curricular.

Ginásio vocacional – uma pedagogia social em ato revivida na memória[2]

Hoje não é mais possível atravessar as portas e entrar fisicamente em uma das unidades de ginásio vocacional, ver seu cotidiano escolar surpreendente e diferente do comum das instituições públicas, onde novas relações entre professores e alunos, em sua prática pedagógica, eram permeadas de riqueza nas relações afetivas, uma das fontes estimuladoras do processo de aprendizagem.

Não sendo possível conhecê-la em atividade, o convite é fazê-lo através da imaginação. O início desse exercício imaginativo é pensar todo o conjunto da escola efetivamente envolvido na elaboração e implementação desse trabalho escolar que garantiu o ingresso, a permanência e a saída de alunos – muitos deles talvez possíveis excluídos da escola tradicional – com uma preparação que lhes permitisse dar continuidade a outros aprendizados e ao encontro de sua vocação.

---

[2] Este é o título do capítulo de minha autoria e que compõe o livro por mim organizado *Ensino Vocacional uma pedagogia atual* (2005), no qual faço uma síntese da minha tese de doutorado, que descreve a arquitetura da proposta pedagógica da experiência dos Ginásios Vocacionais da rede pública estadual do ESP. Apresento esse texto aqui, por tratar de uma exposição orgânica do que foi essa experiência, porém não em sua íntegra devido a sua extensão. Foi preciso fazer alguns cortes no texto original, inclusive de muitos dos depoimentos de ex-alunos, professores, pais, da coordenadora e de orientadores, pois todos os tópicos foram abordados tendo como base *a memória* dos participantes dessa nova modalidade de educação, sujeitos da minha pesquisa de doutorado, e com o recurso a documentos da época. Foi preciso também fazer algumas alterações do original a fim de atualizá-lo a este contexto. Portanto, para uma visão mais completa do que apresento, remeto à leitura do texto original, ou então à tese de doutorado (1996).

A ideia de que toda escola deve ter um projeto pedagógico refletido em equipe é uma iniciativa experimentada nos ginásios vocacionais, a partir do entendimento de que projeto pedagógico é um trabalho de equipe e que assume uma orientação sociocultural explícita.

Na época, a clientela do curso ginasial comum era predominantemente os filhos das famílias das classes sociais mais altas e seu currículo concebido em termos universalizantes. O contato com o saber ocorria somente pelos livros, em especial os didáticos, em uma nítida assepsia do contato com o mundo real, visando a atender o objetivo de transmissão do saber acumulado via memorização. O Sistema de Ensino Vocacional (SEV) dá uma virada total nessas tradicionais concepções: a escola deveria se tornar um microcosmo da vida da comunidade, incluindo todos os seus segmentos representativos. Novos pressupostos e propósitos exigiam novas estratégias e soluções. Assim, os ginásios vocacionais representam a ideia de uma proposta de educação que encontrou na prática os caminhos de uma articulação orgânica e coerente entre concepções, fins e meios, a ponto de ser reconhecida pelos seus atores como uma "organização redonda" – alusão à forma perfeita do círculo. Isso pode bem ser visto na sua concepção do currículo, do método e técnicas, e da prática da avaliação.

A visão pedagógica social de currículo

A pedagogia que embasa a concepção de currículo deste projeto tem orientação socioantropológica de educação e abordagem global dos fenômenos educativos. Portanto, trata-se de um currículo da comunidade e do aluno, tecido e trabalhado pela equipe da escola, a partir da realidade cultural onde se instala e do conhecimento de sujeitos situados neste contexto. E para essa elaboração conjunta do currículo uma das primeiras medidas foi a pesquisa de cada comunidade onde a unidade de ensino se situa. Tem como pressuposto de que é em contato com os aspectos culturais da comunidade, suas expectativas, interesses e formas de se relacionar com o conhecimento escolar que os educadores têm mais condições de planejar estratégias educativas para os jovens concretos. Conforme um dos documentos[3] da época,

---

[3] Planos Pedagógicos e Administrativos dos Ginásios Vocacionais do Estado de São Paulo, elaborado pela equipe do Serviço do Ensino Vocacional, em 1968, que a partir

o currículo "deve ser caracterizado como toda ação educativa, planejada por um grupo de educadores, no sentido de atingir objetivos definidos". Seu planejamento supõe, portanto, "conhecimento da realidade por parte de quem o planeja ...".

Lembra o professor Newton, de Estudos Sociais: "Nós fazíamos o planejamento": a direção, orientadores, professores, e até os alunos numa reflexão conjunta. Para essa construção do currículo, e da organização da vida escolar, foi necessário instituir o Conselho Pedagógico. Assim, o "grande planejamento" inicial era semanalmente retomado nas reuniões do Conselho, pois todos trabalhavam em período integral, possibilitando reflexões e decisões partilhadas. No PPA afirma-se que "através de todo o seu trabalho, o professor percebe cada vez mais que educação é um trabalho de equipe", de modo "que os três segmentos da estrutura escolar – o grupo de alunos, de professores e de pais – se percebam como participantes do mesmo processo – a situação crítica e transformadora".

De acordo com os parâmetros para este planejamento do currículo, a autonomia de cada unidade de ensino não se desvinculava de uma orientação básica, conforme o PPA: "[S]e todo conteúdo do currículo é um conteúdo de cultura, a seleção de experiências de educação exige a seleção dos fatos e situações da cultura [...] O fato de o jovem desenvolver a visão antropológica da cultura e preparar-se para a intervenção social, respeitando os limites de sua maturidade, exige que o educador tenha sempre presente os objetivos que deseja atingir, **exige, também, que todos os educadores organizados como grupo, visualizem os mesmos objetivos.**"

Com essas ideias iniciais, anuncio não as teses que se defendem hoje, mas me refiro ao discurso quase solitário dos que se aventuraram a alçar um voo mais alto em termos de educação pública no país, no decorrer dos anos sessenta do século XX. Na minha tese comparo a iniciativa dessa revolução educacional à metáfora de Fernão Capelo Gaivota (Rovai, 1996, p. 578).

---

de agora passa a ser designado como PPA. Daqui em diante todas as citações, por constarem no texto que dá origem a este capítulo, não mais será indicada a referência.

A visão pedagógica social de currículo: a ideia de integração

Ainda muito pouco conhecido, o SEV conseguiu efetivar essa prática como estratégia adequada para responder aos objetivos de uma formação integral do jovem e, para essa formação integral, entre outras estratégias fundamentais, amplia as áreas do currículo[4] para além das áreas de cultura geral, e das práticas educativas. Imaginem, portanto, alunos em oficinas de Artes Industriais (AI), em atividades de Práticas Comerciais (PC), como o escritório, a cantina, o banco escolar, em atividades de Práticas Agrícolas (PA), como a horta, o jardim, e como as práticas de iniciação pela arte, entre elas o teatro. Imaginem todas as atividades integradas por uma concepção metodológica de ensino-aprendizagem e das práticas de avaliação, com a compreensão de uma pedagogia integradora, cuja prática pedagógica se dá pela transmissão do saber, não por meio expositivo, mas por meio da reelaboração da cultura.

Pedro Paulo, ex-aluno, nos remete a esses traços fundamentais da proposta:

> A grande experiência do Vocacional foi, primeiro, a forma de trabalhar e, segundo, a forma de aprender. A **ideia de trabalhar em grupo**, de todas as atividades serem feitas em grupo era, na minha cabeça, a maior novidade em termos de aprendizado [...]. E também a maneira de aprender, quer dizer, a ideia de **centrar o aprendizado em Estudos Sociais** e, mais do que isso, mesmo em Estudos Sociais **você começar a estudar a sua vida, a vida da sua família, a vida do seu bairro, de sua cidade [...]**, isto é, fazer com que o estudo tivesse um sentido lógico e cronológico, e despertasse o interesse da gente.

A escola vista como um lugar agradável de se permanecer porque proporcionava uma grande experiência na forma de estudar e aprender chega a ser extraordinária e quase mesmo incrível. Este é um desafio que a escola, em especial a pública, tem a enfrentar.

Observa-se nesse depoimento que o conhecimento era construído, **em grupo**, a partir de uma situação da realidade próxima dos alunos, desde sua

---

[4] No livro *Escola como desejo e Movimento* (Lima; Rovai, 2015), o leitor encontra as representações gráficas da organização curricular em seu conjunto e em sua dinâmica integrativa processual.

vida em família. Antecipava-se assim o princípio quanto ao modo de seleção dos conteúdos escolares: os temas da realidade. Esta maneira de aprender rompe com o tradicional ensino centrado no método expositivo e nos livros didáticos para uma nova visão epistemológica – **o estudo através de situação-problema**, a fim de mobilizar o pensamento e o aprendizado globalizado.

Para o Ensino Vocacional, esse arranjo pedagógico volta-se para a formação da pessoa consciente de sua realidade para nela atuar como agente transformador. O desenvolvimento de competências cognitivas, afetivas e sociais é apenas um de seus subprodutos mais visíveis e, como exemplo, destaca-se a capacidade de *aprender a aprender* a partir de unidades de investigação.

O estudo de problemas em unidades de investigação

Nas unidades complexas de estudo, chamadas **Unidades Pedagógicas** (UP), o estudo de problemas propostos resulta em "[...] toda a proposição de UNIDADE PEDAGÓGICA feita através de [estudos de] problemas da realidade sociocultural que, apresentada aos alunos, estimulam o pensamento na busca de elementos que venham a esclarecer ou responder à questão." (Boulos apud Rovai, 2005, p. 57).

Nessa declaração está explícita a metodologia adotada: o estudo a partir de situações-problema da realidade. Como isso acontecia?

Para essa prática, o tema da UP surgia em uma assembleia de alunos da mesma série, chamada *aula-plataforma*. Uma novidade para os alunos, uma pedagogia que os tornava coautores do currículo, pois participavam no planejamento de todo o desenvolvimento da UP, tanto da definição do problema, dos objetivos, dos conceitos, da seleção de estratégias como dos critérios de avaliação; e atuavam nas salas-ambientes[5] quando retomavam com os professores o planejamento de cada disciplina. O professor sabia do seu trabalho, do conteúdo e conceitos, mas era com a participação dos alunos que se retirava uma questão motivadora, cujos conceitos eram trabalhados e desenvolvidos durante um bimestre.

Na aula-plataforma se definia então o grande problema, pois "[e]m toda a Unidade Pedagógica se faz necessário um momento inicial de motivação para o trabalho; momento em que se faz a proposição do problema ou dos

---

[5] Para a pedagogia do EV, não havia salas de aulas, mas sim salas-ambiente próprias de cada disciplina: a sala de estudos sociais, de ciências, de inglês, de matemática etc.

problemas que, segundo Piaget, rompem o equilíbrio interno e vêm a se constituir no esquema antecipador das operações que se desenvolvem no decurso da pesquisa a seguir" (Boulos apud Rovai, 2005, p. 58).

Lançada a UP, iniciava-se um período de investigação do grande problema, com duração de um bimestre, conhecida como etapa do desenvolvimento da UP em busca de respostas, usando-se as mais diversas práticas psicopedagógicas e atividades. Dentre elas, **o trabalho em grupo** e o **estudo do meio** eram estratégias básicas. Entrevistas, consultas a especialistas, pesquisa em livros, revistas, documentos escritos ampliavam a visão *in loco* e auxiliavam na interpretação e análise dos dados. Estes eram debatidos nos pequenos grupos, em painéis, experiências no laboratório, projetos, jornal da escola, nas galerias de artes plásticas, nas atividades musicais, práticas comerciais, educação doméstica, enfim em todas as áreas em que os conteúdos específicos desenvolvidos em cada disciplina colaboravam na interpretação do tema central.

E como surgiam os problemas?

Para o Ensino Vocacional, não se estudava um problema qualquer nem os que surgiam por acaso, ao sabor de interesses momentâneos dos alunos. A seleção do problema ocorria dentro de uma linha filosófica que definia os objetivos educacionais a que se propunha. E toda essa linha centrava-se em Estudos Sociais.

A área de Estudos Sociais era o núcleo central, ou *core-curriculum,* entendido como um grande conceito, o eixo não em um homem genérico e abstrato, mas situado em sua realidade concreta, contextualizado. Por exemplo, no GV de Batatais: *Como vive o homem na comunidade de Batatais?* Não se tratava de somente estudar história e geografia, mas transcendia suas especificidades, ampliando a compreensão do problema por meio das ciências sociais, biológicas e econômicas. Essa ideia geradora de todo o processo educativo, da primeira à quarta série ginasial, representa os objetivos gerais.

Sobre essa ideia central como unidade dos objetivos propostos, o PPA registra que, na escolha para o trabalho a partir de situações-problema, se fazia necessário "[…] distinguir a presente definição de currículo daquela afirmada pela pedagogia pragmatista [...]". A ideia fundamental "[é] de preparar o jovem para reagir construtivamente frente a e dentro de uma sociedade de massa. Isso significa que optamos pela formação do ***homem-consciência,*** capaz de emergir do todo social para, percebendo a amplitude do seu papel histórico, atuar no meio em que vive, interferindo nele e estabelecendo a direção dos processos que poderão levar um maior número de homens à emersão da consciência."

Um currículo com dimensão de universalidade, objetivos determinados em que, conforme o PPA, o "enfrentar problemas é condição permanente na vida do homem [...]". Envolve, portanto, um método que deve ser discutido nas suas relações com o mais próximo. A alteridade não enfoca somente os problemas cotidianos "... mas o reflexo no cotidiano dos grandes problemas universais. Esta abordagem supõe uma consistente interpretação da cultura, concebida em seu sentido antropológico. Todos os problemas serão [objetos] de material de análise, análise esta que terá como ponto de referência a concepção de que a cultura é criação permanente."

Atendendo a esse princípio orientador da proposta de educação, concebeu-se o currículo, não mais em escada, de série em série, mas em espiral.

Organização curricular em espiral

Vamos seguir o pensamento do ex-aluno Pedro: para ele, entre as coisas mais marcantes, uma delas é a

> [...] de uma proposta de ensino que era muito organicamente ligada à vida e à realidade social. Ou seja, a ênfase fundamental era de uma educação voltada para a realidade social e não só no sentido do conhecimento dela mas de um conhecimento voltado para uma ação transformadora sobre essa realidade social. Isso se expressava desde o micro até o macro [universo social]. Lembro, inclusive, da ideia da **espiral** que havia no currículo: desde o conhecimento da própria realidade escolar, passando pela realidade do bairro, da cidade, da região, do país [e do mundo] – e se expressava também através das próprias propostas pedagógicas.

Agora, o mesmo princípio de integração curricular, na fala de Maria Nilde Mascellani (apud Rovai, 2005, p. 63):

> [...] o conceito é uma espécie de culminância do domínio do conhecimento e [...] da primeira até a quarta série vários conceitos foram trabalhados na linha pedagógica. Por exemplo, o conceito de comunidade: você parte da comunidade local e você chega à compreensão de comunidade universal: o que é a comunidade universal. Você tem

o homem local – seja americanense, barretense ou paulistano – e depois você tem uma ampliação desta concepção de homem, das relações entre os homens e da produção dos homens, caminhando para o Brasil, para a América Latina e para o mundo.

Assim, esclarece ela

> [...] que a aprendizagem de conceitos de primeira à quarta série não é uma questão de uma escala crescente ou decrescente [...] é preciso que, quando digo espiral, se entenda também o movimento da espiral – tanto ela vai num crescendo como vai num movimento de ida e volta [isto pode ser evidenciado], porque o aluno de primeira à quarta série [tem] um arco muito maior de conceitos, mas quando vai fazer a síntese do seu curso, de quatro anos de estudo, ele vai se reportar àquela noção primeira que aprendeu na primeira série e [ao modo] como fez este percurso. Aí você já tem um pouco a explicação da síntese.

Era no diálogo constante entre o que acontecia na comunidade local e na universal, e vice-versa, que levava o aluno à produção do conhecimento, conectando o homem no tempo – passado, presente e futuro – e o homem no espaço – local e o universal.

O aqui exposto revela o perfil da metodologia ensino-aprendizagem em uma nova concepção epistemológica: de construção do conhecimento por meio da pesquisa. O que evidencia como e por que os alunos se percebiam construtores do conhecimento, na sequência do desenvolvimento da UP e muito visível na última etapa: o momento da síntese.

Assim como se fazia necessário um *momento de motivação inicial* para o *desenvolvimento de investigação* do problema, também era necessário "*um momento final para sistematização* das ideias elaboradas durante o desenvolvimento da Unidade. Ideias [para] esclarecer o problema proposto, responder à grande questão e encaminhar soluções ou levantar novos problemas. É o momento da reconstrução, num todo, dos aspectos analisados pelas diferentes áreas. É o momento de síntese."

A clareza e a riqueza de detalhes com que isso ficou registrado na memória são evidentes e se expressam no relato do ex-aluno Pedro. Como muitos outros, conta ele que

> Uma dimensão que era muito trabalhada no Ginásio Vocacional era a ideia de que nós, alunos, éramos produtores de conhecimento.

Quer dizer, o conhecimento era produzido coletivamente, mas era apropriado individualmente.

O que significa que, para a pedagogia do EV, o trabalho em grupo não perdia de vista o aluno individualmente, fato comum de acontecer nos trabalhos escolares em grupo. E, retomando sua fala, ele mesmo explica porque eram produtores de conhecimento.

> Era enfim a iniciação da vivência do método científico de trabalho e da dimensão social da prática da ciência [...]. Mas era também a vivência de uma nova concepção epistemológica: a dialética, ou dialógica, numa nítida superação de uma racionalidade técnica. No momento da plataforma, a emergência da visão sincrética da realidade criava o espaço para o aprendizado da elaboração de um projeto de estudo – a definição do problema, dos objetivos, das estratégias de busca e investigação, da avaliação.

Momento de síntese esse que contava com a participação dos pais, uma das muitas atividades destes na escola, acompanhando o processo de aprendizagem dos filhos. E, mais uma vez, no depoimento da ex-coordenadora do SEV, o significado estratégico que, nesse processo de ensino-aprendizagem, representa a ideia de síntese: Ela é o

> Fechamento da aprendizagem como se, em determinados momentos, a aprendizagem que os alunos realizavam manifestasse a correspondência quase plena com aqueles objetivos propostos. Então, os alunos pesquisavam, investigavam, estudavam, debatiam [...] e chegavam a determinadas conclusões. E daí a pergunta: dominaram ou não dominaram os conceitos fundamentais? Aprenderam ou não aprenderam as linhas gerais de pensamento contidas naquele tema, naquela proposta? Então, vamos por isso em comum.

Isto era feito através

> Daquela assembleia ou reunião conjunta das classes da mesma série. Cada equipe de uma classe apresentava tudo o que havia aprendido e como havia aprendido, depois a classe reunia tudo aquilo num material só. E aí as três ou quatro classes se reuniam e, através de representantes, punham em comum a contribuição de cada uma delas. [Assim] elaboravam um documento, um texto, um material que fosse a expressão da aprendizagem coletiva, conjunta, de todas as equipes, e isto passou a ser a prática de síntese. [De início havia

a] síntese escrita, depois se passou também para a síntese gráfica, na qual se solicitava constantemente o trabalho de recursos audio-visuais: como é que aquelas aprendizagens poderiam passar para o desenho, fotografias, imagens etc? [...]. E, depois, como é que aquelas noções, aquelas aprendizagens poderiam ser ainda apresen-tadas numa síntese dramatizada [que] era orientada pelo professor de Teatro, junto com o professor de Português, conferindo as [noções] com os professores das diferentes áreas, para verificar se de fato correspondiam [ao que havia sido estudado]. Então, fazendo todo este trabalho, todo este exercício, na verdade, estava se fazendo uma pedagogia da síntese.

Mas o que representa esta pedagogia da síntese? Ela mesma pergunta e responde:

É a **apreensão** das noções, dos conceitos, das ideias gerais, [...] expresso de diferentes formas [e que] mexe com todas as dimensões do ser humano: com a capacidade intelectual, com a esfera afetiva--emocional, com a criatividade, mas atinge sobretudo o objetivo da comunicação social [...] e, além disso, um objetivo de formação de personalidade ainda mais amplo, isto é: o que eu descobri, o que aprendo, o que sei não é só meu, é de todos, deve ter uma utilização coletiva, socializada, assim como o que você descobre em ciências não é de propriedade do cientista, [porque] entra para acervo do conhecimento da humanidade. A arte, a mesma coisa. Então, isso burilava muito aqueles comportamentos competitivos.

Para a coordenadora, no entanto:

Não era só compreender, [era também se perguntar] como é que eu, sujeito, indivíduo, cidadão, me posiciono perante esta realidade, e qual a minha disposição ou predisposição agora frente à realidade, porque ela precisa ser transformada.

Aqui entram os Projetos de Ação Comunitária (AC)

Esta foi mais uma das estratégias de ensino-aprendizagem adotadas por essa pedagogia de transformação da realidade, quando se oferecia ao aluno treino de *opções*. No PPA: "Eles [os projetos de AC) se distinguem de qual-quer outro trabalho em grupo [...] por serem atividades realizadas por grupos heterogêneos, constituídos por livre escolha, à base de interesses e aptidões comuns e, segundo a natureza dos mesmos, poderem congregar adolescentes de diversas séries ou diferentes turmas da mesma série". Isso é uma demonstração de flexibilização de currículo já posta em prática nos anos sessenta.

Como projetos de sentido eminentemente social, cujo objetivo de inserir o jovem no seu meio, para não só conhecê-lo, mas participar consciente e ativamente em grupo, aprender a buscar soluções para a sua comunidade. Portanto, o espaço escolar, concebido numa escola comunitária, era o animador das atividades que visavam melhorar as condições sociais da comunidade.

Seu exercício começava logo no primeiro ano, dentro da própria escola: na ajuda mútua nos trabalhos em grupo, no desenvolvimento de diferentes projetos, nas atividades das **instituições pedagógicas**, como a cantina na primeira série, a **cooperativa escolar**, o **banco escolar**, e o **escritório contábil** nas respectivas séries seguintes, enfim nas soluções dos problemas que viviam no dia a dia, fossem de disciplina, de organização do próprio ambiente escolar ou de desenvolvimento metodológico.

Na terceira e quarta séries esses projetos se estendiam para a comunidade externa – como os projetos de puericultura, do ensino de artes industriais, de educação artística, de educação física em favelas – "como modo de aprender a atuar no meio [...] como um modo de aprofundar o autoconhecimento em termos de suas escolhas vocacionais direcionadas para certas áreas de trabalho".

Não foi outra a compreensão que teve a proposta educacional dos Ginásios Vocacionais de trabalhar a *vocação* inserida em uma perspectiva da cultura geral, rompendo com a dicotomia teoria e prática ou a dicotomia trabalho intelectual e trabalho manual. A preocupação é com um sujeito conhecedor de sua realidade, integrando teoria e prática, e também descobridor de sua vocação, preparando-se para o exercício consciente de sua escolha profissional.

Como? Deve estar pensando o leitor!

O ensino nos Ginásios Vocacionais consegue um feito inédito: não ser uma escola profissionalizante, no sentido estrito do termo, nem uma escola de ensino meramente propedêutico, porque havia uma dimensão filosófica voltada para a formação do homem-consciência; dimensão antropológica em que a noção de vocação é socialmente construída, e a aprendizagem se dá na convivência com os mais experientes e na troca com os pares; dimensão epistemológica, a construção do saber; dimensão pedagógica, uma metodologia integradora do saber com o saber-fazer sem perder de vista o aprender a ser, pois as atitudes, valores e padrões de comportamento democráticos eram apreendidos na vivência diária do processo, uma vez que a escola era concebida como um ambiente educativo, pois o conceito de *desenvolvimento,* social, econômico, científico, industrial, entre outros, era uma das noções trabalhadas em espiral para compor a complexidade do conceito de comunidade.

E mais, para a vivência concreta do estudo de situações-problema reais, houve a preocupação da inserção das **técnicas de estudo** numa gradação que propiciasse aos alunos a internalização do método de aprender.

Do relato da ex-aluna Cecília surge está lembrança:

> [...] a gente tinha estudo dirigido, estudo supervisionado, estudo do meio, pesquisa, monografia e as aulas expositivas, também. Havia muito poucas, mas havia [...].

O ex-diretor do GEVOA Armindo Accorsi Neto, ao ressaltar que havia diferença nas técnicas de estudo nas várias séries, descreve de modo mais técnico:

> Na primeira série, havia o **Estudo Dirigido**. Existiam planos muito bem elaborados e [orientados] para cada grupo de aluno e para cada área, a fim de que o aluno começasse a aprender, vamos dizer assim, a filosofia e o conteúdo da área, as formas de atuação da área e o mundo que ela envolvia. Depois vinha o **Estudo Supervisionado**, ou seja, o aluno já com a liberdade de elaborar algumas coisas e desenvolver algumas outras com a supervisão do professor. E, finalmente, o **Estudo Livre** em que [...] a orientação do professor se dava quase só na elaboração de um projeto e na sua avaliação.

E como tudo começava?

Lá na primeira série com estudo dirigido, com o primeiro estudo do meio, começando pelo desafio de conhecer a própria escola tomando-a como objeto de investigação, o primeiro treino para criar e selecionar perguntas: o que é essa escola? Como ela se organiza? Por que ela foi instalada aqui? Qual é a sua origem? Como é a nossa escola? E assim sucessivamente, amplia-se a experiência para o conhecimento da comunidade em que a escola está situada, a cidade, o estado, o país e o mundo.

Abrindo mais um parêntesis, Cecília nos mostra aqui como os professores trabalhavam sempre a partir dos *conhecimentos prévios dos alunos*, hoje um dos pressupostos básicos do construtivismo. E no

> [...] **Estudo Supervisionado**, em que o professor trabalhava mais de longe, mas numa observação constante e mais individual de cada aluno, onde ele iria resgatar as falhas e os vazios, onde estaria o problema de cada aluno.
>
> O que a escola, em seu viés tradicional, custa a aprender. Mas uma tarefa que se faz urgente ainda a ser realizada.

E, por fim, como tudo isso era avaliado?

Em poucas palavras: na organização do currículo como deveria ser pensada a prática da avaliação para uma proposta pedagógica que tinha como seus objetivos fundamentais a *relação homem-mundo* como eixo integrador, o *core curriculum* em torno do qual todas as atividades educativas se integravam compondo uma totalidade. Essa relação permite vislumbrar o pressuposto humanista e social da formação do educando. Isto é, a ideia do *jovem se descobrindo como pessoa*. A descoberta de sua dimensão como pessoa traduzida como a descoberta do seu significado no mundo.

Para uma Pedagogia Social em sintonia com uma Psicologia Social que despontava, voltada à promoção do desenvolvimento integral do educando e formação para o exercício da cidadania, não poderia ser outro o sentido da avaliação. Tarefa não só dos professores, porque acompanhada pelo orientador educacional, atuando junto aos alunos, e pelo orientador pedagógico, atuando junto aos professores, com avaliação processual contava com a autoavaliação e avaliação entre os pares do grupo, como conta Pedro:

> Havia essa concepção básica de que avaliação não era um ritual do processo pedagógico, pois ela o permeava todo. Era, portanto, permanente e global, no sentido de que os objetivos pedagógicos não se restringiam apenas ao desenvolvimento da dimensão cognitiva, mas trabalhavam [também] essa dimensão do que chamo de integralidade do ser humano. Logo, a avaliação tinha que criar instrumentos para essa visão do desenvolvimento global, integral do aluno (Rovai, 1996, p. 232).

Instrumentos esses que extrapolavam as provas e as tarefas de casa, apenas. Aliás, estas últimas não existiam na prática dos ginásios vocacionais.

Por quê? Porque os alunos aprendiam a estudar na escola, nas técnicas de estudo com orientação dos professores. Um alívio para os pais, que reconheciam o seu mérito.

Finalizando

Muito mais haveria para se dizer sobre a riqueza da experiência pedagógica de Ensino Vocacional, mas penso que aqui consegui trazer em essência a espinha dorsal do que foi essa pedagogia que, em seu propósito de formar pessoas conscientes de si e de sua realidade para nela atuarem com consciência social, soube conceber uma arquitetura orgânica que une objetivo a sua concretização efetiva. Para conhecê-la melhor, indicamos algumas de suas fontes principais.

Referências

LIMA, Alcimar A. de S.; ROVAI, Esméria. *Escola como desejo e movimento*: novos paradigmas, novos olhares para a educação. São Paulo: Cortez, 2015.

ROVAI, Esméria. *As cinzas e a brasa*: Ginásios Vocacionais: um estudo sobre o processo de ensino-aprendizagem na experiência pedagógica do Ginásio Estadual Vocacional "Oswaldo Aranha" 1962/1969. 1996. Tese (Doutorado em Educação) – Pontifícia Universidade Católica de São Paulo, São Paulo, 1996.

ROVAI, E. (Org). *Ensino Vocacional*: uma pedagogia atual. São Paulo: Cortez, 2005

SERVIÇO DO ENSINO VOCACIONAL. Planos Pedagógicos e Administrativos dos Ginásios Vocacionais do Estado de São Paulo. São Paulo: Secretaria da Educação, 1968.

Vídeo YouTube

VOCACIONAL UMA AVENTURA HUMANA. Documentário de Toni Ventura.

Sugestão de leitura

NEVES, Joana. *O ensino público vocacional em são paulo*: renovação educacional como desafio público – 1961-1970. Tese (Doutorado em História Social) – Universidade de São Paulo, São Paulo, 2010.

CIEP: ESCOLA DE FORMAÇÃO DE PROFESSORES[1]

Ana Maria Monteiro[2]

Escolas de horário integral, os Centros Integrados de Educação Pública (Cieps) representam uma experiência original de inovação e democratização da educação no Brasil: além da ampliação de tempo e espaço para permanência dos alunos na escola, expandem seus objetivos ao assumir a formação contínua em serviço de seus professores como tarefa inerente e necessária ao seu fazer cotidiano. O horário integral exige e permite que professores tenham tempo para reuniões diárias destinadas ao planejamento, estudo e desenvolvimento de práticas reflexivas que possibilitem a constante avaliação e qualificação do trabalho realizado. Neste artigo analisamos este projeto de formação e sua articulação orgânica com o projeto pedagógico desenvolvido e discutimos as formas como incorpora ou questiona consensos em relação à formação docente em nosso país.

Na primeira parte, apresentamos, de forma resumida, os princípios e as ideias norteadoras do projeto pedagógico que orientava as ações desenvolvidas durante a fase em que foi concluída a implementação dos 500 Cieps da proposta governamental do estado do Rio de Janeiro, entre 1991 e 1994. Nas segunda e terceira partes, abordamos, respectivamente, aspectos pertinentes ao currículo e o processo de formação em serviço, um dos eixos do projeto pedagógico do Programa Especial de Educação. Na quarta parte, finalmente, discutimos alguns princípios teóricos incorporados ou negados por este projeto e apresentamos algumas considerações que focalizam potencialidades e limites dos processos realizados, além de um diálogo com os debates teóricos

---

[1] Este texto foi publicado originalmente na revista *Em Aberto*, Brasília, v. 22, n. 80, p. 35-49, abr. 2009. É republicado neste livro com autorização dos editores do periódico.

[2] Ana Maria Ferreira da Costa Monteiro é atualmente professora titular da Universidade Federal do Rio de Janeiro (UFRJ). Docente permanente do Programa de Pós-Graduação em Educação e do Programa de Pós-Graduação em Ensino de História. De 1991 a 1994, atuou como assessora pedagógica da Diretoria de Capacitação do Magistério do 2º PEE. De 2008 a 2015, foi diretora da Faculdade de Educação da UFRJ. E-mail: anamont@ufrj.br

em pauta, apresentados como contribuições para o desenvolvimento de políticas educacionais que avancem na perspectiva da realização de práticas pedagógicas que possibilitem a superação do fracasso escolar em nossas escolas.

Ciep – uma escola de horário integral

> *A escola popular para uma sociedade subdesenvolvida e com acentuada estratificação social, longe de poder ser mais simples, faz-se a mais complexa e mais difícil das escolas.*
>
> Anísio Teixeira

Ao caminharmos pelas ruas das cidades do estado do Rio de Janeiro, encontramos muitos prédios que facilmente reconhecemos como escolas e colégios. Mais do que o nome inscrito na parede frontal, a arquitetura nos remete imediatamente à atividade que ali se desenvolve. A presença de crianças e jovens em seus arredores reforça a compreensão de sua função: a educação formal. Que outros prédios agregam em seu entorno e interior tantas crianças e jovens, em espaços, tempos e atividades definidos a partir das finalidades educacionais?

Certamente, nos dias atuais, falar em educação nos remete imediatamente a falar em escola, instituição que teve origem no mundo europeu ocidental na época moderna. Sua configuração básica se mantém presente ainda hoje, mesmo consideradas todas as suas novidades e tecnologias.

A escola tal qual a reconhecemos é um fruto típico da cultura ocidental moderna. Nela se generaliza a concepção de que essa instituição encarna um modo específico de formar as novas gerações, sobretudo as crianças que passaram a ser distinguidas do corpo coletivo.

> O aparecimento da escola como o espaço da educação está intimamente relacionado a uma nova compreensão da infância; à emergência de um espaço fechado e de um tempo específico para a educação infantil; ao aparecimento de um corpo de especialistas da infância dotados de teorias e tecnologias próprias para educar; à destruição de outros modos de educar e, finalmente, à institucionalização da escola e a imposição da obrigatoriedade escolar decretada pelos governos e sustentada por aparatos legais (Varela, Alvarez-Uria, 1992, p. 70).

Nessa citação identificamos três princípios organizadores da forma escolar de educação: espaço fechado, tempo específico e um corpo de especialistas da infância dotados de teorias e tecnologias próprias para educar, além, é claro, de uma nova concepção sobre a infância.

Continuando nosso caminho, certamente iremos nos deparar com prédios que nos causam um certo estranhamento. Escolas? Colégios? A presença de crianças e jovens, muitas janelas e pátios nos indicam a existência de uma escola, mas a dimensão e características arquitetônicas dos prédios nos remetem à memória de um projeto específico. Conferindo os nomes registrados nas fachadas, confirmamos estar diante de um Ciep, forma organizacional de escola pública de horário integral, criada e implantada no estado do Rio de Janeiro, entre 1984 e 1994, no contexto do Programa Especial de Educação, por iniciativa de Darcy Ribeiro. Como o nome mesmo revela, essas escolas eram a expressão de um projeto que tinha por objetivo

> Criar escolas de dia completo para alunos e professores, sobretudo nas áreas metropolitanas onde se concentra a maior massa de crianças condenadas à marginalidade porque sua escola efetiva é o lixo e o crime. O que chamamos de menor abandonado e delinquente é tão-somente uma criança *desescolarizada,* ou que só conta com uma escola de turnos (Ribeiro, 1995a, p. 13, grifo nosso).

Analisando a afirmativa com mais atenção, verificamos a crença explícita numa escola como instituição capaz de promover mudanças sociais, com extensão do tempo escolar (escolas de dia completo) e, também, a característica de ser uma escola para alunos e professores. É uma escola de dia completo, e não uma escola de turnos, na qual as crianças permanecem por toda a manhã e tarde, tendo oportunidade de realizar diferentes atividades: aulas, práticas de educação física, atividades artísticas, de estudo dirigido, com vídeos, frequência à biblioteca, computadores, atividades com animadores culturais, práticas para o desenvolvimento de uma vida saudável.

Assim, esta escola apresenta condições para desenvolver um projeto curricular que oferece oportunidades para aprendizagens significativas, em diferentes situações e tempos, e em contato com diferentes profissionais. Não mais "atividades extraclasse" – todas as atividades ali realizadas são entendidas como educativas, no sentido amplo e estrito da socialização efetivada.

A permanência em horário integral exige que alunos e seus professores recebam alimentação adequada, balanceada de acordo com parâmetros nutricionais, no contexto da educação para a saúde. As refeições são, portanto, momentos importantes de confraternização e também de aprendizado de práticas de convívio social e de alimentação saudável.

Localizados prioritariamente em áreas onde se concentram grandes contingentes de população empobrecida e carente, os Cieps oferecem aos alunos oportunidades de desenvolver atividades diversificadas que, no caso da escola de turnos, as famílias precisariam pagar para que seus filhos pudessem delas usufruir. Assim, eles propiciam ampliação do tempo e das possibilidades de uso do espaço escolar, lugar onde referências culturais se mesclam com afetividades em construção identitária.

Tantas atividades exigem um espaço amplo e aberto – onde se possa vivenciar a liberdade e aprender que as regras são necessárias para a convivência respeitosa e solidária –, com múltiplas possibilidades de uso: salas de aula, biblioteca, sala de leitura, salas de estudo dirigido, sala de vídeo, quadra de educação física, banheiros, refeitório, cozinha, pátio, rampas, sala de professores, salas para a administração. O projeto arquitetônico, concebido especificamente para o uso escolar, oferece as bases para a realização plena da construção de novas unidades com as mesmas possibilidades de uso nas diferentes regiões do Estado.

Frequentados, em sua maioria, por crianças oriundas de famílias das camadas populares, que residem em espaços exíguos, os Cieps fortalecem a autoestima de seus alunos, através da possibilidade que oferecem de se vivenciar uma escola que, pela amplitude dos espaços, afirma simbolicamente a importância das atividades e das pessoas que ali estudam e trabalham diariamente.

O Ciep é integrado em vários sentidos: seu projeto desenvolve uma proposta de currículo que assume a cultura como eixo articulador das atividades pedagógicas voltadas para aspectos pertinentes ao desenvolvimento de uma vida saudável. A dimensão integradora propõe o desenvolvimento de um diálogo constante e transformador com a comunidade a que atende. Assim, o projeto pedagógico implica pensar esta escola como polo de dinamização cultural, possibilitando a elaboração e apropriação dos saberes escolares pelos alunos, com abertura para receber e incorporar saberes próprios à comunidade, inclusive para o resgate de práticas e saberes em risco de desaparecimento ante a pressão dos meios de comunicação.

Essa perspectiva, que reconhece e afirma radicalmente a dimensão cultural nos processos educativos, contribui para tornar o Ciep um lugar de indução de trocas culturais intensas e de afirmação de identidades sociais dos diferentes grupos presentes.

Essa integração implica, assim, a abertura para o recebimento de crianças sem nenhuma distinção de cor, religião, gênero ou condição física, em perspectiva que assume a inclusão em sua plenitude.

Comprometido com a mudança social, incorpora um trabalho de resgate de tradições em diálogo contínuo com práticas culturais contemporâneas. A reelaboração e reconstrução realizadas permitem que alunos e professores se apropriem de formas renovadas de pensar e compreender o mundo, superando preconceitos e equívocos, ampliando e afirmando noções fundamentais para o exercício da cidadania.

Nos Cieps são realizadas, também, atividades no âmbito da saúde de forma integrada com a educação e a cultura. Voltadas para a promoção da saúde e para a prevenção de seus agravos, essas atividades envolvem todos os setores da escola e estendem-se às famílias dos alunos e às comunidades das quais são parte. Assim, a educação em saúde torna-se parte integrante do projeto pedagógico da escola, sendo desenvolvida em projetos específicos – campanhas de vacinação, de prevenção de doenças, por exemplo – ou em atividades cotidianas durante as aulas, refeições e exercícios físicos, quando informações e práticas de vida saudável são propiciadas e valorizadas.

A expansão de tempo e espaço escolares nos Cieps torna essa modalidade de escola bastante complexa no que diz respeito à gestão administrativa e pedagógica. A permanência em dia completo e as múltiplas atividades conduzidas por diferentes profissionais exigem, do ponto de vista da gestão, uma organização que possibilite movimentos de pessoas em fluxo coordenado pelas orientações e necessidades pedagógicas.

Para que esse processo se efetive, é necessário um planejamento integrado, realizado de forma articulada pelos diferentes profissionais, uma vez que as atividades devem se relacionar de forma inter e transdisciplinar, possibilitando o aprofundamento de questões e a ampliação dos enfoques.

A ação pedagógica dos Cieps articula, assim, educação, cultura e saúde de forma orgânica, considerando que a escola é um espaço de produção de saberes, vivo e dinâmico, no qual alunos e professores são sujeitos e participantes ativos do processo de criação cultural.

A expansão das atividades inclui horário noturno e finais de semana. No horário vespertino, jovens e adultos são recebidos nos projetos de educação juvenil, que oferecem oportunidades para complementar estudos interrompi--dos precocemente. Nos finais de semana, grupos da comunidade são recebidos para a prática de esportes na quadra, sessões de cinema, reuniões, festas... Escola aberta... tempo e espaço ampliados...

Por último e não menos importante, os Cieps são escolas *públicas* no sentido mais amplo que o termo possa assumir: *universais, abertas para receber qualquer aluno; gratuitas* na oferta das vagas, que são financiadas com recursos estatais; *laicas,* porque não ensinam nenhuma religião e, portanto, estão abertas a alunos de todos os credos religiosos, que ali encontram a oportunidade para conviver com pessoas de diferentes religiões, num exercício de tolerância e respeito.

Com a escola transformada em Ciep, para poder realizar o trabalho educativo atendendo às demandas e respondendo aos desafios socioculturais contemporâneos, utilizando recursos disponíveis na sociedade atual, o Programa Especial de Educação reafirmava sua crença na centralidade da escola como um lugar estratégico para a educação, entendida como projeto transformador e emancipatório.

Quais aprendizagens? O que ensinar? Como ensinar?

Uma das mudanças inerentes à concepção de escola dos Cieps é que sua organização não se baseia em turmas com um único professor que ensina a todos os alunos um mesmo conteúdo.

> A constituição dos grupos escolares como espaços próprios da e para a instrução primária possibilitou, também, uma nova organização escolar e a institucionalização de um curso primário no Brasil. No primeiro caso, os grupos escolares, com suas diversas salas de aula, permitiram que, de fato, fosse colocado em prática o ensino *simultâneo* (grifo adicionado), ou seja, foi possível que, por meio da seriação, um professor desse aula para alunos do mesmo nível, da mesma série (Faria Filho, 2002, p. 30).

A organização do Ciep se expande para incluir diferentes profissionais que contribuem para possibilitar diferentes abordagens, leituras e práticas educativas aos alunos ali reunidos em tempo integral. Inclusive o banho diário torna-se um ato educativo, instrumento de valorização da autoestima da criança.

Uma escola voltada precipuamente para os mais pobres e que assume radicalmente a formação de cidadania ativa, participativa e emancipatória deveria negar os saberes das "classes dominantes" e ensinar os saberes dos "dominados"? Durante algum tempo, a oposição "conhecimento oficial/ dominante" x "conhecimento dos grupos dominados" envolveu estudiosos e educadores. Reconhecia que os currículos nas escolas silenciavam ou negavam a participação de determinados grupos, como os mais pobres, as mulheres, os afrodescendentes e os indígenas. Os saberes ensinados afirmavam a preponderância dos grupos que construíram seus poderes sobre a dominação de outros participantes, apresentados como simples coadjuvantes de um processo inexorável de avanço da civilização europeia, portadora das benesses do desenvolvimento e da civilização.

Como reação, desenvolveu-se uma crítica acirrada a esse tipo de abordagem, crítica que denunciava o caráter ideológico de afirmações e explicações presentes nas disciplinas escolares, expresso em textos e imagens e que se reproduzia em práticas cotidianas.

A redefinição da seleção dos conteúdos curriculares foi proposta com a eliminação de saberes que serviriam para conferir legitimidade ao poder dos grupos dominantes. Esse processo foi bastante marcante, por exemplo, no âmbito da disciplina História, cujos programas foram redefinidos em meados da década de 1980, durante o processo de abertura política e redemocratização da sociedade brasileira.

Uma nova história precisava ser ensinada às novas gerações. Conteúdos foram eliminados ou substituídos por outros que focalizavam, com ênfase, a História do Brasil. A participação de indígenas e afrodescendentes começou a merecer maior atenção.

A leitura mais simples da oposição dicotômica dominante/dominado foi objeto de debates, estudos e críticas, passando por revisões na busca de um refinamento teórico. Assim, no contexto das teorias críticas do currículo que se desenvolveram a partir da década de 1970, vários autores realizaram pesquisas buscando compreender as relações que se estabelecem entre os saberes difundidos pela escola e as relações de poder mais amplas que vigoram na sociedade. Essas propostas denunciavam a falsa neutralidade do currículo, até então fortemente marcado por caráter técnico-prescritivo, ou seja, pela preocupação com os conteúdos e técnicas para o ensino.

Os primeiros estudos sobre currículo datados do início do século XX assumiram um caráter prescritivo e técnico. A concepção em vigor entendia o currículo como conhecimento tratado pedagógica e didaticamente pela escola e que deve ser aprendido e aplicado pelo aluno. As perguntas básicas eram: O que deve conter? Como organizar os conteúdos? Não se discutia quais conhecimentos selecionar, os conteúdos estavam dados, naturalizados. Cabia definir como organizá-los para um ensino eficaz (Moreira, 1997, p. 12).

No contexto das teorias críticas, na segunda metade do século XX, começaram a ser realizados estudos orientados por perspectiva sociológica, voltados para entender as relações entre a estratificação do conhecimento e a estratificação social e os pressupostos subjacentes aos processos de seleção cultural e organização do conhecimento escolar. O conhecimento escolar é um conhecimento selecionado a partir de uma cultura social mais ampla, associado diretamente ao que se entende como conhecimento socialmente válido e legítimo. Porém, os processos de seleção e de legitimação desse conhecimento não são construídos a partir de critérios exclusivamente epistemológicos ou referenciados em princípios de ensino-aprendizagem, mas a partir de um conjunto de interesses que expressam relações de poder da sociedade como um todo em dado momento histórico.

Dessa forma,

> [...] atuam sobre o processo de seleção cultural da escola, em relações de poder desiguais, o conjunto de professores e professoras, aqueles que fazem parte do contexto de produção do conhecimento de uma área e a comunidade de especialistas em Educação (Lopes, 1998, p. 2-3).[3]

Nessa perspectiva, a negação e o silenciamento de sujeitos das camadas populares e seus saberes eram denunciados como instrumentos de manutenção e reprodução das hierarquias sociais dominantes. Esses estudos, no âmbito das teorias críticas, em um primeiro momento – final da década de 1960 e início dos anos 70 –, atacaram fortemente a instituição escolar, considerada espaço privilegiado de reprodução da ordem social e política vigente. Poste-

---

[3] Sobre as teorias críticas do currículo, ver LOPES, Alice Casimiro; MACEDO, Elizabeth. *Teorias de currículo*. São Paulo: Cortez Editora, 2011.

riormente, já na década de 1980, começaram a ser ressaltadas as contradições, as resistências e as lutas que ocorrem no processo escolar, discutindo-se como organizá-lo em favor da emancipação individual e coletiva.

Essas propostas ofereceram importantes contribuições para movimentos que, diferentemente de visões extremamente pessimistas em relação à escola, vista como instrumento de reprodução das desigualdades e hierarquias sociais, passaram a considerá-la um espaço político com potencial para lutas de resistência e para a transformação social e emancipação de grupos dominados e oprimidos.

Era preciso, no entanto, transformar a escola. Os Cieps surgiram, nesse contexto, como uma escola revolucionária em todos os sentidos, que atuaria como espaço privilegiado para a crítica das desigualdades e luta para a construção de uma sociedade mais justa, inclusive através dos conteúdos ali ensinados.

> A concepção que orienta a ação educativa dos Cieps tem como norma central assegurar a cada criança um bom domínio da escrita, da leitura e da aritmética, como instrumentos fundamentais que são para atuar eficazmente dentro da civilização letrada. Com base nesses elementos, ela pode não só prosseguir estudando em regime escolar, como continuar aprendendo por si própria (Ribeiro, 1995b, p. 21).

Quanto ao processo de seleção dos conhecimentos a serem ensinados, privilegiou-se, num primeiro momento, a abertura desta escola para o acesso aos saberes populares, que, com o auxílio da ação dos animadores culturais, seriam resgatados e introduzidos no currículo escolar para articulação, crítica e/ou superação dos saberes presentes no currículo "oficial".

Operação cultural complexa, esse processo de trocas culturais entre diferentes sujeitos – alunos, pais, membros das comunidades, professores e animadores culturais – implicou disputas, resistências e apropriações diferenciadas. A (re)construção do currículo no âmbito da instituição mantendo os princípios básicos do projeto dos Cieps foi e é um desafio enfrentado de forma inovadora e corajosa. Segundo Darcy Ribeiro (1955b, p. 22),

> [...] uma preocupação muito presente no Ciep é a de integrar a cultura da escola com a cultura da comunidade, fazendo-as interagir fecundamente. Para isso, foi criada uma posição no seu quadro profissional: a dos Animadores Culturais, que relacionam a escola com seu contexto,

oferecendo as facilidades com que ela conta – estádio desportivo, biblioteca, salão social e refeitório – para uso comunitário, sobretudo em dias que não tem aula.

Entender a escola e o conhecimento com base nessa concepção significa avançar em relação a perspectivas que contrapunham dominantes e dominados. Ao criar condições para que essa produção se efetive, esta escola se assume e pode contribuir como espaço e instrumento de transformação social, formando valores, princípios e atitudes identificados com uma postura questionadora e não dogmática.

Os princípios básicos do 1º Programa Especial de Educação e as diretrizes para a sua implementação são apresentados em *O livro dos CIEPS*, de autoria de Darcy Ribeiro, publicado em 1986. Os dados referentes ao 2º Programa Especial de Educação aparecem, em 1995, no número 15 da revista *Carta*: falas, reflexões, memórias, informe de distribuição restrita do senador Darcy Ribeiro, sendo esse número também conhecido como *O novo livro dos CIEPS*.

Nesses livros são explicadas as concepções de alfabetização e de avaliação a serem desenvolvidas de forma inclusiva para, efetivamente, superar os alarmantes índices de repetência e evasão escolar vigentes. Atenção especial é conferida às aulas de linguagem, que

> [...] devem ocupar mais que o dobro da duração de todas as outras matérias, para que haja tempo para o aluno familiarizar-se com a língua culta falada pela professora e que lhe é estranha; obtendo a seguir informações básicas sobre o funcionamento da sociedade e, sobretudo, para aprender através das aulas, da leitura e da prática (Ribeiro, 1995b, p. 21).

O domínio da linguagem oral contribui para se alcançar o domínio da escrita. A linguagem interior da criança, seu pensamento sobre o real, que mesmo sendo interior já é linguagem, deve encontrar condições propícias para se exteriorizar em forma de discurso oral ou de linguagem escrita. Os professores devem cuidar para que o excesso de normas gramaticais e ortográficas não atue como elementos cerceadores da naturalidade e espontaneidade da criança. Isso é válido tanto para a linguagem oral como para a escrita.

> O especialista russo Mikhail Bakhtin mostra que não existe atividade mental sem expressão linguística. Ele enfatiza o caráter social da

linguagem e, consequentemente, o seu caráter dialógico: "a palavra dirige-se a um interlocutor". Assim, não é a atividade mental que organiza a expressão, mas, ao contrário, é a expressão que organiza a atividade mental, que modela e determina sua orientação (Maurício; Rangel, 1995, p. 53).

Através do desenvolvimento da linguagem oral e escrita, conteúdos das disciplinas escolares – Língua Portuguesa, Matemática, História, Geografia, Ciências, Educação Artística, Língua Estrangeira, Educação Física – são ensinados e aprendidos.

O contato com a linguagem audiovisual e informática também é oferecido em aulas próprias para esse fim, bem como o acesso à biblioteca, que, além do acervo disponível, oferece lugar apropriado para leitura e estudo.

Material didático renovador foi produzido para auxiliar a implementação de novas metodologias e conteúdos. Estes contemplavam noções oriundas da cultura popular como forma de valorizá-la e, também, de facilitar as trocas culturais entre a escola e a comunidade por ela atendida.

Os conteúdos deveriam ser ensinados com base em perspectiva crítica orientada pelos interesses dos grupos dominados. A chamada teoria crítico--social dos conteúdos se desenvolveu nesse período, influenciando o projeto.[4]

Essas propostas representavam mudanças significativas e precisaram de tempo para serem apreendidas e aplicadas. O 1º Programa Especial de Educação, iniciado em 1984, foi interrompido em 1987, no início do governo seguinte, com graves prejuízos para a sua implementação, e foi retomado em 1991, quando Leonel Brizola foi reconduzido ao governo do estado do Rio de Janeiro por eleição direta.

No 2º Programa Especial, desenvolvido entre 1991 e 1994, foram finalizadas as obras de construção dos 500 Cieps no estado do Rio de Janeiro, pelo menos um em cada município, e foi concentrado grande esforço para o desenvolvimento do projeto curricular integrado e a produção de novos materiais didáticos que dessem suporte ao trabalho a ser realizado.

---

[4] Dermeval Saviani e José Carlos Libâneo são educadores que desenvolveram pedagogias que avançavam em relação à crítica demolidora da escola, realizada nos anos 1980. Consideravam que os grupos dominados tinham o direito ao acesso às contribuições da ciência contemporânea, mas deviam estudá-la de forma crítica e não como verdades absolutas. Ver, por exemplo, Libâneo (1986).

A formação de professores nos Cieps

> Um salto de qualidade: os professores que atuam nos CIEPs participam de encontros pedagógicos que garantem o desenvolvimento de um processo de aperfeiçoamento profissional e de reflexão sobre sua prática enquanto educadores (Ribeiro, 1986, p. 83).

Escola de dia completo para alunos e professores, o Ciep incorpora o "aparecimento de um corpo de especialistas da infância dotados de teorias e tecnologias próprias para educar" (Varela; Alvarez-Uria, 1992, p. 70), mas esse corpo de especialistas é ampliado e diversificado – não mais apenas o professor de turma, mas professores de educação física, de vídeo, de estudo dirigido e os animadores culturais. Este fato torna mais complexo o trabalho educativo, tornando necessária a articulação entre os diferentes profissionais para o planejamento e avaliação das atividades.

Assim, especial atenção é dirigida, nos Cieps, ao processo de formação de professores e animadores culturais em serviço, sendo desenvolvidos encontros pedagógicos e, no âmbito do 2º Programa Especial de Educação, um curso de atualização para professores de escolas de horário integral. O objetivo era orientar os professores e demais profissionais que atuavam nessa escola quanto aos princípios, objetivos e metodologias desenvolvidos no âmbito da escola de horário integral, ou seja, em relação ao desenvolvimento do projeto curricular e às formas de realização do planejamento integrado.[5]

De acordo com Darcy Ribeiro (1986, p. 83), "a ação pedagógica que se pretende imprimir ao ensino público no Estado do Rio de Janeiro pressupõe o engajamento ativo e consciente do professor de sala de aula, pois dele depende o sucesso da proposta do Programa Especial de Educação".

Nessas palavras pode-se identificar a importância atribuída ao professor no processo a ser desenvolvido do ponto de vista pedagógico. Seriam necessários docentes capazes de lidar com as crianças ali presentes – e não mais com o aluno ideal, oriundo das camadas ricas e médias da sociedade –, diferentes profissionais, com diferentes formações, interagindo entre si e com

---

[5] O curso é analisado em texto desta autora, intitulado "A formação de professores nos CIEPs: a experiência do curso de Atualização de Professores para Escolas de Horário Integral no Estado do Rio de Janeiro – 1991-1994" (Monteiro, 2002, p. 147-167).

os alunos das diferentes turmas: professores que permanecessem o dia inteiro na escola em jornadas de 40 horas semanais.

Assim, a expansão do tempo e do espaço nessa escola implica e exige ampliar seus objetivos ao assumir a formação de professores em serviço como tarefa inerente e necessária ao seu trabalho cotidiano. Uma organização complexa com tantos atores diferentes e vivências comuns, experiências de vida às vezes dramáticas, cria desafios para os professores.

O horário integral exige e permite que os professores tenham tempo para reuniões diárias para planejamento de suas atividades, para estudo e desenvolvimento de práticas reflexivas que possibilitem o aprofundamento de sua visão sobre o trabalho desenvolvido e amparo para o enfrentamento dos desafios que se apresentem. O desafio está presente, também, na necessidade de aprender a trabalhar com profissionais com outras formações e experiências, que estarão trabalhando com os alunos em ações com repercussões educativas que os professores precisam aprender a explorar.

Além disso, para que o Programa Especial de Educação possa, efetivamente, se desenvolver em sua plenitude, é necessário que seus professores conheçam a proposta, se engajem politicamente na ação educativa ali realizada e, principalmente, ampliem o seu olhar sobre o mundo e façam a leitura crítica da realidade sociocultural – não apenas da realidade local, mas de um mundo globalizado –, uma leitura aberta para o diálogo com a produção contemporânea difundida na mídia, na literatura, no cinema, na internet.

No que se refere à ação docente propriamente dita, no contexto dos Cieps, a proposta é que o professor, além dos subsídios presentes nos currículos e livros didáticos, obtenha informações sobre aspectos culturais da comunidade atendida pela escola e que estes sejam considerados na definição de situações de aprendizagem significativas, compreensíveis para os alunos.

Coloquialmente, nos referimos a esse trabalho de "partir da realidade do aluno" inspirados na "pedagogia" de Paulo Freire. O importante é que os professores, assim como outros profissionais do Ciep, estejam sintonizados entre si e com seus alunos, para propor atividades que os auxiliem a dominar códigos, linguagens e saberes necessários à sua participação ativa e crítica, como cidadãos, na sociedade.

Para que isso seja possível, é preciso criar espaços semanais para trocas, avaliações e definição de propostas de trabalho, participando das reuniões todos os profissionais do Ciep. Isso não quer dizer que seja necessário definir temas comuns, que todos tenham de explorar; isso até pode acontecer, mas o mais importante é que todos discutam e conheçam o trabalho de seus pares, para que o diálogo torne possível práticas e aprendizagens que abram perspectivas para compreensão, superação ou preservação, se for o caso, de aspectos do cotidiano dos alunos e da realidade local.

Essas atividades de planejamento integrado fazem parte das atividades de formação em serviço, que são complementadas por reuniões de estudo envolvendo os grupos de profissionais; assim eles têm oportunidade de discutir suas práticas e repensá-las, em face dos questionamentos decorrentes das leituras e de observações de colegas.

Propicia-se, dessa forma, oportunidade para avaliação das práticas e reformulação do que for necessário, realizando processos inerentes à "reflexão sobre a reflexão na ação", conforme proposto por Donald Schön (1995).

Para fundamentar essas ações, os Cieps dispunham de material didático impresso, audiovisual e digitalizado para o desenvolvimento do trabalho com os alunos e para a formação em serviço de seus professores, produzido por equipes técnicas da Secretaria Estadual Extraordinária de Programas Especiais.[6]

Estudos sobre a linguagem, os processos de aquisição da leitura e da escrita, a avaliação, o conhecimento escolar, a saúde, bem como a discussão em perspectiva sociológica e filosófica de questões relacionadas à educação, à violência, aos direitos humanos, à educação inclusiva, à educação ambiental, eram alguns dos diversos temas abordados nesses momentos de formação, para que os professores estivessem preparados política e pedagogicamente para lidar com as questões que emergem no cotidiano das escolas.

Para o desenvolvimento de propostas de formação dos professores, foram criadas e implementadas, no âmbito do 1º Programa Especial, as chamadas Escolas de Demonstração, instaladas em prédios sem a arquitetura característica do projeto, que "constituem locais privilegiados de acompanhamento e de avaliação da proposta pedagógica posta em prática pelo governo...". Nessas escolas, a concretização de todo o processo educacional é objeto constante

---

[6] A Secretaria Estadual Extraordinária de Programas Especiais (SEEPE) foi criada, em 1991, para coordenar a implantação do 2º Programa Especial dos Cieps em todo o Estado, a Universidade Estadual do Norte Fluminense (UENF), no município de Campos, e o Arboretum do Viveiro da Floresta da Pedra Branca, no município do Rio de Janeiro.

de análises e de críticas, com vista a possíveis reformulações e redirecionamentos. Além disso, essas escolas recebiam periodicamente professores e funcionários, que já atuavam ou iriam atuar nos Cieps, para visitas demonstrativas e realização de estágios.[7] No 2º Programa Especial, essa tarefa foi integrada às atividades da Diretoria de Capacitação do Magistério, que era responsável pela coordenação geral da formação em serviço.

Pelo exposto, pode-se concluir que o projeto dos Cieps afirmava com ênfase a formação de professores em serviço como instrumento fundamental para desenvolvimento do projeto pedagógico em implementação. Essa formação ia além das atividades de estudo, mas incorporava organicamente o trabalho docente em suas três dimensões principais: planejamento, ensino e avaliação.

A preocupação com a formação de formadores também estava presente, e reuniões mensais eram realizadas para discutir temas a serem abordados com os professores nos Cieps, além de difundir orientações para o enfrentamento de problemas emergentes no cotidiano escolar. Escolhidos entre profissionais experientes, com mais de dez anos de trabalho, os "professores orientadores" foram responsáveis por um trabalho efetivo de formação em serviço.

Os Cieps eram escolas que assumiam radicalmente um projeto politicamente comprometido com a transformação social. Em seu cotidiano, as pessoas – alunos, professores, animadores culturais, funcionários, pais e membros da comunidade – mantinham contatos entre si, se comunicavam, ensinavam, aprendiam, transmitiam saberes e renovavam experiências; também, mantinham contatos e se comunicavam com outras pessoas cujas ideias ali chegavam através de livros, revistas, vídeos, internet.

Efetivava-se, assim, a missão do Ciep como polo de dinamização cultural da comunidade onde se inseria.

Considerações finais

A implementação dos Cieps tem sido um desafio, por vários motivos: a complexidade da gestão de uma escola de horário integral que assume uma

---

[7] No 1º Programa Especial de Educação, as Escolas de Demonstração foram três: o CIEP de Ipanema, o CIEP Avenida dos Desfiles e o Complexo Educacional de São Gonçalo. No 2º Programa Especial foi pensada a inclusão do Instituto de Educação do Rio de Janeiro. Ver Ribeiro (1986, p. 85-97).

multiplicidade de tarefas referentes ao reconhecimento da articulação entre educação, cultura e saúde; o compromisso com a educação de crianças das camadas populares em regiões urbanas de pobreza, violência e exclusão social, sem estigmatizá-las pelo atendimento prioritário que recebem; reunião e viabilização da atuação integrada e bem-sucedida de diferentes profissionais, entre eles professores das séries iniciais, professores de educação física, animadores culturais; promoção de um ensino que possibilite a superação dos alarmantes índices de fracasso escolar, que se expressa mais claramente pela dificuldade no domínio da leitura e escrita, na realização de cálculos simples e operações matemáticas e na compreensão dos processos naturais e sociais; envolvimento político dos profissionais com a realização de uma educação libertadora, sem deixá-los presos ao partidarismo e proselitismo político; tornar compreensível o seu projeto político-pedagógico para pais, familiares e membros da comunidade, de forma a conseguir adesão e apoio nas iniciativas implementadas.

Tantos desafios foram enfrentados nos dois períodos governamentais em que se constituíram prioridade na área educacional. O engajamento político gerou repercussões negativas quando da mudança de administrações. Fato já muitas vezes denunciado por historiadores da educação brasileira, teve consequências perversas em relação à continuidade do projeto em sua integralidade.

A crença na instituição escola como espaço de socialização e educação das novas gerações era afirmada radicalmente, inclusive pela ampliação de tempo e espaço para a realização de suas atividades. Contrariamente aos defensores das chamadas "teorias da reprodução", afirmava-se a escola como espaço estratégico para a transformação social.

No entanto, entre as várias inovações, a permanência da criança em dia completo gerava surpresas e algumas inquietações nas famílias; fato a ser ainda melhor investigado, talvez tenha relação com experiências de colégios internos e instituições para menores infratores que nos assustam e preocupam.

As atividades diversificadas realizadas possibilitavam avanço e mudança em relação às atividades dos antigos "internatos", mas exigiam uma experiência em gestão que ainda precisava ser construída.

A prioridade conferida a este projeto gerava suspeitas e resistências entre os professores das escolas "tradicionais", apresentadas como modelos a serem superados.

No entanto, é no que se refere à formação de professores que considero ter sido desenvolvida experiência pioneira no Brasil, ao se viabilizar a formação continuada em serviço intrinsecamente articulada ao trabalho docente realizado.

As propostas referentes ao professor reflexivo, que vão chegar ao Brasil a partir dos textos de Nóvoa e Shön, no início da década de 1990, eram postas em prática nos Cieps. Ao contratar professores das séries iniciais, com formação de ensino médio, desenvolvia-se experiência de formação pós-média que já apontava para a necessidade de formação em nível superior para esses docentes.

A importância da dimensão da prática na formação do professor, que vai se constituir em eixo estratégico das resoluções do Conselho Nacional de Educação (CNE) que apresentam diretrizes para a formação de professores em 2002 e 2006[8], já era eixo articulador das possibilidades de formação em serviço realizadas. Esse projeto, apresentado em linhas gerais por Darcy Ribeiro, foi sendo desenvolvido conforme era implementado – desafio de proporções inéditas, uma vez que implicava a construção de prédios de grande porte, a implementação de um projeto pedagógico audacioso e inovador e a contratação de professores a serem engajados no projeto.

O trabalho com a avaliação continuada, sem retenção, e a utilização de metodologia de ensino referenciada no construtivismo implementavam proposta pedagógica que seria reafirmada através da Lei de Diretrizes e Bases da Educação Nacional (Lei nº 9.394, de 24 de dezembro 1996) e dos Parâmetros Curriculares Nacionais, publicados em 1997.

A leitura dos textos da época permite identificar marcas de um modelo ainda referenciado pela racionalidade técnica: talvez as escolas de demonstração expressem essas marcas de forma mais clara. Mas, ao mesmo tempo, as possibilidades abertas pelos espaços de formação em serviço rompiam com esse paradigma e criavam espaço para reflexões que articulavam a experiência com as referências teóricas em estudo. Distanciamentos e resistências em relação aos alunos, por exemplo, eram discutidos e analisados na perspectiva da compreensão de seu contexto sociocultural e da busca de sua inclusão na escola.

---

[8] Resoluções CNE/CP 01, de 18 de fevereiro de 2002; CNE/CP 02, de 19 de fevereiro de 2002; e CNE/CP 01, de 15 de maio de 2006.

Muitos consensos podem ser questionados a partir dessa experiência, entre eles a ideia de que estas escolas fracassaram em seu projeto. Interrompido em plena fase de implementação, em 1994, recursos humanos e materiais foram retirados e dispersados, o que inviabilizou a continuidade do Programa na maior parte dos Cieps. Desse fato, concluiu-se sobre a inviabilidade de uma escola que reunia tantas e diversificadas atividades num mesmo espaço e tempo ampliados.

Acredito que pesquisas que vierem a ser realizadas poderão nos auxiliar a melhor compreender os processos em pauta.[9] Necessárias e urgentes, elas poderão contribuir para entender se uma escola para alunos e professores pode ser alternativa para problemas que continuam a nos desafiar para a melhoria da educação básica oferecida em nosso país.

Referências

BRASIL. Conselho Nacional de Educação. Conselho Pleno. Resolução CNE/CP 1, de 18 de fevereiro de 2002. Institui Diretrizes Curriculares Nacionais para a formação de Professores da Educação Básica, em nível superior, curso de licenciatura, de graduação plena. *Diário Oficial da União*, Brasília, 9 abr. 2002. Seção 1, p. 31. Disponível em: http://portal.mec.gov.br/cne/arquivos/pdf/CP012002.pdf.

BRASIL. Resolução CNE/CP 2, de 19 de fevereiro de 2002. Institui a duração e a carga horária dos cursos de licenciatura, de graduação plena, de formação de professores da Educação Básica em nível superior. *Diário Oficial da União*, Brasília, 4 mar. 2002. Seção 1, p. 9. Disponível em: http://portal.mec.gov.br/cne/arquivos/pdf/rcp01_06.pdf.

BRASIL. Resolução CNE/CP 1, de 15 de maio de 2006. Institui diretrizes curriculares nacionais para o Curso de Graduação em Pedagogia, licenciatura. *Diário Oficial da União*, Brasília, 16 maio 2006. Seção 1, p. 11. Disponível em: http://portal.mec.gov. br/cne/arquivos/pdf/rcp01_06.pdf.

BRIZOLA, Leonel. Apresentação. In: RIBEIRO, Darcy. *O livro dos CIEPs*. Rio de Janeiro: Bloch, 1986.

FARIA FILHO, Luciano Mendes de. Escolarização, culturas e práticas escolares no Brasil: elementos teórico-metodológicos de um programa de pesquisa. In: LOPES,

---

[9] Moreira (2000) aborda propostas curriculares que procuraram avançar na busca da viabilização de processos mais democráticos e transformadores. A proposta do 1º Programa Especial de Educação no Rio de Janeiro (1983-1986) é objeto de breve exame, o que nos faz reafirmar a necessidade de que sejam realizadas pesquisas que contribuam para a melhor compreensão dos desafios presentes em sua implementação.

Alice Casimiro; MACEDO, Elisabeth. *Disciplinas e integração curricular*: história e políticas. Rio de Janeiro: DP&A, 2002.

LIBÂNEO, José Carlos. *Democratização da escola pública*: a pedagogia crítico-social dos conteúdos. São Paulo: Loyola, 1986.

LOPES, Alice Casimiro. Questões para um debate sobre o conhecimento escolar. *Ensino de História: Revista do Laboratório de Ensino de História da UFF*, Niterói, n. 3, 1998.

MAURÍCIO, Lúcia Velloso; RANGEL, Carmen. A pedagogia dos CIEPs. *Carta: falas, reflexões, memórias,* informe de distribuição restrita do senador Darcy Ribeiro, Brasília, v. 5, n. 15, p. 47-61, 1995. [este número também é conhecido com O novo livro dos CIEPs].

MONTEIRO, Ana Maria. A formação de professores nos CIEPs a experiência do curso de Atualização de Professores para Escolas de Horário Integral no Estado do Rio de Janeiro –1991-1994. In: COELHO, Ana Maria V.; CAVALIERE, Lígia. (Org.). *Educação brasileira e(m) tempo integral*. Petrópolis: Vozes, 2002. p. 147-167.

MOREIRA, Antônio. Currículo: utopia e pós-modernidade. In: MOREIRA, Antônio F. B. *Currículo*: questões atuais. São Paulo: Contexto, 1997. p. 9-28.

MOREIRA, Antônio. Propostas curriculares alternativas: limites e avanços. *Educação & Sociedade*, Campinas, v. 21, n. 73, p. 109-138, dez. 2000.

NUNES, Clarice. Quando a casa vira escola: a modernidade pedagógica no Brasil. In: MONTEIRO, Ana Maria; GASPARELLO, Arlete M.; MAGALHÃES, Marcelo de S. *Ensino de História*: sujeitos, saberes e práticas. Rio de Janeiro: Mauad, 2007.

RIBEIRO, Darcy. *O livro dos CIEPs*. Rio de Janeiro: Bloch, 1986.

RIBEIRO, Darcy. A educação e a política. *Carta*: falas, reflexões, memórias – informe de distribuição restrita do senador Darcy Ribeiro, Brasília, v. 5, n. 15, p. 11-15, 1995a. [Este número também é conhecido com O novo livro dos CIEPs].

RIBEIRO, Darcy. Balanço crítico de uma experiência educacional. Carta: falas, reflexões, memórias – informe de distribuição restrita do senador Darcy Ribeiro, Brasília, v. 5, n. 15, p. 17-24, 1995b. [Este número também é conhecido com O novo livro dos CIEPs].

SCHÖN, Donald. Formar professores como profissionais reflexivos. In: NÓVOA, Antônio. *Os professores e a sua formação*. Lisboa: Dom Quixote, 1995.

SILVA, Tomaz Tadeu da. *Documentos de identidade*: uma introdução às teorias do currículo. 2. ed. Belo Horizonte: Autêntica, 2004.

VARELA, Julia; ALVAREZ-URIA, Fernando. A maquinaria escolar. *Teoria & Educação*, Porto Alegre, n. 6, p. 68-96, 1992.

ANÍSIO TEIXEIRA E A LUTA PELA ESCOLA PÚBLICA: EDUCAÇÃO PARA UM ESTADO DEMOCRÁTICO

Eva Waisros Pereira[1]

Introdução

Neste texto retoma-se a pesquisa e as reflexões que vimos desenvolvendo sobre Anísio Teixeira, o grande educador que dedicou a sua vida à educação brasileira, na perspectiva de criar um projeto de formação humana adequado à modernidade, visando à construção de uma sociedade democrática e de uma nação emancipada. A força motivadora inicial para o presente estudo adveio da nossa presença, como docente, no curso "Em defesa da escola: as pedagogias da educação pública na disputa pela democracia brasileira", realizado em 2021, sob a coordenação da professora Jaqueline Moll, figura reconhecida nacionalmente pela valorosa condução do projeto "Mais Educação"[2]. Em face do sucesso alcançado pelo referido curso, a sua coordenadora teve a iniciativa de organizar este livro, com a participação da equipe de docentes, tarefa que assumimos com entusiasmo, na convicção de que esta obra coletiva poderá contribuir para a preservação da memória dos grandes educadores brasileiros e inspirar todos nós a fazermos a nossa parte na luta pelo fortalecimento da educação pública e construção de um projeto de nação.

Para a realização do presente estudo recorremos a nossa produção acadêmica sobre o tema, assim como procedemos à sua complementação e atualização por meio de pesquisa documental e bibliográfica, tendo como foco as ideias estruturantes do pensamento de Anísio Teixeira e suas realizações no campo educacional. Segundo Houaiss (2002), o legado desse pensador é incomensurável, sem paralelo. A dialética do fazer e conhecer acompanhou-o

---

[1] Professora Emérita da Universidade de Brasília (UnB). Doutora em Ciências da Educação pela Universidade Aberta, Portugal.

[2] O Programa "Mais Educação" foi lançado em 2007, por meio da Portaria Interministerial n. 17, envolvendo os ministérios da Educação, da Cultura, do Desenvolvimento Social e Combate à Fome e do Esporte, com o objetivo de orientar recursos para "fomentar a educação integral de crianças, adolescentes e jovens, por meio de atividades socioeducativas no contraturno escolar".

permanentemente, a prática demandando conhecimento teórico e impulsionando a sua produção intelectual. No entendimento do ilustre pensador, a mudança da educação não é mera retórica, é ação, é transformação social.

Anísio Teixeira é um dos maiores expoentes da educação brasileira e teve papel de destaque na geração dos intelectuais que, no século passado, pleiteava a renovação social por meio da educação, colocando-se radicalmente contra o caráter discriminatório da educação de elite, com o propósito de democratizar e transformar a educação para construir uma sociedade igualmente democrática, mais justa e igualitária. Para ele, a educação não era só produto de mudanças, mas sua geradora. Fiel defensor dos postulados que iriam colocar o Brasil nos trilhos da modernidade, o educador sempre fez a defesa de um novo sistema educacional, único, de base científica e sob a responsabilidade do Estado.

Assim, movido por propósitos nobres e ajustados às exigências do desenvolvimento socioeconômico, cultural e político daquele período histórico, Anísio Teixeira foi um dos formuladores e ilustres signatários do Manifesto dos Pioneiros da Escola Nova, de 1932, ao lado de Fernando Azevedo, Paschoal Leme e outros, visando à universalização da escola pública, laica e gratuita, bem como tornar a educação prioridade nacional. Consoante as diretrizes estabelecidas no citado documento, a educação, historicamente reservada a uma minoria proveniente das classes dominantes, passaria a se constituir direito universal. Para superar a desigualdade educacional, propugnava por uma escola pública unitária, gratuita, laica e aberta a todos, sem discriminação de classe, gênero, sexo e religião, além da oferta de coeducação. A velha escola teria de ser repensada na sua organização e funcionamento, nos seus métodos e técnicas.

Com esse intuito, o ilustre educador criou as bases teóricas para recontextualizar a educação no cenário contemporâneo. Sob a influência da teoria pragmatista de Dewey e da leitura que fez da realidade brasileira, Anísio Teixeira reafirma a universalidade como questão central da educação, na perspectiva de estender a todos os brasileiros, sem quaisquer discriminações, os benefícios da cultura escolar, mediante a construção de uma escola pública unitária, de caráter humanista e emancipador. Assim concebida, a escola pública torna-se o espaço privilegiado para prover a educação do homem comum, com vistas ao exercício das suas funções de cidadão e de trabalhador (Teixeira, 1963).

O debate sobre as ideias e práticas desenvolvidas pelo educador mostra a sua preocupação de, permanentemente, acompanhar as transformações da sociedade brasileira, que, ao longo do tempo, suscitaram-lhe novas interpretações e diferentes enfoques, incidindo no fortalecimento e enriquecimento da instituição escolar.

A educação e a escola em transformação

Em artigo escrito nos anos iniciais da sua carreira, intitulado "Porque escola nova?" (Teixeira, 1930), o educador expõe, de forma didática, as razões pelas quais a escola deveria ser transformada e propõe as bases sociais e pedagógicas para nortear as mudanças pretendidas. Nesse texto, que assina como professor de filosofia da educação, Anísio busca responder às indagações por ele formuladas e postadas na página inicial da publicação: *Porque escola nova? Porque toda essa agitação transformadora e tão custosa!... de práticas e hábitos já tão queridos e que vinham dando os seus resultados? Porque não satisfaz a 'escola velha'?"*

O conceito de educação expresso pelo educador é o ponto de partida para pensar a nova escola: *Educar é crescer. E crescer é viver. Educação é, assim, vida no sentido mais autêntico da palavra.* (Teixeira, 1930). Na sua concepção, a finalidade da educação se confunde com a finalidade da vida. O que a humanidade almeja é uma vida melhor e mais ampla, com mais liberdade e felicidade. Assim, a educação deve buscar a permanente reconstrução da vida para maior riqueza, maior harmonia e maior liberdade, dentro do ambiente de transformação e de progresso que a era industrial inaugurou. Esse progresso não consiste a seu ver nas mudanças materiais que sofre a vida, mas no enriquecimento dela em sentido, em amplitude, em maneiras mais finas de apreciar e compreender (Teixeira, 2007).

Entendendo a educação e a sociedade como dois processos fundamentais da vida que mutuamente se influenciam, Anísio Teixeira toma como referência as condições sociais para repensar a educação e a escola. Assim, considera que o impulso de movimento e contínua reconstrução repousa na natureza da civilização do nosso tempo, esteada na experimentação científica, no industrialismo e na democracia. A civilização moderna ou "progressiva", impulsionada pela experimentação científica, substitui a crença nas "verdades eternas" e torna toda verdade transitória, determinando uma nova ordem, que, antes estável e duradoura, passasse a ser dinâmica na transformação da vida social. A ciência e a tecnologia aplicadas ao processo produtivo fortalecem o industrialismo e geram desenvolvimento material e riqueza, que transformam, aceleradamente, as condições de vida, provocando mudanças no trabalho, na família e na comunidade, bem como nos hábitos e costumes. Aliada a esses fatores, destaca a tendência à democracia, concebida como o modo moral do homem moderno, que pressupõe um ser consciente, informado e capaz de resolver os seus problemas (Teixeira, 1930; 2007).

No entanto, como observa Anísio Teixeira, os hábitos morais da velha ordem permaneciam inalterados, como "verdades eternas", mantendo o homem dócil e com permanente dependência e subordinação à autoridade que o governa e dirige. O educador via nessa atitude de dependência e subordinação grave limitação no desenvolvimento espiritual do homem moderno: era preciso formar uma nova mentalidade, uma nova atitude espiritual, para a vida na sociedade industrial. Essa demanda relacionada à democracia trazia implícita a ideia de respeito humano e o sentido de igualdade (Teixeira, 1969; 1957).

Na sua percepção, a mudança de mentalidade era crucial. Conforme argumentava, a sociedade e a civilização chegaram a tal complexidade que a formação de um novo homem, capaz de integrar-se socialmente "no mundo moderno, tão impessoal e racionalizado", tornava-se uma questão de sobrevivência (Barreira, 2000). E essa missão caberia à escola pública e à organização de um novo sistema educacional, uma vez que os sistemas educacionais existentes não respondiam às exigências de formação desse novo homem da sociedade moderna.

Com base nas críticas à escola tradicional e pautando-se pelos ideais da geração de intelectuais à qual pertencia, Anísio Teixeira propôs o novo modelo escolar, cujos pontos mais significativos assim resume: 1) acabar com o isolamento da escola em relação à vida social, de modo que se transforme no lugar em que a criança viva integralmente e não seja apenas um local que prepara o indivíduo para viver. A escola passa a representar uma "comunidade em miniatura"; 2) transformar a escola tradicionalmente inerte, passiva, suplementar e preparatória, fundada nos programas de "lições previamente traçadas e no regime "aprende ou serás castigado", em uma nova escola, progressiva, que tenha o aluno como centro e a sua atividade como mola propulsora do seu desenvolvimento; 3) atribuir novas funções à velha escola meramente transmissora e de memorização de informações, com vistas a educar em vez de instruir; formar homens livres em vez de homens dóceis; preparar para um

234

futuro incerto e desconhecido em vez de transmitir um passado fixo e claro; ensinar a viver com mais inteligência, com mais tolerância e com mais felicidade, em vez de simplesmente ensinar dois ou três instrumentos de cultura. Em suma, se a escola quer ter a função integral da educação, deve organizar-se de sorte que a criança encontre nela um ambiente em que viva plenamente.

A proposta formulada para o ensino primário implica a ideia de uma escola ampliada, com diversificação de funções e grande responsabilidade social, que se configura como uma espécie de contraponto no interior do processo expansionista do sistema escolar público, de início estritamente associado à alfabetização O dissenso em torno da concepção da educação primária tornou-se parte do debate histórico sobre a qualidade e a quantidade na educação brasileira (Cavaliere, 2010).

O fato é que a situação do ensino no Brasil era extremamente precária nesse período. Transcorrido um século da Proclamação da República, o censo oficial trazia dados alarmantes sobre o analfabetismo: do total de trinta milhões de habitantes, vinte e três milhões eram iletrados (Monarcha, 2009). Esse cenário induziu alguns intelectuais a restringir o âmbito das reformas implementadas, a exemplo da reforma da educação paulista, de 1920, elaborada por João Dória, diretor da Instrução Pública do Estado, que, a propósito de democratizar o acesso escolar a um contingente maior de crianças, reduziu o tempo de escolarização primária de quatro anos para dois anos e diminuiu pela metade a jornada escolar de quatro a cinco anos.

Anísio Teixeira manifestava-se contrário à proposta reducionista que, a título de expandir o acesso, limitava a escola primária à alfabetização. Como dizia o educador, além da aprendizagem dos conhecimentos rudimentares de ler, escrever e contar,

> [...] resta toda a obra de familiarizar a criança com os aspectos fundamentais da civilização, habituá-la ao manejo de instrumentos mais aperfeiçoados de cultura e dar-lhes segurança de inteligência e de crítica para viver em um meio de mudança e transformação permanentes (Teixeira, 1997, p. 85).

Embora tivesse plena consciência de que a transformação da escola era demorada, exigia tempo e condições para sua concretude, o educador não deixou de refletir e ponderar sobre as razões pelas quais a mudança deveria se realizar:

[...] começam a aparecer os fatores de progresso antes de os homens estarem preparados para eles, resultando daí uma transformação das funções da escola, que não poderá ser apenas perpetuadora dos costumes, hábitos e ideias da sociedade, mas terá de ser também renovadora, consolidadora e retificadora dos costumes, hábitos e ideias, que se vão introduzindo na sociedade pela implantação de novos meios de trabalho e novas formas de civilização (Teixeira, 1997, p. 85).

Levantamentos apresentados por Anísio Teixeira demonstravam o fracasso da escola pública brasileira de então, em face da enorme quantidade de crianças que eram dela excluídas. No Rio de Janeiro, em 1932, das 39.878 crianças matriculadas no 1º ano apenas 4.150 permaneceram na 5ª série. A constatação do baixo rendimento e elevado índice de evasão escolar reforçava os argumentos do educador sobre a necessidade de transformar a escola. Era necessário torná-la apta a habilitar a todos para participarem da vida coletiva e possibilitar a cada membro da comunidade tornar-se um cidadão com plenos direitos na sociedade.

Renovação e democratização da educação

O discurso republicano de estender a todos as oportunidades educacionais ecoou nas políticas educacionais empreendidas pelos reformadores, em diversos estados da federação, visando à escolarização em massa da população brasileira, buscando incorporar uma concepção de escola com tarefas e reponsabilidades sociais ampliadas.

Anísio Teixeira, no exercício de funções na administração pública empenhou-se para colocar em prática esse ideário. A convicção primordial de que o Estado é o principal promotor da escolarização das classes populares o impulsionou a realizar obra gigantesca com vistas a democratizar a educação.

A imensa contribuição de Anísio Teixeira em favor da escola pública, relatada a seguir tem como fonte o depoimento de Hilderico Pinheiro de Oliveira (2002), um dos seus colaboradores mais próximos, que dimensiona, numericamente, as múltiplas realizações do educador como gestor público. Na década de 1920, com apenas 24 anos de idade, exerceu o cargo de inspetor-geral de ensino na Bahia, na gestão Goes Monteiro (1924-1927), onde reformulou o ensino primário e elevou a sua matrícula de 47.000 para 79.000 alunos, um aumento na ordem de 68%, e ampliou o número de unidades escolares de 780 para 1.234. Essa reforma estendeu-se ao ensino secundário e profissional, compreendendo, também, a criação de duas escolas normais e a reorganização e melhoria do ensino destinado à formação do magistério primário.

Posteriormente, obras notáveis foram por ele realizadas na cidade do Rio de Janeiro. Nomeado Secretário da Educação e Cultura, no governo Pedro Ernesto (1932-1935), em três anos, construiu 35 novos prédios escolares e procedeu a ampliações e a adaptações em estruturas já existentes, instituindo uma rede de escolas primárias na então capital da República, com destaque à implantação de cinco escolas experimentais. Projetadas em sintonia com as ideias de Dewey, essas escolas deveriam constituir-se verdadeiras "casas de educação", visando modificar o *habitus* pedagógico e promover novas maneiras de ensinar e aprender.

Mencione-se ainda a implantação do ensino secundário público na cidade do Rio de Janeiro, até então praticamente monopólio da Igreja Católica, e a criação do Instituto de Educação, depois alçado ao nível superior, com vistas à melhoria na formação e na prática pedagógica dos professores. Registre-se, ainda, a criação da Biblioteca Central de Educação, a Filmoteca e o Museu Central da Educação, além de obras escolares, periescolares e pós-escolares.

Contudo, a iniciativa mais ousada foi a criação da Universidade do Distrito Federal, cuja concepção inovadora, distinta do padrão até então adotado pelo governo federal, caracterizava-se pela ênfase na pesquisa e aplicação do método científico, além da preocupação central com a cultura brasileira (Teixeira, 2005b; Fávero; Brito, 1988).

Nos quatro anos em que dirigiu a educação na antiga capital, realizou uma gestão inovadora, durante a qual escreveu o livro *Educação para a Democracia* (1936), no qual reflete sobre a rica experiência e teoriza com base nas ações e feitos de sua administração. A despeito dos avanços alcançados, houve reação da parte do ministro da Educação, Gustavo Capanema, bem como de expoentes do pensamento católico conservador, como Alceu Amoroso Lima, que se agravou com a crise política que culminou no golpe do Estado Novo. Perseguido pela ditadura Vargas, o educador demitiu-se do cargo em 1936, permanecendo por mais de dez anos afastado de funções públicas. Segundo a sua avaliação, o reacionarismo que se instalou no país, em 1937, colaborou para a decadência do sistema escolar: escolas primárias rudimentares, com três ou quatro séries, em dois ou três turnos.

Escola-Parque: experiência pioneira de Educação Integral

O clima democrático instalado no País no período pós-guerra e o impulso então dado ao projeto desenvolvimentista pelo governo Juscelino Kubitschek (1946-1950), com demanda de maior intervenção do Estado brasileiro para intensificar o processo de industrialização, tornaram premente a necessidade de ampliação e renovação do ensino público.

Em 1946, Anísio Teixeira decide romper com o isolamento em que se manteve durante a ditadura do governo Vargas e aceita convite de Julian Huxley para o Conselho de Educação da Organização Educacional Científica da ONU. Vivendo em Londres e Paris, tornou-se Conselheiro de Educação Superior da recém-criada Unesco, órgão das Nações Unidas voltado para a educação, a ciência e a cultura.

No ano seguinte, retorna ao Brasil para exercer o cargo de Secretário de Educação e Saúde do Estado da Bahia, no governo Otávio Mangabeira. No decorrer da sua gestão (1947-1951), promoveu amplo programa obtendo excelentes resultados: ainda no terceiro ano do governo, a população escolar havia duplicado, passando de 33 estudantes para cada grupo de mil habitantes em 1946, para 63, em 1949, enquanto o corpo docente crescia de 2.479 para 6.200 professores. Na busca de soluções para enfrentar os problemas diagnosticados no sistema de ensino, Anísio Teixeira empenhou-se na luta política, junto a Assembleia Constituinte da Bahia, na defesa do anteprojeto de Constituição do Estado da Bahia, que previa a criação de conselhos municipais de educação e a criação de fundos para o financiamento da educação.

Nessa gestão, o educador realizou sua obra modelar: o Centro Educacional Carneiro Ribeiro, conhecido como Escola Parque da Bahia, que representa a concretização do sonho do educador de criar uma escola verdadeiramente popular, concebida como uma "instituição por excelência formadora, responsável pela formação de hábitos de trabalho, de convivência social, de reflexão intelectual, de gosto e de consciência" (Teixeira, 1968, p. 79). Constituída por um conjunto de construções escolares, compreendia as escolas-classe, com as atividades de instrução; os ginásios e campos de esporte, com as atividades de recreação e jogos; os auditórios e salas de música, de dança e clubes, com as atividades sociais e artísticas, e os pavilhões de artes industriais, com as atividades de iniciação de trabalho, como tecelagem, tapeçaria, encadernação,

238

cerâmica, cartonagem, costura, bordados e trabalhos em couro e lã, madeira e metal.

Experiência pioneira de educação integral no Brasil, o novo modelo concebe a escola primária com funções amplas, tendo como pressuposto tornar-se "uma comunidade socialmente integrada":

> A filosofia da escola visa a oferecer à criança um retrato da vida em sociedade, com as suas atividades diversificadas e o seu ritmo de "preparação" e "execução", dando-lhe as experiências de estudo e de ação responsáveis. Se na escola-classe predomina o sentido preparatório da escola, na escola-parque, nome que se conferiu ao conjunto de edifícios de atividades de trabalho, sociais, de educação física e de arte, predomina o sentido de atividade completa, com as suas fases de preparo e de consumação, devendo o aluno exercer em sua totalidade o senso de responsabilidade e ação prática, seja no trabalho, que não é um exercício mas a fatura de algo completo e de valor utilitário, seja nos jogos e na recreação, seja nas atividades sociais, seja no teatro ou nas salas de música e dança, seja na biblioteca, que não é só de estudo mas de leitura e de fruição dos bens do espírito (Teixeira, 1962, p. 24).

A pretensão do educador era utilizar esses conjuntos escolares como centros de treinamento do magistério, o que contribuiria para justificar o seu custo elevado, tendo em vista o caráter experimental da instituição, destinada a servir de modelo para a reconstrução da educação primária e à formação do magistério para a escola ampliada. Consubstanciava-se, assim, a experiência pioneira no país de uma escola de educação integral e em tempo integral, terminologia essa que o próprio autor não utiliza em seus escritos e a designa, simplesmente, como *a escola do homem comum brasileiro e, especialmente, a escola democrática* (Mendonça, 2011, p. 16).

A partir dos anos de 1950, a obra de Anísio Teixeira assume nova dimensão social e política, que vai além da ênfase no preparo adequado dos indivíduos para a vida em sociedade. A concepção democrática da escola comum representa a oposição ao dualismo escolar, com vistas à ruptura dos sistemas de educação paralelos – do povo e da elite –, assim como intenciona superar a velha dicotomia entre o trabalho intelectual e o trabalho manual, o útil e o ornamental, formação geral e formação especial, formação para o trabalho e formação para o lazer, que tem caracterizado a educação brasileira ao longo do tempo (Pereira; Rocha, 2011). A escola comum, assim concebida, visa educar a todos em condições de igualdade, com sentido socializador abrangente e democratizador da vida brasileira.

Formação do magistério nacional

Em 1952, Anísio Teixeira passa a atuar na área federal. Designado diretor do Instituto Nacional de Estudos Pedagógicos (Inep) empreende trabalho hercúleo no intuito de estender pelo território nacional as bases científicas e democráticas da reconstrução do país.

No decorrer de sua longa gestão (1952-1964), o órgão tornou-se uma espécie de superministério, no interior do próprio Ministério da Educação e Cultura (MEC), assumindo centralidade no encaminhamento das políticas educativas para o ensino primário e médio. Conforme anunciara em seu discurso de posse, a pretensão era transformar o Inep em um centro de inspiração do magistério nacional, para formar a consciência educacional comum, indispensável para o processo de reconstrução da escola.

Entre inúmeras iniciativas então adotadas, destaca-se a criação, em 1955, do Centro Brasileiro de Pesquisas Educacionais (CBPE) e dos Centros Regionais de Pesquisas Educacionais (CRPE), com o propósito de fundar em bases científicas a reconstrução educacional do Brasil. A valorização da pesquisa educacional associada ao mestre de classe constituiu-se a estratégia para desenvolver em cada educador o espírito investigativo – o espírito científico –, no sentido de experimentação e registro, a fim de capacitá-lo a fornecer os dados que suscitariam os problemas a serem estudados pelos cientistas, de modo a gerar uma teoria capaz de, efetivamente, contribuir para o desenvolvimento da prática educativa (Mendonça, 1997; Mendonça; Xavier, 2008, p. 26-28).

Embora a expansão do acesso à educação escolar continuasse a figurar como imperativo prioritário nas políticas públicas, o educador enfatizava a necessidade de modernização do sistema de ensino e de profissionalização dos seus quadros. Entre as medidas propostas, mencionem-se a institucionalização de concurso público para o ingresso no magistério e a ampliação de investimentos destinados à formação inicial e qualificação de professores em serviço. Para Anísio, o professor era peça fundamental no processo de reconstrução da educação e da escola.

A intensa atuação do educador nas múltiplas iniciativas levadas a efeito no Inep e a sua participação em outras frentes, como nos debates sobre a LDB, de 1961, que tiveram lugar no Congresso Nacional, mais uma vez, despertaram vozes contrárias de opositores, dessa vez de setores da Igreja Católica, liderada pelo arcebispo Vicente Scherer. No "Memorial dos bispos gaúchos ao Presidente da República sobre a escola pública única", de 1958, dirigido ao presidente Juscelino Kubitschek, pleiteava-se a demissão de Anísio Teixeira do Inep, atribuindo-lhe, erroneamente, a defesa do monopólio da educação pelo Estado e de pregar a revolução social por meio da escola (Scherer, 1958). Graças à pressão da comunidade, especialmente das manifestações de apoio e solidariedade dos estudantes, o educador pôde manter-se no cargo e dar sequência aos programas em curso.

Um plano revolucionário para a educação em Brasília

No início de 1957, Anísio Teixeira foi convidado pelo presidente Juscelino Kubitschek para estruturar o plano educacional de Brasília. Como diretor do Inep, assume a honrosa incumbência e passa a interagir com a equipe responsável pela construção da nova capital, formada por pessoas escolhidas entre os profissionais de maior prestígio e qualificação: Oscar Niemeyer, Lúcio Costa e Israel Pinheiro.

No plano educacional de Brasília é retomada a ideia de escola-parque e escolas-classe, que constituíram o cerne da política educacional proposta e executada por Anísio Teixeira, na Bahia, e que se materializou com a criação do Centro Educacional Carneiro Ribeiro, em Salvador, concebido como o primeiro centro de demonstração do ensino primário no País. A iniciativa, que, segundo as palavras do grande educador, foi "uma tentativa de se produzir um modelo para a nossa escola primária" (Teixeira, 1967, p. 247), seria também adotada na nova Capital. Diferentemente daquela experiência pioneira de educação primária, que, nos anos 1950, fora implantada numa das chamadas "invasões", onde morava uma população em situação de extrema pobreza, percorridos dez anos, experiência similar seria instalada no centro administrativo e político do País, destinada a todas as classes sociais, "de forma a permitir que um filho de ministro de Estado estudasse, lado a lado, de um filho de operário" (Kubitschek, 2000, p. 141). Ressalte-se, porém, o valor simbólico desse novo tipo de escola na capital federal, especialmente pelo significado de Brasília, que representava um esforço para a integração nacional no contexto do desenvolvimentismo.

Além de centro administrativo e de governo, Brasília foi concebida para tornar-se uma cidade dotada da melhor qualidade de vida para seus moradores e com potencial para tornar-se um foco de cultura dos mais sensíveis do Brasil. O desenho da cidade, organizada em unidades de vizinhança, cada qual formada por quatro quadras residenciais, além de contar com comércio local, igreja, posto de saúde, biblioteca, delegacia, correios e escolas, representava a real possibilidade de encontros e a socialização entre moradores das superquadras (Garcia; Gabrieli, 2018).

Nesse contexto, Anísio Teixeira apresenta a sua proposta de um novo modelo de educação para a capital brasileira. Com fundamento nos princípios democráticos de inclusão e emancipação social, o educador elaborou o Plano de Construções Escolares de Brasília, que delineia a organização de um sistema educacional inovador, com o propósito de "abrir oportunidade para a Capital federal oferecer à nação um conjunto de escolas que pudessem constituir exemplo e demonstração para o sistema educacional do país" (Teixeira, 1961, p. 195).

Brasília representava uma oportunidade singular de estruturar um sistema educacional contínuo, integrado e aberto a todos, convergindo para o propósito de acabar com os privilégios e promover uma educação igualitária e adequada às necessidades impostas pelo ritmo de desenvolvimento da sociedade. Diferentemente das políticas educacionais que executara em Salvador e no Rio de Janeiro, ambas circunscritas às condições preexistentes, na nova capital, de forma distinta, o planejamento da cidade realizou-se simultaneamente ao seu projeto pedagógico. Sem as amarras das cidades estruturadas, com suas tradições e práticas educativas cristalizadas, tornava a ocasião favorável para idealizar um sistema de educação modelar.

O sistema de educação proposto para Brasília foi constituído pelos seguintes tipos de instituições escolares: a) Centros de Educação Elementar, integrado por jardins da infância, escolas-classe e escolas-parque; b) Centros de Educação Média, destinados à Escola Secundária Compreensiva e ao Parque de Educação Média; c) Universidade de Brasília, composta de institutos, faculdades e demais dependências destinadas à administração, biblioteca, campos de recreação e desportos (Teixeira, 1961, p. 195-196). A inserção da atividade escolar na vida cotidiana integrou o plano educacional ao modelo de vida proposto para a capital brasileira, tornando-se a escola agente polarizador da convivência social.

242

As definições acerca do ensino superior foram objeto de um projeto específico, elaborado por Anísio Teixeira e Darcy Ribeiro. Como ponto de partida para o planejamento foram retomadas ideias mestras da Universidade do Distrito Federal, no tangente à ênfase à pesquisa e à aplicação do método científico, além da preocupação central com a cultura brasileira. As razões fundantes da nova instituição foram expressas na exposição de motivo do anteprojeto encaminhado, em 1960, pelo presidente JK ao Congresso Nacional:

> [...] a Universidade de Brasília foi idealizada partindo da preliminar de que seria imprescindível a criação de um centro cultural capaz de prestar assessoramento à alta administração do País [...] o objetivo era dar a Brasília uma universidade que, refletindo nossa época, fosse também fiel ao pensamento universitário brasileiro de promover a cultura nacional na linha de uma progressiva emancipação. Para tanto impunha-se dar ênfase a instituições dedicadas à pesquisa científica e à formação de cientistas e técnicos capazes de investigar os problemas brasileiros, com o propósito de dar-lhes soluções adequadas e originais (Trindade, 2005, p. 22-23).

A comunidade científica, atraída pela concepção avançada da proposta, reuniu-se em torno do projeto da futura universidade. Formaram-se grupos de trabalho de cientistas comprometidos, tendo se realizado, no segundo semestre de 1960, em Congresso da Sociedade Brasileira para o Progresso da Ciência (SBPC), uma sessão especial dedicada à Universidade de Brasília. A adesão voluntária de intelectuais e cientistas tornou o processo de planejamento plural, de muito diálogo e entusiasmo (Fávero; Brito, 1988). A aspiração maior de seus criadores era que a Universidade de Brasília se tornasse o centro nacional de reflexão e de estudo capaz de contribuir para o amadurecimento de uma consciência crítica capacitada a ver o Brasil como problema e a buscar as linhas de ação que permitissem ao povo brasileiro realizar suas potencialidades secularmente coactadas (Ribeiro, 1991, p. 147).

Seguiram-se meses de intensa atividade para dar nascimento à Universidade de Brasília. A imaginação e a originalidade das soluções dadas aos desafios para a concretização da ideia confirmam a fertilidade do encontro desses dois intelectuais. Darcy Ribeiro foi designado Reitor da UnB, cargo posteriormente assumido por Anísio Teixeira, até a ocorrência de brusca interrupção pelo golpe militar de 1964: a Universidade de Brasília foi invadida por tropas do exército e consumada a demissão de Anísio Teixeira, com base no Ato Institucional n. 1.

Afastado das funções públicas, Anísio Teixeira continuou prestando relevantes serviços à educação brasileira. Na sua trágica morte, em 1971, há indícios de assassinato por agentes do regime ditatorial instalado no País (Rocha, 2019).

Considerações finais

Anísio Teixeira entendia a educação como um caminho para a formação da pessoa na sua totalidade, com ênfase no desenvolvimento da personalidade, do caráter, da imaginação, da criatividade, enfim, a iluminação do ser. A sua concepção de educação como arte em diálogo com a ciência conferia novos sentidos à formação humana. Para ele, o ensino visto como simples memorização de conteúdos, saber imposto e diretivo ou transmissão única de saberes e aprendizagens de conhecimentos indicava a necessidade de uma nova consciência pedagógica para transformar essa realidade. Propugnava por mudanças de práticas, métodos e técnicas, de modo que a instituição escolar, seus professores e alunos pudessem gozar de liberdade de pensamento e liberdade de criação, em vez de limitarem-se a práticas pedagógicas mecanizadas e se manterem submetidos a normas de controle e punição social. Em contraponto, recomendava a experiência e a pesquisa como modos de fazer e aprender, e a arte para estimular a aprendizagem e imprimir um ritmo mais criativo, livre e lúdico ao processo educativo.

Embora incontestável a atualidade dessas ideias, a análise da educação brasileira revela que, até hoje, não logramos concretizá-las. Um dos principais fatores que contribuem para isso é a frágil democracia no Brasil. Em contextos de normalidade democrática, a educação floresce, avança; nos períodos autoritários, há retrocessos, destruição. Medidas adotadas recentemente pelo poder público, a exemplo das escolas sem partido e escolas militarizadas, restrição de verbas para a educação pública e indicação centralizada de seus dirigentes, contradizem os fundamentos filosóficos sobre as quais se erigiram as propostas formuladas por Anísio Teixeira.

A contemporaneidade de suas ideias afirma-se na luta para que a educação seja reconhecida como valor universal. A busca por uma escola não elitizante continua sendo, mais do que nunca, uma questão de sobrevivência social, política e cultural. Como argumentava Anísio, somente a escola pública poderá cumprir a missão de educar o povo brasileiro. Assegurar o direito à educação é indispensável para desenvolver uma cultura universal que garanta os direitos humanos e sociais da população brasileira, desrespeitados em nosso país durante mais de cinco séculos.

Referências

BARREIRA, Luiz Carlos. Escola e Formação de mentalidade: do desenvolvimento ao discurso político-pedagógico de Anísio Teixeira. In: SMOLKA, Ana Luiza Bustamonte; MENEZES, Maria Cristina (Orgs.). *Anísio Teixeira 1900-2000. Provocações em educação*. Campinas: Autores Associados; Bragança Paulista: Universidade São Francisco, 2000.

CAVALIERE, Ana Maria. Anísio Teixeira e a educação integral. *Paideia*, maio-ago. 2010, v. 20, n. 46, 249-259.

FAVERO, Maria de Lourdes de A.; BRITO, Jader de Medeiros. Introdução. In: Anísio TEIXEIRA, Anísio. *Educação e Universidade*. Rio de Janeiro: Editora da UFRJ, 1988, p. 9-29.

GARCIA, Cláudia da Conceição; GABRIELI, Maria Cecília Filgueiras Lima. A arquitetura da escola parque e da escola classe na concepção de Anísio Teixeira e dos ideários de Lúcio Costa. In: PEREIRA, Eva Waisros; COUTINHO, Laura Maria; RODRIGUES, Maria Alexandra Militão. *Anísio Teixeira e seu legado à educação do Distrito Federal*. História e Memória. Brasília: Editora UnB, 2018, p. 193-238.

HOUAISS, Antonio. Anísio Teixeira. In: ROCHA, José Augusto de Lima (Org.). *Anísio em movimento*. Brasília: Senado Federal, 2002.

KUBITSCHEK, Juscelino. *Por que construí Brasília*. Brasília: Senado Federal, 2000.

MENDONÇA, Ana Waleska. O CBPE: um projeto de Anísio Teixeira. In: MENDONÇA, Ana Waleska; BRANDÃO, Zaia (Org.). *Por que não lemos Anísio Teixeira? Uma tradição esquecida*. Rio de Janeiro: Ravil, 1997, p. 27-46.

MENDONÇA, Ana Waleska; XAVIER, Libânia Nacif. O INEP no contexto das políticas do MEC (1950-1960). In: MENDONÇA, Ana Waleska; XAVIER, Libânia Nacif (org). *Por uma política de Formação do Magistério Nacional*: O INEP dos anos 1950/1960. Brasília: Inep, 2008, p. 19-38. (Coleção INEP 70 Anos).

MENDONÇA, Ana Waleska. Prefácio. In: PEREIRA, Eva Waisros et al. (Orgs.). *Nas asas de Brasília*: Memórias de uma utopia educativa (1956-1964). Brasília: Editora UnB, 2011, 375 p.

MONARCHA, Carlos. *Brasil arcaico, Escola Nova*. Cência, técnica e utopia nos anos 1920-1930. São Paulo: Ed. Unesp 2009, 342 p.

OLIVEIRA, Hilderico Pinheiro de. Anísio Teixeira e a Fundação que tem seu nome. In: ROCHA, João Augusto de Lima (Org.). *Anísio em Movimento*. Brasília: Senado Federal, 2002, p. 73-85.

PEREIRA, Eva Waisros; ROCHA, Lúcia Maria da Franca. Anísio Teixeira e o plano educacional de Brasília. In: PEREIRA, Eva Waisros et al. (Orgs.). *Nas asas de Brasília*: Memórias de uma utopia educativa (1956-1964). Brasília: Editora UnB, 2011, p. 30-45.

RIBEIRO, Darcy. UnB: Invenção e Descaminho. In: *Carta: falas, reflexões, memórias*, n. 14. Brasília: Gabinete do Senador Darcy Ribeiro, 1991, p. 121-166.

ROCHA, João Augusto de Lima Rocha. *Breve história da vida e morte de Anísio Teixeira*. Desmontada a farsa da queda do fosso do elevador. Salvador: Editora da UFBA, 2019.

SCHERER, Vicente. *Memorial dos bispos gaúchos ao Presidente da República sobre a Escola Pública Única*. Petrópolis: Vozes, 1958. v. 52.

TEIXEIRA, Anísio. Porque "Escola Nova". *Boletim da Associação Bahiana de Educação*, Salvador, n. 1, p. 2-30, 1930.

TEIXEIRA, Anísio. Ciência e arte de educar. *Revista Brasileira de Estudos Pedagógicos,* Rio de Janeiro, v. 28, n. 68, out./dez. 1957.

TEIXEIRA, Anísio. Plano de Construções Escolares em Brasília. *Revista Brasileira de Estudos Pedagógicos*, Rio de Janeiro, v. 35, n. 81, p. 195-199, jan./mar. 1961.

TEIXEIRA, Anísio. Uma experiência de educação primária integral no Brasil. *Revista Brasileira de Estudos Pedagógicos,* Rio de Janeiro, v. 38, n. 87, p. 21-33, jul./set. 1962.

TEIXEIRA, Anísio. Estado atual da educação. In: *Revista Brasileira de Estudos Pedagógicos,* Rio de Janeiro, v. 39, n. 89, p. 8-16, jan./mar. 1963.

TEIXEIRA, Anísio. *Educação não é privilégio*. 2. ed. rev. ampl. São Paulo: Editora Nacional, 1968. (Coleção Cultura, Sociedade e Educação, 10).

TEIXEIRA, Anísio. *Educação no Brasil*. São Paulo: Editora Nacional, 1969.

TEIXEIRA, Anísio. *Educação para a democracia*. Rio de Janeiro: UFRJ, 1997. (Original publicado em 1936).

TEIXEIRA, Anísio. Anísio Teixeira e os desafios atuais da educação superior. In: TEIXEIRA, Anísio. *Ensino Superior no Brasil: Análise e sua interpretação até 1969*. Rio de Janeiro: UFRJ, 2005 p. 9-43. (Coleção Anísio Teixeira, v. 10).

TEIXEIRA, Anísio. *Pequena introdução à filosofia da educação. A escola progressiva ou a transformação da escola*. Rio de Janeiro: UFRJ, 2007. (Coleção Anísio Teixeira, v. 2).

TRINDADE, Hélgio. Apresentação. Anísio Teixeira e os desafios atuais da educação superior. In: TEIXEIRA, Anísio. *Ensino Superior no Brasil: Análise e sua interpretação até 1969*. Rio de Janeiro: UFRJ, 2005, p. 9-43. (Coleção Anísio Teixeira, v. 10).

CAPÍTULO VII

AS UNIVERSIDADES E INSTITUTOS FEDERAIS E O PROJETO DE NAÇÃO

A UNIVERSIDADE QUE TEMOS PARA O PAÍS QUE QUEREMOS: AS CRISES PREJUDICIAIS À EQUAÇÃO

Rui Vicente Oppermann[1]
Jane Tutikian[2]

Introdução

Em setembro de 2019, Boaventura Santos antecipava em vídeo: "os tempos vindouros serão complexos e não haverá como enfrentá-los sem a segurança da experiência".

Tinha razão o sociólogo português, entramos, quase às cegas, em um período de tantas divisões e tão pouco diálogo, de tantas evasivas e mentiras diante do pouco conhecimento da realidade e da universidade, de tantas promessas inócuas, que com nada contribuem, de tanta acusação falsa, que precisamos reafirmar todos os dias nossos princípios e valores. Paradoxalmente, essa realidade vem de encontro às demandas da sociedade.

Nossa sociedade necessita de uma universidade forte e solidária, onde o ensino, a pesquisa, a extensão e a inovação venham em auxílio ao desenvolvimento, à justiça social e à valorização da vida. São tempos que exigem pedagogia e metodologias mais avançadas; valorização das humanidades e das licenciaturas; fortalecimento da assistência estudantil; criação de canais autênticos de comunicação; fortalecimento das políticas de saúde mental; ampliação da atuação das ações afirmativas; fortalecimento da extensão como espaço da igualdade; visão solidária da internacionalização; cumprimento dos Objetivos Sustentáveis; adequação e modernização da infraestrutura; interação completa entre pesquisa e inovação; expansão do papel da Universidade através de ecossistemas de inovação; um geral sentido de pertença mútua; um localizar-se no mundo sem perder a identidade, enfim, tudo isso

---

[1] Professor titular da Faculdade de Odontologia da Universidade Federal do Rio Grande do Sul (UFRGS).

[2] Professora titular do Instituto de Letras da Universidade Federal do Rio Grande do Sul (UFRGS).

que tem sido pilares e que está no substrato da universidade em sua natureza da democrática.

O que a sociedade necessita não é, absolutamente, uma grande e ofensiva abstração, manipulada por frases agressivas ou de efeito, mas uma atuação efetiva da universidade, como poderosa geradora de conhecimento humanístico, científico e tecnológico, que possui uma capacidade inata de vincular vastas áreas de conhecimento e atividades em toda a sociedade, desempenhando, assim, um papel central para servir ao desenvolvimento socioeconômico e à constituição de uma sociedade mais igualitária.

É chegado, pois, o momento de analisarmos os absolutos críticos, dentro de um contexto igualmente crítico, que atuam sobre o retrocesso e o desmonte das universidades públicas, num país que prima pela pobreza e pela miséria e todas as consequências que lhes são pertinentes, onde o Estado se torna o grande opositor ao seu desenvolvimento, inclusive pelo nefasto negacionismo que acompanha toda a pandemia da Covid.

Recorremos, para tal, à memória da história imediata veiculada pela grande imprensa, e veículos de associações, como a Associação Nacional de Dirigentes de Instituições Federais (Andifes), a estudiosos da situação da universidade, como Tavares, a analistas da relação entre a Covid e a atuação da universidade, como Panizzon e Cols, e, ainda, aos estudos sobre a universidade e suas perdas ao longo dos anos realizados pelo Prof. Nelson Amaral, da Universidade de Goiás, entre outros.

Desenvolvimento

Uma visada no panorama amplo das condições, em todo o território nacional, nessas duas décadas do século XXI e nos deparamos com o trágico. Ou a ignorância de que as Instituições Públicas de Ensino Superior são um dos mais importantes pilares democráticos de uma nação, na medida mesmo em que *(re)constituem* uma sociedade pluricultural, sob a égide da liberdade, da justiça, do respeito pela diferença, da solidariedade e do bem comum como amplo espaço de debate de ideias, experiências, práticas agregadoras e transformadoras da sociedade em suas organizações sociais, econômicas e políticas, ou uma visão irracional de nação completamente antagônica a tudo o que a universidade é, faz com que as instituições públicas de ensino superior cheguem ao estado geral de crise.

Ainda que a universidade seja o lócus da cultura, e a cultura um processo de valorização da pessoa humana e da vida, ainda que tenha estabelecido um compromisso com o desenvolvimento sustentável do país e da região, e com a busca da resolução dos desafios contemporâneos, através da interação produtiva e criativa das diferentes áreas do conhecimento, não é de hoje que vem enfrentando dificuldades. Podemos pensar, ao analisarmos o contexto em que vivemos e estamos vivendo, que a universidade brasileira enfrentou e enfrenta, entre outras, três grandes crises consecutivas e simultâneas.

A primeira é **fruto das políticas neoliberais, tornadas como prioritárias** para o Governo Federal a partir do impeachment da presidente Dilma Rousseff e investidura do então vice-presidente Michel Temer como presidente.

Durante seu curto mandato – 2016-2018 – foram realizadas reformas no sistema previdenciário, trabalhista e, principalmente, com repercussão direta na Administração Federal, foi implantada a Emenda Constitucional 95, também conhecida como Lei do Teto, pois estabelece que as despesas e investimentos públicos ficam limitados aos mesmos valores gastos no ano anterior, corrigidos pela inflação medida pelo Índice Nacional de Preços ao Consumidor Amplo (IPCA).

Com essas medidas, as Universidades Federais literalmente perdem sua capacidade de investimento e se veem premidas pela redução crescente também dos recursos orçamentários para custeio.

Some-se a isso uma imensa campanha – e vocês todos devem lembrar – de desacreditação e de difamação da gestão universitária. A pressão sobre os reitores foi incomensurável e constante, um ataque sem precedentes aos gestores, que culminou com reitores sendo retirados de casa, ainda no amanhecer, com todo o aparato policial diante de suas residências, como se fossem flagrantemente criminosos, para prestarem depoimentos, cuja consequência culminante foi a tragédia do suicídio do Reitor Luiz Carlos Cancellier de Olivo, da Universidade Federal de Santa Catarina, no segundo dia de outubro de 2017.

Em 28 de setembro, portanto a quatro dias do suicídio, o Reitor da UFSC publicou artigo no *O Globo* denunciando "a humilhação e o vexame" a que ele e outros colegas da instituição estavam sendo submetidos. Cito:

A humilhação e o vexame a que fomos submetidos – eu e outros colegas da Universidade Federal de Santa Catarina (UFSC) – há uma semana não tem precedentes na história da instituição. No mesmo período em que fomos presos, levados ao complexo penitenciário, despidos de nossas vestes e encarcerados, paradoxalmente a universidade que comando desde maio de 2016 foi reconhecida como a sexta melhor instituição federal de ensino superior brasileira; avaliada com vários cursos de excelência em pós-graduação pela Capes e homenageada pela Assembleia Legislativa de Santa Catarina.

[...]

Nos últimos dias tivemos nossas vidas devassadas e nossa honra associada a uma "quadrilha", acusada de desviar R$ 80 milhões. E impedidos, mesmo após libertados, de entrar na universidade.(2017).

A segunda crise se dá imediatamente após a primeira, com a troca de governo em 2019, quando se evidencia **um movimento ideológico que confronta a autonomia das universidades**, garantida pela Constituição Federal. Esse movimento busca cercear a liberdade de cátedra, garantida pela Constituição Federal, interfere nas eleições para o cargo de Reitor, coloca interventores em universidades, e lança o Programa Future-se e variantes, projeto que significa claramente o fim da democratização e da autonomia das universidades.

Ora, sobre a autonomia, que engloba a liberdade de cátedra, a escolha de dirigentes e a não intervenção nas Universidades, é preciso dizer que ela está na essência da Universidade desde a Idade Média, desde a criação do conceito de universidade, cuja etimologia remonta ao latim *universitas*, *uni*: / *universo* / uno, *versu*s: transformar e *tas*: agente de qualidade.

Nem mesmo, a Igreja, na Idade Média, interferia, por exemplo, no que a Universitas podia pesquisar ou não. A autonomia é um dispositivo constitucional, já foi dito, mas é preciso lembrar e relembrar o Art. 207 da Constituição brasileira.

É preciso enfatizar também que é uma conquista histórica das universidades do mundo inteiro, não apenas nossa! Em 1988, quando criávamos, aqui, a Constituição Cidadã, em Bologna, reitores do mundo inteiro reunidos enfatizavam a autonomia da Universidade. No Brasil, está lá, no Art. 207! Cumpra-se!

Se nos fosse perguntada a relação entre a autonomia, a escolha do reitor e a lista tríplice – ainda que achemos que a lista tríplice deva ser eliminada –, é preciso que seja entendido que estamos falando de uma relação entre projetos para o futuro da Universidade, e não de pessoas ou ideologias partidárias.

Assim, no momento em que o governo federal escolhe outro que não o primeiro candidato da lista, está escolhendo um projeto derrotado, fracassado, antes mesmo de nascer, uma vez que critério para escolha não é a vontade da comunidade acadêmica, mas o aparato ideológico agindo no aparelhamento das universidades federais. Ora, democrático é ouvir a Comunidade Universitária, é respeitar o projeto escolhido por ela, é respeitar a sua essência: a autonomia.

Como se não chegasse às bordas do absurdo, essa mesma ideologia ataca, utilizando toda a espécie de "pós-verdades", mentiras e "fake news", o papel das Instituições Federais, sugerindo inclusive a sua exclusão da administração federal, seja pela transformação em organizações sociais ou por simples privatização.

A terceira crise é a pandemia, amparada pelo negacionismo que já tirou a vida de milhares de brasileiros.

Diante da Covid-19, em 2020, as Universidades logo adaptaram as atividades, tendo a saúde de suas comunidades como referência, e passaram a participar no enfrentamento da pandemia, seja com pesquisas e atividades de extensão, seja tendo seus hospitais universitários como referência no atendimento de pacientes portadores da Covid-19.

Aí, ironicamente, mesmo diante desse quadro, enquanto, de um lado, se procura desfazer da área das humanidades, necessária para a justiça social, de outro, coloca-se à míngua a ciência e tecnologia, estratégicas para o desenvolvimento de um país, com cortes sucessivos nos orçamentos.

Diante da pandemia, ciente de seu papel, a mobilização da comunidade universitária foi imediata e em vários sentidos. Panizzon e Cols (2020) publicaram uma interessante avaliação das práticas das universidades federais no combate à Covid-19, relacionando o investimento público e a capacidade de implementação de ações de enfrentamento.

Os autores, ao se perguntarem "qual o padrão de Práticas das Universidades Federais em relação à Covid-19?", observaram que 40,97% dessas ações estavam direcionadas para o desenvolvimento de tecnologias; 23,96% eram ações de intervenção direta na Sociedade; 20,49% foram aplicados na difusão de informações para a Sociedade; 9,38% se relacionaram à participação na rede de suprimentos e 5,21% dedicados à produção de estudos de impacto.

Marilena Chauí foi muito feliz ao afirmar que "a universidade sempre foi uma instituição social, isto é uma ação social, uma prática social fundada no reconhecimento público de sua legitimidade e de suas atribuições." (Trindade, 1999, p. 211-221). Prova disso é que, em todo o Brasil, as universidades públicas não pararam. As atividades de pesquisa, desenvolvimento tecnológico, assessoria, entre outras, foram rapidamente direcionadas para o enfrentamento da pandemia e suas consequências.

Para que se tenha uma ideia, em 2020, mais de 800 projetos de pesquisa direcionados para a Covid-19 estavam sendo conduzidos no âmbito das universidades federais (Globo G1, 2020). Além disso, os hospitais universitários foram referência para a atenção aos doentes, mobilizando toda uma comunidade universitária no tratamento da Covid-19.

Verdade é que a situação orçamentária das universidades vem se deteriorando desde 2015. Estudo realizado pelo professor Nelson Amaral, da Universidade Federal de Goiás, mostra como o orçamento geral do MEC vem sendo reduzido, ano a ano. Por exemplo, na função educação, de R$ 130 bilhões em 2014, chegamos a R$ 90 milhões em 2021.

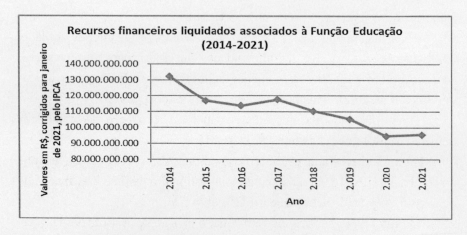

Gráfico 1 – Função Educação: os recursos financeiros no período 2014-2021. Amaral, 18/4/2021. Disponível em: https://aterraeredonda.com.br/dois-anos-de-desgoverno-os-numeros-da-
-desconstrucao/

Em outras despesas correntes, de R$ 9 bilhões em 2014, chegamos a R$ 5 bilhões em 2021. De R$ 30 bilhões, em 2014, chegamos a cerca de R$ 100 milhões em 2021 nos investimentos. Quer dizer, a manutenção das universidades chega, em 2021, à impossibilidade literal de atender necessidades básicas (Amaral, 2021).

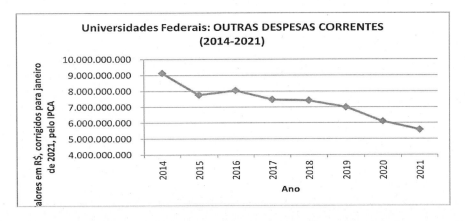

Gráfico 2 – Evolução dos recursos financeiros associados ao pagamento de Outras Despesas Correntes da Universidades Federais, no período 2014-2021. Amaral, 18/4/2021. Disponível em: https://aterraeredonda.com.br/dois-anos-de-desgoverno-os-numeros-da-desconstrucao/

No conjunto, as reduções estabelecidas no Governo Temer e no atual Governo apontam para uma política de redução das atividades de ensino, pesquisa e extensão como parte de uma política de redução do papel do Estado no desenvolvimento nacional.

Nesse sentido, a queda no investimento das universidades públicas é abismal:

Gráfico 3 – Recursos de Investimentos para as Universidades Federais no período 2014-2021. Amaral, 18/4/2021. Disponível em: https://aterraeredonda.com.br/dois-anos-de-desgoverno-os--numeros-da-desconstrucao/

Reduções semelhantes têm sido realizadas nas áreas de ciência e tecnologia, onde os cortes orçamentários nas principais agências de fomento como CAPES, CNPQ e FNDTC são vergonhosas, (Escobar, 2020). A Lei Orçamentária Anual (LOA 2021), (Governo Brasileiro, Brasília – Planejamento e Orçamento 2021) retirou recursos das áreas da Educação, Saúde, Ciência, Tecnologia e Obras, (Rodrigues; Rodrigues, 2021).

Observemos o gráfico:

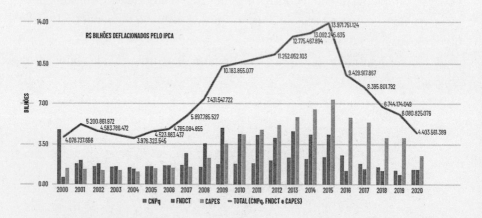

Gráfico 4 – Investimentos em Ciência e Tecnologia ao longo do século XXI de acordo com as agências fomentadoras governamentais, Capes, CNPq, FNDCT e o total (Escobar, 2020, Folha de São Paulo).

O impacto desses cortes se reflete em perda da capacidade de produção científica, levando a uma perda nos espaços de trabalho e de pesquisa, tanto no plano nacional como internacional, à fuga de cérebros. Não restam dúvidas que essas reduções fazem parte de um projeto de desestruturação das universidades federais, vistas, pela ala ideológica do atual governo, como fonte de militância esquerdista.

Considerações finais

É dentro desse cenário que as universidades públicas enfrentaram e continuam enfrentando a realidade da pandemia. É dentro desse cenário que as universidades, através do esforço de suas comunidades, continuam defendendo a educação; continuam lutando pela preservação do caráter público das universidades, da gratuidade do ensino, do amplo acesso e da inclusão, com garantia de recursos financeiros públicos, e pela sua autonomia e liberdade acadêmica. Continuam, enfim, defendendo a qualidade no ensino, na pesquisa, na extensão, e na inovação, numa visão mais abrangente de desenvolvimento, englobando a sustentabilidade voltada para a qualidade de vida da população, a mitigação da pobreza e da precarização do trabalho; a descentralização da gestão; a valorização da dignidade humana e da integração social; e a garantia do equilíbrio dos ecossistemas para a redução das desigualdades regionais.

O documento final da Conferência Regional de Educação Superior que ocorreu em Córdoba, na Argentina, no ano de 2018, ratificou o postulado da "Educação Superior como um bem público social, um direito humano e universal, e um dever dos Estados".

O documento ainda conclui que "estes princípios se fundam na convicção profunda de que o acesso, o uso e a democratização do conhecimento é um bem social, coletivo e estratégico, essencial para poder garantir os direitos humanos básicos e imprescindíveis para o bem-estar dos nossos povos, a construção de uma cidadania plena, a emancipação social e a integração regional solidária latino-americana e caribenha" (Iesalc/Unesco, 2021).

Não é difícil vislumbrarmos que os tempos vindouros, pós-pandêmicos, diante de todo o contexto que se apresenta, serão ainda mais complexos. E, para recebê-los, precisamos estar preparados. Não é possível pensar num país que menospreze a inteligência e despreze a Universidade Pública, sem ela não há desenvolvimento, sem desenvolvimento, não há uma sociedade igualitária, sem uma sociedade igualitária não há justiça social, e sem tudo isso não há o Estado Democrático de Direito, não há qualidade de vida em seu mais amplo sentido, apenas um futuro de incertezas. Fica-nos, entretanto, evidente que o conjunto de manobras políticas e de reduções orçamentárias estabelecidas pelo governo federal aponta para uma política de redução das atividades de ensino, pesquisa e extensão – tendo como consequência o desmonte da universidades públicas – como parte de uma política de redução do papel do próprio Estado no desenvolvimento nacional, o que se agrava pela necessidade de enfrentamento da Covid-19 em confronto com o negacionismo.

Apesar do esforço das próprias universidades, a dificuldade de restauração das perdas de todas as ordens sofridas, nesse período, será imensa.

Referências

ADORNO, Theodor W. *Aspectos do novo radicalismo de direita.* São Paulo: Editora Unesp, 2020.

ALUMNI USP. *Pesquisadores da USP sequenciam genoma do coronavírus.* Disponível em: http://www.alumni.usp.br/pesquisadoras-da-usp-sequenciam-o-genoma-do--coronavirus/

AMARAL, Nélson C. *Dois anos de desgoverno* – os números da desconstrução. 18 abr. 2021. Disponível em: https://aterraeredonda.com.br/dois-anos-de-desgoverno-os--numeros-da-desconstrucao/

ASSOCIAÇÃO NACIONAL DOS DIRIGENTES DAS INSTITUIÇÕES FEDERAIS DE ENSINO SUPERIOR (ANDIFES). *Universidades Federais avançam na criação de vacinas contra a COVID-19.* Disponível em: https://www.andifes.org.br/?p=88195#:~:text=Al%C3%A9m%20destas%2C%20o%20Brasil%20tem,brasileiros%20contra%20a%20Covid%2D19

BIEMATH, André. Tratamento precoce 'Kit covid é kit ilusão': os dados que apontam riscos e falta de eficácia do suposto tratamento. *BBC News Brasil*, 27 jan. 2021. Disponível em: https://www.bbc.com/portuguese/brasil-55775106

BIEMATH, André. Vacinação contra a covid-19: no ritmo atual, Brasil demoraria mais de quatro anos para alcançar imunidade de rebanho. *BBC News Brasil*, 29 jan, 2021. Disponível em: https://www.bbc.com/portuguese/brasil-55850118

BRASIL. *Ministério da Educação oferecerá internet gratuita para alunos em situação de vulnerabilidade.* 1 jul. 2020. Disponível em: https://www.gov.br/pt-br/noticias/educacao-e-pesquisa/2020/07/mec-oferecera-internet-gratuita-para-aluno-em-situacao--de-vulnerabilidade

BRASIL. *Ministério da Educação destina computadores a estudantes de baixa renda.* Disponível em: https://www.gov.br/mec/pt-br/assuntos/noticias/mec-destina-computadores-a-estudantes-de-baixa-renda

BRASIL. *Planejamento e Orçamento 2021.* Disponível em: https://www.gov.br/economia/pt-br/assuntos/planejamento-e-orcamento/orcamento/orcamentos-anuais/2021

COORDENAÇÃO DE APERFEIÇOAMENTO DE PESSOAL DE NÍVEL SUPERIOR (CAPES). *Dados gerais do Coleta Capes para o sistema de pós-graduação.* Disponível em: https://dadosabertos.capes.gov.br/dataset/bdaf1399-29ae-4920-b74f-513f11d-bed68/resource/41d957b0-3d85-4dec-b500-5553c18a538c/download/br-capes-colsucup-curso-2019-2020-11-30.xlsx

ESCOBAR , Herton. Congresso aprova projeto que pode liberar R$ 9 bilhões para a ciência em 2021. *Jornal da Universidade de São Paulo* (USP), 18 dez. 2020. Disponível em: https://jornal.usp.br/universidade/politicas-cientificas/congresso-aprova-projeto--que-pode-liberar-r-9-bilhoes-para-a-ciencia-em-2021/

FLORES, Natália; ARNT, Ana. Desigualdade social e tecnologia: o ensino remoto serve para quem? 30 abr. 2020. Disponível em: https://www.blogs.unicamp.br/covid-19/desigualdade-social-e-tecnologia-o-ensino-remoto-serve-para-quem/

GLOBO G1. *Polícia Civil termina inquérito e conclui que reitor da UFSC cometeu suicídio.* Out. 2017. Disponível em: https://g1.globo.com/sc/santa-catarina/noticia/policia-civil-termina-inquerito-e-conclui-que-reitor-da-ufsc-cometeu-suicidio.ghtml

GLOBO G1. *Universidades Federais conduzem mais de 800 pesquisas para mapear coronavírus e encontrar uma vacina diz associação.* Maio 2020. Disponível em: https://g1.globo.com/educacao/noticia/2020/05/11/universidades-federais-conduzem-mais--de-800-pesquisas-para-mapear-coronavirus-e-encontrar-uma-vacina-diz-associacao.ghtml.

GLOBO G1. *Universidade de Brasília, UNB, oferece auxílio emergencial para estudantes sem acesso à Internet e computador no Distrito Federal.* Jul. 2020. Disponível em: https://g1.globo.com/df/distrito-federal/noticia/2020/07/16/unb-oferece-auxilio--emergencial-para-estudantes-sem-acesso-a-internet-e-computador-no-df.ghtml

GOVERNO DO ESTADO DO RIO GRANDE DO SUL. *Comitê Científico de apoio ao enfrentamento da pandemia Covid-19.* Disponível em: https://www.inova.rs.gov.br/comite-cientifico

INSTITUTO INTERNACIONAL PARA A EDUCAÇÃO SUPERIOR NA AMÉRICA LATINA E CARIBE (IESALC/UNESCO). Documento final da Conferência Regional de Educação Superior na América Latina e Caribe. Disponível em: https://www.iesalc.unesco.org/2019/02/20/declaracion-final-de-la-iii-conferencia-regional-de-educacion--superior-en-america-latina-y-el-caribe-cres-2018/

FOLHA DE SÃO PAULO. Congresso Nacional frente ao colapso da educação, ciência e tecnologia: É imperioso que o Orçamento priorize e garanta valores minimamente justos. Opinião, vários autores, deputados federais. 23 mar. 2021. Disponível em: https://www1.folha.uol.com.br/opiniao/2021/03/congresso-nacional-frente-ao-colapso--da-educacao-ciencia-e-tecnologia.shtml

BRASIL. Ministério da Educação. *Acompanhamento das ações das Instituições Federais de Ensino Superior no enfrentamento da pandemia.* Disponível em http://portal.mec.gov.br/coronavirus/

BRASIL. Ministério da Educação. *Mec autoriza ensino à distância em cursos presenciais*, 18 mar. 2020. Disponível em: http://portal.mec.gov.br/busca-geral/12-noticias/acoes-programas-e-projetos-637152388/86441-mec-autoriza-ensino-a-distancia-em--cursos-presenciais

MORAIS, Leandro Euler de. *A pandemia como fator de aceleração de transformação, Convergência Digital*, 08 maio 2020. Disponível em: https://www.convergenciadigital.com.br/cgi/cgilua.exe/sys/start.htm?UserActiveTemplate=site&UserActiveTemplate=mobile&infoid=53595&sid=15; https://www.blogs.unicamp.br/covid-19/desigualdade--social-e-tecnologia-o-ensino-remoto-serve-para-quem/

PANIZZON, Mateus, COSTA, Camila F. da; MEDEIROS, Igor B. de O. Práticas das universidades federais no combate à COVID-19: a relação entre investimento público e capacidade de implementação. *Revista da Administração Pública,* 54(04):635-649, jul. ago. 2020.

RODRIGUES, Eduardo; RODRIGUES, Lorenna. Vetos de Bolsonaro no Orçamento tiram recursos da Saúde, Educação e Obras. *O Estado de São Paulo.* Disponível em: https://www.msn.com/pt-br/noticias/brasil/vetos-de-bolsonaro-no-or%C3%A7amento--tiram-recursos-da-sa%C3%BAde-educa%C3%A7%C3%A3o-e-obras/ar--BB1fYcsB?li=AAggXC1

SANTOS, José Vicente Tavares dos (Org.). Elementos para a Universidade do Futuro, *Universidade do Futuro.* Porto Alegre: Editora UFRGS, 2020.

SOCIEDADE BRASILEIRA PARA O PROGRESSO DA CIÊNCIA (SBPC). É preciso evitar o colapso da ciência em 2021! Disponível em: http://www.jornaldaciencia.org.br/wp-content/uploads/2021/03/Demandas-da-Cie%CC%82ncia-PLOA-2021-.pdf

TRINDADE, Hélgio (Org.). *Universidade em Ruínas*: na república dos professores. Petrópolis: Vozes, 1999.

UNITED NATIONS EDUCATIONAL, SCIENTIFIC AND CULTURAL ORGANIZATION (UNESCO). Terceira conferência mundial de educação superior. Disponível em: https://en.unesco.org/news/world-higher-education-conference-2021

UNIVERSIDADE FEDERAL DO RIO GRANDE DO SUL (UFRGS). *Reconecta do Parque Científico e Tecnológico ZENITH destina computadores a estudantes para o ensino remoto emergencial.* 22 jul. 2020. Disponível em: http://www.ufrgs.br/ufrgs/noticias/reconecta-ufrgs-destina-computadores-a-estudantes-para-o-ensino-remotoemergencial#:~:text=O%20Parque%20 Cient%C3%ADfico%20e%20Tecnol%C3%B3gico,da%20necessidade%20de%20 implanta%C3%A7%C3%A3o%20do

UNIVERSIDADE FEDERAL DE PELOTAS (UFPEL). *Epicovid-19 – Boletins Diários.* Disponível em: https://wp.ufpel.edu.br/covid19/?s=epicovid

UNIVERSIDADE FEDERAL DO RIO GRANDE DO SUL (UFRGS). *Estudantes contemplados em edital PRAE recebem chips e pacotes de dados para acompanhar o Ensino Remoto Emergencial, ERE.* 29 out. 2020. Disponível em: http://www.ufrgs.br/ ufrgs/noticias/estudantes-contemplados-em-edital-da-prae-recebem-chips-e-pacotes- -de-dados-para-o-ere

UNIVERSIDADE FEDERAL DO RIO GRANDE DO SUL (UFRGS). *Universidade aprova o ensino remoto emergencial e retoma as aulas da graduação em 19 de agosto 2020.* Disponível em: https://www.ufrgs.br/fce/ufrgs-aprova-ensino-remoto-e-retoma- -aulas-da-graduacao-em-19-de-agosto/

AS TENDÊNCIAS DAS UNIVERSIDADES BRASILEIRAS: QUE PROJETO DE NAÇÃO QUEREMOS?

Malvina Tuttman[1]

Introdução

Pensar as funções da Universidade, hoje, exige refletir sobre as relações que a Universidade estabelece com ela mesma, com a sociedade, com o Estado, no que se refere a questões que vão desde a sua proposta educativa até a forma de administração adotada.

De maneira geral, pode-se visualizar duas formas de analisar a estrutura social. Por um lado, uma estrutura social que é vista como igualitária, hegemônica, harmoniosa, ofertando as mesmas oportunidades para todos. Por outro, uma estrutura social que prima pela discriminação social, marcada pela divisão entre grupos, heterogênea em sua complexidade.

Ao considerar uma ou outra posição, fica definido o tipo de educação que se deseja imprimir: um processo educacional que tem por função reforçar e manter a estrutura social vigente, ou um processo educacional que pretende a transformação da situação existente. No primeiro caso, a função da educação pode ser considerada como a de mantenedora. Os indivíduos, por meio da Instituição de Ensino, serão "corrigidos" em suas distorções, que são impeditivas para uma sociedade igualitária. A segunda posição entende que o processo de marginalização do indivíduo não é responsabilidade de cada um, mas inerente à própria estrutura social, que não oferta oportunidades iguais para todos[2].

No caso específico da Universidade, percebe-se, ao longo de sua existência, diferentes tendências que implicam uma dessas visões de Sociedade/Educação. Fazendo parte do primeiro bloco de pensamento, destacam-se pelo menos duas tendências de Universidade. Uma delas teria por objetivo a

---

[1] Doutora em Educação. Professora titular da Universidade Federal do Estado do Rio de Janeiro (Unirio).

[2] SAVIANI, Dermeval. *Escola e democracia*. São Paulo: Cortez: Autores Associados, 1983.

formação de recursos humanos para o mercado de trabalho, respondendo às necessidades do desenvolvimento industrial e, por meio da pesquisa, criando tecnologia necessária para colocar a economia brasileira entre as denominadas economias desenvolvidas. A outra tendência privilegia a Universidade como o centro do saber, dando prevalência à questão do ensino e da pesquisa.

No segundo bloco de pensamento, isto é, naquele que pretende uma educação emancipatória, encontram-se os que percebem a Universidade como local de teorias e práticas reveladoras da sociedade e do Estado. Uma Universidade capaz de expressar uma multiplicidade de pensamentos, muitas vezes conflitantes, mas que tem por objetivo colocar a produção acadêmica ao alcance das diferentes classes sociais e a serviço delas, principalmente.

Segundo Fávero[3], a Universidade brasileira, semelhante às demais Universidades que sofrem a influência e o jugo capitalista, vive uma situação dúbia: reproduz a estrutura de poder da sociedade, ao mesmo tempo que exerce, em determinados momentos históricos, o poder de crítica.

Até hoje, e tendo configurações legais como a Constituição de 1988, que define a indissociabilidade entre ensino, pesquisa e extensão, a função de ensino, entendida tradicionalmente, é prevalente nas Universidades brasileiras. A pesquisa e a extensão ainda são percebidas como atividades pontuais, normalmente de responsabilidade única dos docentes, sem uma participação mais expressiva dos estudantes, desvinculadas, portanto, de sua formação acadêmica. Poucos são os alunos que têm a oportunidade de vivenciar outras experiências que não aquelas retransmitidas pelo corpo de professores.

Os Projetos Políticos Pedagógicos, normalmente, não consideram as atividades de extensão e de pesquisa como curriculares. Consideram-nas como atividades extracurriculares, fora da carga horária do aluno.

Apesar da força dos Movimentos Estudantis, da Legislação existente, do empenho de profissionais e estudantes das Universidades, a extensão e a pesquisa continuam, no Brasil, a não fazer parte do ideário da Universidade.

As reflexões anteriores fazem pensar sobre o papel da Universidade no Brasil: que profissionais estamos formando? Que currículo está sendo oferecido ou imposto aos estudantes? A quem a Universidade vem servindo ou continua a servir? Por que a Universidade continua a manter um distan-

---

[3] Fávero, Maria de Lourdes A. *Universidade e poder*: análise critica/fundamentos históricos, 1930-45. Rio de Janeiro: Achiamé, 1980. p. 23.

ciamento do seu entorno, da complexidade do mundo, apesar das iniciativas, principalmente, dos estudantes ao longo de nossa história?

A presente temática é importante na medida em que possibilita questionar sobre de que universidade o país necessita, a partir de que projeto de Nação. Nesse sentido, afirmo que acredito em processos participativos, em todas as etapas e modalidades da Educação, especialmente quando se trata de pensar a Universidade e, com ela, a elaboração de propostas curriculares inovadoras.

A certeza com que faço tal afirmação apoia-se tanto nos estudos sobre essas temáticas quanto nas experiências vividas junto com outros parceiros na Escola Pública de Ensino Fundamental, atuando como professora e supervisora educacional; na Universidade, como docente, ou em outros espaços educacionais, assumindo, também, funções na gestão.

Nesses espaços, tive a feliz oportunidade de exercitar o fazer coletivo e reforçar práticas de respeito aos diferentes saberes, como também práticas de escuta e de diálogo. Portanto, as reflexões que farei no presente artigo sobre educação superior no Brasil, sua estrutura curricular/formação profissional, são decorrentes de estudos, fundamentados principalmente em Anísio Teixeira, Paulo Freire, Boaventura de Souza Santos, Marilena Chaui, Dermeval Saviani, entre outros tantos pensadores, e, também, de vivências, aprendendo com meus pares, com estudantes, com representações sindicais, com movimentos sociais.

Caminhos da educação superior no Brasil: sonho e realidade

Anísio Teixeira é um dos importantes pensadores da educação brasileira, sendo precursor de ideias e ações comprometidas com o direito à educação para todos, a partir de pedagogias ativas e considerando o papel central das artes e humanidades na formação de estudantes.

Inovador em suas concepções filosóficas e organizacionais de Universidade, deixa um grande legado para se democratizar a educação. Ao estudar Anísio e Paulo Freire, fica claro que a Educação se constitui como essência para a construção da cidadania e do desenvolvimento de uma consciência crítica dos estudantes.

Essa afirmativa me remete a pensar o significado de currículo. O currículo tem alma, contempla histórias de vida, reafirma culturas, saberes e fazeres

264

que identificam um determinado grupo social, considerando as bases legais definidas para a educação nacional. Nessa perspectiva, defendo que haja uma unidade nessa grande diversidade, mas entendo que as Universidades têm que ter autonomia para elaborar as suas propostas curriculares, considerando as particularidades nacionais e regionais, no seu Projeto de Universidade.

Dessa forma, o Projeto Político Pedagógico fica entendido como um processo não linear e rotineiro e as disciplinas deixam de ser verdades acabadas a serem repassadas e transmitidas. Torna-se um espaço de produção e exercício da liberdade. Os conteúdos das disciplinas deixam de ser a essência principal e passam a se tornar fundamentos para novas buscas, novas descobertas, novos questionamentos, oferecendo aos futuros profissionais um sólido, rigoroso e crítico processo de formação.

Pensar um currículo flexibilizado implica (re)pensar a própria Universidade e sua política educacional. Supõe uma mudança nas suas relações estruturais rígidas. Consequentemente, cabe uma mudança não só no conceito de currículo presente por muitos anos no meio universitário, como também na própria forma de estruturá-lo e de orientar academicamente a construção dos planos de estudo dos estudantes. Cabe, também, uma mudança nas concepções e práticas universitárias. A Universidade e o currículo dos seus cursos devem ser espaços privilegiados para a reflexão, o debate e a crítica.

Ao ultrapassarmos a rigidez administrativa a que estamos acostumados, poderemos ter uma gama de possibilidades com as quais exercitaremos relações democráticas produtoras de saberes e práticas efetivamente cidadãs. O convívio dos poderes e saberes ganharia uma nova dimensão, abrindo espaços capazes de fazer emergir os saberes de cada participante efetivo desse processo.

É preciso transformar as próprias relações internas da Universidade, onde ainda imperam ações individualizadas, fortalecidas pela departamentalização, e criar formas alternativas de trabalho que permitam o exercício do múltiplo, do coletivo. Certamente, há um fortalecimento das ações quando elas são produzidas por meio de ações coletivas, quando se opta, especialmente, por uma gestão onde predomina a característica participativa.

A criação de outras estruturas que oportunizem ações interativas precisa ser implantada nas Universidades, como canais de ligação que minimizem a linearidade imposta pelo formato departamental. Talvez, essa possa ser uma das formas de alterar a relação saber/poder existente e exercitar o processo decisório por meio do fazer coletivo. Trata-se, neste momento, de abandonar o poder constituído e vivenciar, plenamente, a partilha de saberes diferenciados.

É preciso, nesse processo de construção da sociedade desejada, repensar as funções da Universidade, de seus cursos e, consequentemente, pesquisar e definir os novos compromissos desses profissionais, que passam por valorizar as pessoas em sua inteireza, como sujeitos históricos, como nos indica Paulo Freire.

Pensar o significado da educação universitária implica ir além de uma observação simplista, fragmentada, que se ocupa, apenas, em analisar partes do processo educacional. É necessário reeducar o modo de olhar e perceber os princípios e os valores que estão subjacentes às práticas em exercício nas instituições de ensino.

Fortaleço esse meu pensamento ao revisitar Paulo Freire e me aproprio de uma expressão por ele utilizada em suas falas e escritos: ética universal. O comportamento ético tem que ser inseparável da prática educativa. Esse exercício deve se concretizar no cotidiano, na prática diária, de forma viva, concreta, a partir de atos e atitudes perante os educandos.

Por acreditar nesse pensamento, indago: o que estará pautando o ato de ensinar e aprender em nossas Universidades? Estarão presentes os princípios da solidariedade, do respeito ao outro, do fortalecimento do espírito público?

Se considerarmos que uma proposta de reestruturação da educação superior deve estar inserida em um projeto de transformação da sociedade brasileira, é necessário que princípios como justiça social e senso de cidadania norteiem a formação dos jovens.

Considero a importância de construir um novo senso comum no que se refere à Universidade brasileira. Boaventura aponta três de suas importantes dimensões da Universidade: a solidariedade (dimensão ética) – "numa ética que não seja colonizada pela ciência nem pela tecnologia, mas parta do princípio da responsabilidade"; a participação (dimensão política) – "repolitização global da vida coletiva", já que considera que todas as relações de poder são políticas; o prazer (dimensão estética) – que nos levará ao reencantamento do mundo.

A análise de Marilena Chaui sobre a Universidade Brasileira permite melhor entender os seus caminhos, a partir de 1970. Chaui faz uma importante distinção entre o significado dos termos "organização" e "instituição", e da passagem da Universidade da condição de instituição para a condição

266

de organização. Enquanto assumindo-se como organização, a Universidade se vê como mais uma competidora no amplo mercado social. Ela deve agir pelas ideias de eficácia e êxito, não questionando seu papel no "interior da luta de classes". Por outro lado, a Universidade entendida como instituição tem a sociedade como base "normativa e valorativa".

Chaui indica que, no caso do Brasil, a passagem da ideia de Universidade instituição para a de Universidade organização inicia-se na década de 1970, correspondendo ao "milagre econômico". Nesse momento, a Universidade voltou-se, basicamente, para a formação qualificada para o mercado de trabalho. Houve, também, uma proliferação de cursos superiores. Caracteriza-se pelo início da fragmentação dos conhecimentos, com a organização em Departamentos, o currículo adaptando-se às exigências do mercado, como forma de garantir a inserção profissional dos estudantes. A Universidade da década de 1980 primou pela expansão das universidades particulares, bem como pela ideia de parceria entre as Universidades públicas e as empresas privadas, reforçando a ideia de Universidade como organização.

A partir da década de 1990, a mobilização social e política é mais rara, em função do crescimento de uma postura individualista, fruto do mundo marcado pela globalização. A Universidade se volta para ela mesma, regida por contratos de gestão, avaliada por índices de produção externos. Cada vez mais, a Universidade vai se descaracterizando de sua condição de instituição, passando à condição de organização, principalmente pela falta de investimento do governo na produção científica e pedagógica, reduzindo, drasticamente, o seu compromisso político com as Universidades. Dessa forma, a Universidade, dada a sua perda de prioridade pelo poder público, aprofunda a crise institucional.

Na década de 1980, há a difusão, intencional, das universidades privadas, criando uma estrutura paralela às Universidades públicas, obrigando-as a uma concorrência desleal. Fortalece-se, dessa forma, a ideia de que, assim como o Estado é irreformável, ineficiente, simetricamente a Universidade também o é. A educação passa a ser entendida como um bem consumível.

Cria-se um mercado universitário, fortalecendo a interpretação de Chaui quanto à passagem da Universidade para a condição de organização, isto é, ela própria deve funcionar como uma empresa. Diante da falta de financiamento público e a consequente perda de autonomia pedagógica e científica, a Universidade pública busca alternativas. Uma delas é se voltar para a empresa, com venda de serviços, tanto pela pesquisa quanto pela extensão, com a finalidade de gerar receitas próprias para ultrapassar a crise financeira existente.

Esse quadro, influenciado fortemente pelo neoliberalismo, agrava a crise institucional da Universidade, e as crises de legitimidade e de hegemonia. A Universidade dos anos 1990 aprofunda sua crise institucional, perdendo cada vez mais a sua autonomia de produção livre de conhecimentos críticos, e se aproxima do setor privado, o que a obriga a uma concorrência desleal com outras organizações, já que ela se descaracterizou enquanto instituição social, pelo descompromisso governamental com as políticas sociais, entre elas a educação.

A Universidade se vê à mercê das fundações privadas para apoiar o desenvolvimento de trabalhos de pesquisa e de extensão. Na década de 1990, assume uma forma perversa, pois sua lógica é, como afirma Boaventura, exclusivamente mercantil. Temos, portanto, duas questões que se destacam: o descompromisso do Estado com a Universidade pública e a sua globalização mercantil, que são base para a implantação de uma política universitária globalizada.

Boaventura alerta que tal política de globalização da educação é uma das intervenções mais ideológicas que se fez no mundo até o presente momento. Ela significa subserviência dos países periféricos e semiperiféricos ao poder dos países desenvolvidos. Porém, aconteceram outros movimentos importantes nas Universidades públicas brasileiras, apesar das consequências malévolas do neoliberalismo. Uma delas refere-se a discussões, surgidas nas próprias Universidades, apresentando uma outra dimensão para a educação.

É importante destacar que somente vinte anos depois da Reforma de 1968 é que a autonomia universitária e o princípio da indissociabilidade são estabelecidos na Constituição da República Federativa do Brasil, promulgada em 1988, como podem ser percebidos no Art. 207. A autonomia continua constituindo pauta de reivindicações das Instituições Federais de Ensino Superior, apesar de alguns movimentos para a sua institucionalização. Um exemplo é a conquista obtida para a escolha dos dirigentes pelo voto direto, desde 1985. Mesmo assim, ainda na atualidade, algumas Universidades Federais não veem respeitadas as suas escolhas.

Necessário destacar a experiência de renovação da Universidades Públicas e dos Institutos Federais no período de 2003 a 2015. Existem experiências em diversas Universidades e Institutos Federais que transgrediram o já estabelecido e dogmatizado. Essas propostas ganharam força com a mudança dos rumos políticos em nosso país, a partir do ano de 2003, com a escolha pela população de um governo que apresentava um outro Projeto de Nação, fundado, principalmente, na defesa da cidadania plena, e que, portanto, não é complacente com práticas acadêmicas que se distanciam de tal ideário.

Especificamente em 2007, o Ministério da Educação instituiu o Programa de Apoio a Planos de Reestruturação e Expansão das Universidades Federais (Reuni), por meio do Decreto nº 6.096, de 24 de abril de 2007, com o objetivo de "criar condições para a ampliação do acesso e permanência na educação superior, no nível de graduação, pelo melhor aproveitamento da estrutura física e de recursos humanos existentes nas universidades federais".

A proposta inicial foi analisada pelo conjunto de Reitores da Associação Nacional dos Dirigentes das Instituições Federais de Ensino Superior (Andifes), em reuniões com a presença do Ministro de Educação e do Secretário Executivo do MEC, que acolheram críticas e sugestões. Somente, então, o decreto foi assinado. Juntamente com as metas do Reuni, estavam a possibilidade de ampliar o acesso de estudantes com condições menos favorecidas socialmente; de ampliar os cursos noturnos; de fortalecer as licenciaturas; de abrir concursos para professores e funcionários técnico-administrativos, sem a interferência do MEC nas propostas acadêmicas.

Até o ano de 2015, as Universidades e os Institutos Federais tiveram um significativo crescimento institucional, com inserção na sociedade e atuação como centro de inovação e pesquisa em todas as áreas do conhecimento. Foram 12 anos de realizações que surgem no contexto de expansão da educação superior. As Instituições Públicas ampliaram a oferta de vagas na graduação presencial, instituíram novas graduações, aumentaram a oferta de cursos no turno da noite, o que atendeu a uma antiga reivindicação da sociedade brasileira: o ensino superior público para a população que trabalha.

A partir de 2016, no entanto, com o golpe midiático ocorrido no país, houve uma total descontinuidade das políticas públicas sociais, em especial com o desmonte da educação pública e o Projeto de expansão da educação superior no Brasil. O momento exige que se promovam ações inovadoras, corajosas e concretas. Faz-se necessária uma mudança urgente no projeto de nação imposto ao país desde 2016 e que se agravou a partir de 2019.

Considerações finais

O artigo se inicia afirmando que pensar as funções da Universidade e Institutos Federais exige refletir sobre as relações que a Universidade estabelece com ela mesma, com a sociedade, com o Estado, no que se refere a questões que vão desde a sua proposta educativa até a forma de administração adotada.

Foram apresentados dois blocos de pensamento: um com a função de manter a estrutura social; outro que pretende a transformação da situação existente. A partir de uma breve análise a partir de 1970, podemos afirmar que até 2003 o projeto de nação colocava a educação como mantenedora; de 2003 a 2015, com um outro projeto de nação, a educação ocupou um lugar de transformação. Hoje, existe um desmonte desse projeto.

É necessário romper as resistências que ainda impedem as Universidades de avançar no real entendimento e significado do conhecimento, de que ciência e cidadania não se opõem. É urgente, portanto, que sejam criadas formas estruturais mais flexíveis, que possibilitem o desenvolvimento de práticas integradoras das áreas do saber, de pessoas, de instituições.

É preciso, por outro lado, união, articulação interna e, também, com as demais Universidades Públicas Brasileiras, da América Latina, de Países Africanos, no sentido de criar alianças para resistir às imposições neoliberais globalizantes, e lutar para garantir a liberdade de pensamento, que nos libertará do colonialismo imposto.

Todos esses posicionamentos indicam não só a necessidade de serem discutidas novas formas de construir conhecimento na Universidade, como também o próprio sentido da Universidade na atualidade. Implica ainda discutir ideais, intenções, desejos. Por outro lado, requer formas de manifestações que concretizem tais valores. A sociedade ou, no caso específico, a Universidade não se fazem democráticas somente pela afirmação de valores, mas, principalmente, pela construção cotidiana de uma prática reveladora de tais princípios.

Ao refletir sobre a Universidade necessária para este século, é preciso que se tenha a clareza tanto de seus movimentos internos, da sua capacidade de se questionar e mudar quanto das influências capitalistas que se utilizam da fragilidade e da fragmentação atual das Universidades para corroer o real sentido da instituição universitária.

É necessário romper as resistências que ainda impedem as Universidades de avançar no real entendimento e significado do conhecimento, de que ciência e cidadania não se opõem. É urgente, portanto, que sejam criadas formas estruturais mais flexíveis, que possibilitem o desenvolvimento de práticas integradoras das áreas do saber, de pessoas, de instituições.

O desafio hoje é mudar o curso político do país. Resistir sempre, de forma coletiva. Materializar essa resistência é também mostrar em outubro próximo, nas eleições, o projeto de nação que a população do nosso país precisa e quer. Esperançar é preciso, como diz Paulo Freire.

Referências

BRASIL. *Constituição* (1988). Constituição da República Federativa do Brasil: promulgada em 5 de outubro: atualizada até a Emenda Constitucional nº 20, de 1512-1998. 21. ed. São Paulo: Saraiva, 1999.

BRASIL. MEC. ANDIFES. Relatório de Acompanhamento do REUNI, janeiro 2010.

CHAUI, Marilena. *Escritos sobre a universidade*. São Paulo: Edunesp, 2001.

CHAUI, Marilena. *Manifestações ideológicas do autoritarismo brasileiro*. Belo Horizonte: Autêntica; São Paulo: Fundação Perseu Abramo, 2014.

CHAUI, M. A Universidade Pública sob nova perspectiva. *Revista Brasileira de Educação*, n. 24, set./dez. 2003.

FÁVERO, Maria de Lourdes. *Universidade e poder: análise crítica*: fundamentos históricos. 2. ed. Brasília: Plano, 2000.

FREIRE, Paulo. *Pedagogia da autonomia*: saberes necessários à prática educativa. São Paulo: Paz e Terra, 1996. (Coleção Leitura).

SANTOS, Boaventura de Souza. *A universidade do século XXI*. 2. ed. São Paulo: Cortez, 2005.

SAVIANI, Dermeval. *Escola e democracia*: teorias da educação, curvatura da vara, onze teses sobre educação e política. São Paulo: Cortez, 1983.

TEIXEIRA, Anísio. *Educação não é privilégio*. São Paulo: Cia. Editora Nacional, 1957.

OS INSTITUTOS FEDERAIS (IFs) E SUA CONTRIBUIÇÃO AO PROJETO DE NAÇÃO

Maria Raquel Caetano[1]
Flávio Luis Barbosa Nunes[2]
Guilherme Reichwald Junior[3]

A criação dos institutos federais de educação, ciência e tecnologia (IF) em 2008 representa novo dinamismo para a educação profissional no Brasil. Fazendo parte do projeto de expansão da Rede Federal, os IF surgem como proposta de educação profissional comprometida com a melhoria na qualidade de vida das pessoas e articulada com o fator econômico, objetivando o desenvolvimento local e regional.
(Milliorin; Silva, 2020, p. 660)

Nas últimas décadas, a principal novidade no cenário da educação brasileira foram os Institutos Federais, pois surgem assumindo forma heterogênea entre Universidade e Centro Federal de Educação Tecnológica (Cefet). Além de serem instituições de educação básica, são também instituições de educação superior e, principalmente, profissional, assumindo características pluricurriculares e multicampi. "A proposta político-pedagógica dos IFs induz a uma prática educativa que pretende superar a separação entre formação técnica em sentido estrito e formação científica, oferecer uma educação inclusiva e uma formação humana integral" (Millorin; Silva, 2020, p. 660-661), uma instituição pensada para o Brasil com suas especificidades e singularidades de um país continental, embora os países germânicos (Alemanha, Suíça e Áustria) possuam uma rede similar com escolas profissionais, escolas técnicas superiores e universidades tecnológicas.

---

[1] Docente no IFSul – Campus Sapucaia do Sul. Doutora em Educação pela Universidade Federal do Rio Grande do Sul (UFRGS).

[2] Docente e atual Reitor do IFSul. Mestre em Educação pela Universidade Federal do Rio Grande do Sul (UFRGS).

[3] Docente no IFSul – Campus Sapucaia do Sul e membro da diretoria colegiada Fórum-EJA-RS (FEJARS).

Os Institutos Federais são parte de um projeto de educação e sociedade democrática ainda em construção. A palavra "projeto" vem do verbo projetar, lançar-se para frente, dando sempre a ideia de movimento, de mudança. A sua origem etimológica, como explica Veiga (1998, p. 12), vem confirmar essa forma de entender o termo "projeto" que "vem do latim *projectu*, particípio passado do verbo *projecere*, que significa lançar para diante". O projeto representa o laço entre presente e futuro, sendo ele a marca da passagem do presente para o futuro. Veiga (1998, p. 18) compreende que,

> Todo projeto supõe ruptura com o presente e promessas para o futuro. Projetar significa tentar quebrar um estado confortável para arriscar--se, atravessar um período de instabilidade e buscar uma estabilidade em função de promessa que cada projeto contém de estado melhor do que o presente. Um projeto educativo pode ser tomado como promessa frente determinadas rupturas. As promessas tornam visíveis os campos de ação possível, comprometendo seus atores e autores.

Os Institutos Federais fazem parte de um projeto de nação construído a muitas mãos no início do século XXI no governo Lula (2003-2011). Uma política pública que integrava um projeto de nação em pleno desenvolvimento. Um projeto capaz de formar para o processo democrático, dando prioridade ao desenvolvimento e à qualidade de vida do seu povo. Como diz Pacheco (2011, p. 8), "a educação necessita estar vinculada aos objetivos estratégicos de um projeto que busque não apenas a inclusão nessa sociedade desigual, mas também a construção de uma nova sociedade fundada na igualdade política, econômica e social". Uma sociedade que se constrói por uma educação vinculada a um projeto de nação que põe a democracia no centro do projeto educacional, visando a emancipação dos sujeitos.

Compreendemos, assim como Peroni (2013, p. 1021), que "[...] a democracia é entendida como a materialização de direitos em políticas coletivamente construídas na autocrítica da prática social". Portanto, a democracia não é uma abstração, é materialização de direitos em políticas construídas coletivamente. A participação, a inclusão social, educacional e a profissionalização de jovens e adultos fazem parte da materialização dos direitos coletivos e para tal, necessita de uma ação educadora vinculada a um Projeto Democrático, comprometido com a emancipação dos sujeitos e assumindo um amplo papel na superação da exclusão social.

É nesse contexto que identificamos que os Institutos Federais integram a política pública educacional, que, com todas as suas contradições, auxiliam para a concretização de um projeto de nação para nosso tempo. Uma instituição ligada ao trabalho numa perspectiva democrática e de justiça social, formando o cidadão para o mundo do trabalho ou para ele ser o que quiser.

Os Institutos Federais de Educação, Ciência e Tecnologia, embora resultem de uma história de educação profissional de mais de 100 anos, foram instituídos por meio da Lei nº 11.892/2008 e passaram a integrar a Rede Federal de Educação Profissional e Tecnológica. Nasceram a partir dos Centros Federais de Educação Tecnológica (Cefets), das Escolas Técnicas Federais e Agrotécnicas.

Apresentam como missão qualificar profissionais para os diversos setores da sociedade brasileira, realizar pesquisa e desenvolver novos processos, produtos e serviços em colaboração com o setor produtivo. Assim, impulsionam o desenvolvimento socioeconômico sustentável local, regional e nacional, por meio de um ensino público, gratuito, democrático e de excelência.

Os Institutos Federais representam um novo tipo de instituição que pretende abranger

> [...] um sentido amplo para o mundo do trabalho, englobando todo o contexto que envolve a experiência humana, enquanto constitui-se como tal. Por isso, assume o trabalho, a tecnologia, a ciência e a cultura como eixos estruturantes do trabalho educativo por meio do ensino, da pesquisa e da extensão (Silva; Millorin, 2020, p. 661).

São diferentes por serem as únicas instituições que oferecem ensino profissional em todos os níveis, em todas as formas e modalidades e de forma verticalizada, mediante a oferta da educação básica à pós-graduação. Por apresentarem essa organização pedagógica, permitem a ampliação do itinerário formativo do estudante, dando oportunidade para transitarem por esses vários níveis de ensino, de forma a permitir um diálogo diverso entre as formações, promovendo, assim, a inter-relação e compartilhamento de saberes em uma mesma instituição de ensino.

Dentre os objetivos dos Institutos Federais (IFs), destaca-se a oferta de Educação Profissional Técnica de Nível Médio, prioritariamente na forma de cursos integrados, para os concluintes do Ensino Fundamental chamado regular e para o público da Educação de Jovens e Adultos. A lei de criação determina a porcentagem de oferta obrigatória, de 10% das vagas para a EJA-EPT (Proeja), e define, como obrigatoriedade, que metade das vagas ofertadas (50%) pelos IFs sejam destinadas a Cursos Técnicos de Nível Médio, preferencialmente na forma de cursos integrados, e as demais vagas sejam distribuídas considerando alguns percentuais entre os cursos de Formação Inicial e Continuada (FIC), Subsequentes, Superiores, Engenharias, Tecnólogos e Licenciaturas.

Quanto a sua institucionalidade, são autarquias de regime especial de base educacional humanístico-técnico-científica, encontrando nos territórios e no modelo pedagógico elementos singulares para a definição de sua identidade.

Uma das propostas dos Institutos Federais é agregar formação acadêmica à preparação para o trabalho em seu sentido histórico e ontológico. Em outras palavras, é através do trabalho que transformamos o meio natural e social, através da nossa capacidade física e intelectual, portanto é trabalhando que o sujeito se sente integrado à sociedade, se sente cidadão. Uma das contribuições dos IFs é a emancipação humana e transformação social. Portanto, a realização de homens e mulheres na articulação com o trabalho, ciência e cultura. É na possibilidade de integrar formação geral e formação profissional, com vistas ao enfrentamento da divisão entre formação para o trabalho manual e para o trabalho intelectual, que tem no Ensino Médio Integrado a possibilidade de concretização de um projeto educacional com elevação da escolaridade e formação profissional. Este visa à melhoria da escolarização para a classe trabalhadora, na perspectiva das concepções de escola unitária, educação politécnica e formação humana integral ou omnilateral.

A formação humana integral ou omnilateral é entendida como desenvolvimento total do ser humano em todas as dimensões, ou seja, da sua integralidade física, mental, cultural, política e científico-tecnológica. Nessa experiência formativa, serão reveladas as potencialidades que cada sujeito possui (Ramos, 2007).

Portanto, um dos princípios norteadores para a educação profissional técnica de nível médio integrada ao Ensino Médio é enfocar o trabalho como princípio educativo, no sentido de "superar a dicotomia entre trabalho manual/trabalho intelectual, de incorporar a dimensão intelectual ao trabalho produtivo e de formar trabalhadores capazes de atuar como dirigentes e cidadãos" (Ciavatta, 2012, p. 84). Nesse sentido, reforça-se a importância de que, na Educação Básica e no Ensino Médio, particularmente, sejam dadas

oportunidades formativas para que possam ser desenvolvidas as potencialidades dos sujeitos, permitindo-lhes, assim, que essas possam ser desveladas
e reveladas, a fim de que possibilitem a esses sujeitos estruturar suas escolhas
(Ramos, 2014).

Em relação à organização do Ensino Médio, Saviani (2007) defende a
formação de politécnicos, pelo domínio das diferentes técnicas utilizadas na
produção moderna, no sentido de articular conhecimento e a prática do trabalho, de modo que oriente os estudantes à realização de múltiplas escolhas.

É importante destacar que politecnia não significa o ensino de muitas
técnicas, como sugere o sentido etimológico, mas, diferentemente, refere-se

> [...] ao domínio dos fundamentos científicos das diferentes técnicas
> que caracterizam o processo de trabalho produtivo moderno. Diz
> respeito aos fundamentos das diferentes modalidades de trabalho.
> Politecnia, nesse sentido, se baseia em determinados princípios,
> determinados fundamentos e a formação politécnica deve garantir o
> domínio desses princípios, desses fundamentos (Saviani, 1989, p. 17).

Complementa ainda:

> Por quê? Supõe-se que dominando esses fundamentos, esses princí-
> pios, o trabalhador está em condições de desenvolver as diferentes
> modalidades de trabalho, com a compreensão do seu caráter, da sua
> essência. Não se trata de um trabalhador que é adestrado [...]. Terá
> um desenvolvimento multilateral, um desenvolvimento que abarca
> todos os ângulos da prática produtiva [...] (Saviani,1989, p. 17).

Ramos (2007) apresenta os dois pilares conceituais para uma educação
integrada: um tipo de escola em que todos tenham direito ao conhecimento;
e uma educação politécnica, em que, por meio de uma educação básica e
profissional, os sujeitos tenham possibilidade de acesso à cultura, à ciência
e ao trabalho, propiciando a realização de suas escolhas para a inserção na
vida social e produtiva. Essa escola, defendida por Ramos (2014), busca a
superação da dualidade e a formação do sujeito nas suas múltiplas dimensões:
física, mental, cultural, política, científico-tecnológica.

Na sua singularidade, os Institutos Federais lançaram uma nova estrutura institucional na Educação Profissional. Nessa estrutura institucional se
impuseram vários desafios: a ampliação do acesso à educação profissional
de nível técnico; a ampliação e investimentos na EJA-EPT, a graduação tec-

nológica, por meio de cursos superiores de tecnologia; os bacharelados; as licenciaturas; e a pós-graduação, além da pesquisa e da extensão científica e tecnológica transversalmente, do ensino médio à pós-graduação. Na efetivação da intervenção na realidade, os institutos se propõem a mediação através das ações de ensino, pesquisa e extensão e sua relação com a sociedade. É nesse sentido que os Institutos Federais constituem espaços fundamentais para a construção dos caminhos visando ao desenvolvimento local e regional.

A interiorização e o desenvolvimento local e regional: processo de democratização do acesso, do conhecimento e da gestão

O processo de expansão da Rede Federal cumpriu papel importante na ampliação do acesso à escolarização em nível profissionalizante, mas também no ensino técnico e tecnológico. Os IFs também contribuíram para a expansão do ensino superior, tanto de bacharelados quanto de licenciaturas, seguindo os documentos institucionais que regulamentam o seu funcionamento.

O propósito foi implantar Institutos Federais nos estados ainda desprovidos dessas instituições, além de unidades que seriam localizadas, de preferência, em periferias de grandes centros urbanos e em municípios interioranos, distantes das capitais e dos centros urbanos mais ricos (Brasil, 2008). Importante lembrar que esses critérios estavam diretamente ligados às estratégias de desenvolvimento territorial, pois, historicamente, houve uma concentração regional de universidades e escolas técnicas federais em capitais, regiões metropolitanas e grandes centros regionais, geralmente aqueles lugares com maior dinamismo econômico. Essa concentração era uma das restrições do acesso, da formação superior e da qualificação profissional para as camadas sociais de menor renda.

A interiorização caracteriza as mudanças ligadas aos processos de democratização, interiorização e expansão do ensino técnico e tecnológico por meio dos Institutos Federais e fomenta o desenvolvimento local e regional onde são implantados. É no contexto da expansão e interiorização que ocorre também a democratização do acesso, do conhecimento e da cultura para as diferentes regiões do interior brasileiro.

Como resultado da expansão e interiorização das instituições federais, de um total de 144 unidades em 2006, chega-se em 2019 a 661 unidades, segundo dados do Ministério da Educação (2019), sendo estas vinculadas a

38 Institutos Federais, 2 Centros Federais de Educação Tecnológica (Cefet), à Universidade Tecnológica Federal do Paraná (UTFPR)[4], a 23 escolas técnicas vinculadas às universidades federais e ao Colégio Pedro II.

O mapa a seguir representa a expansão e interiorização da Rede Federal.

Figura 1 – Expansão e territorialização da Rede Federal

Fonte: MEC, 2019.

Os Institutos Federais, como centros de educação, cultura, ciência e tecnologia, têm como função desenvolver e implementar uma educação vinculada ao seu projeto político-pedagógico, inscrito nos documentos de sua criação: democrático, inclusivo, de qualidade, plural, integral, que atenda a

---

[4] Atualmente a Universidade Tecnológica Federal do Paraná (UTFPR) não integra mais a Rede Federal de Educação Profissional e Tecnológica, embora ainda apareça no mapa do ano de 2019.

sua função social, um projeto comprometido com a emancipação dos setores excluídos da sociedade, uma educação que supera os princípios e conceitos de escola tradicional tecnicista e incorpora um ambiente inovador, ou seja, um conceito de educação profissional e tecnológica ainda em construção, mas em disputa cotidianamente.

Se a educação exerce relevante papel no processo de construção de uma sociedade democrática, isso importa em grau crescente de coletivização das decisões. "[....] Quanto mais coletiva é a decisão, mais democrática ela é" (Vieira, 1998, p. 12). Nesse contexto abordado por Vieira, ressaltamos a consulta para dirigentes e a paridade dos segmentos da comunidade escolar como um mecanismo para o exercício da democracia, garantido pela legislação com vistas à participação efetiva da comunidade.

Na consulta dos dirigentes, a Lei nº 11.892/2008 e a redação dada pela Lei nº 12.677, de 2012, preveem a participação de todos os segmentos da comunidade escolar, com peso de um terço de votos para cada segmento conforme a lei.

> Art.12 - Os reitores serão nomeados pelo Presidente da República, para mandato de quatro anos, permitida uma recondução, após processo de consulta a comunidade escolar do respectivo Instituto Federal, atribuindo-se o peso de 1/3 para a manifestação do corpo docente, de 1/3 para a manifestação dos servidores técnico administrativos e 1/3 para a manifestação do corpo discente (Brasil, 2008).

Os Institutos Federais que possuem natureza jurídica de autarquia, detentores de autonomia administrativa, patrimonial, financeira, didático--pedagógica e disciplinar (Brasil, 2012) preveem a consulta de reitores e diretores dos campi. Em defesa da sua autonomia, é importante assegurar a posse do eleito após a consulta, porque esse aspecto é inegociável na luta em torno da gestão democrática para a administração das instituições públicas de educação.

Desafios atuais para os Institutos Federais

Estes são alguns dos desafios que temos atualmente, continuamos a enfrentá-los de forma corajosa, mas com muitas limitações. A nossa luta é pelo reconhecimento de que investir em educação de qualidade resulta em melhorias para a nação como um todo e que, para tanto, é necessário priorizá-la de forma efetiva no planejamento orçamentário anual.

Os Institutos Federais têm buscado cumprir sua missão de oferecer uma educação profissional e tecnológica pública, gratuita, de qualidade e referenciada pela sociedade, conforme destacamos anteriormente. Essa busca incessante tem alcançado muito êxito para aqueles estudantes que conseguem vagas em nossos campi, por outro lado os desafios e dificuldades têm sido gigantescos para nossas instituições. Os desafios passam pelas dificuldades atuais de continuar a aumentar o número de ofertas de vagas para mais estudantes, passam pelas dificuldades orçamentárias dos últimos tempos, passam pela falta da continuidade de liberação de vagas de novos servidores, passam pela inconclusão dos espaços físicos da grande maioria dos campi que estão ainda em processo de implantação, entre tantos outros.

A qualidade educacional que a rede federal apresenta nos cursos ofertados têm atraído cada vez mais candidatos e candidatas aos nossos processos de seleção, infelizmente grande número não tem conseguido vagas. Esse contingente tem aumentado cada vez mais, se tornando um grupo de excluídos com os quais nos preocupamos, por isso nossa defesa incessante para que possamos ter o aumento nos investimentos de educação para que se possa aumentar a oferta de quantitativo de vagas novas.

Nos últimos anos os Institutos Federais têm enfrentado constantes diminuições em seus orçamentos, muitas vezes com cortes ao longo do ano já em execução, criando problemas de diversas ordens para que se possa continuar com o planejamento de qualidade e continuidade da expansão. Para se ter uma ideia, o orçamento para custeio e investimento em 2013 era de R$ 3,886 bilhões, em 2022 é de R$ 3,391 bilhões, dados retirados da Plataforma Nilo Peçanha, ou seja, em 2013 tínhamos um orçamento maior que o de 2022. Se levarmos em conta a inflação do período, o aumento no número de campi e no número de estudantes, podemos dimensionar o tamanho do desafio que é manter a rede federal com essa desproporcionalidade orçamentária.

Outro aspecto que não tem sido favorável para a ampliação da oferta de vagas em nossos cursos, assim como da possibilidade da oferta de novos cursos, tem sido a falta da continuidade da liberação de contratação do número de servidores/as docentes e técnico/a administrativos/as previstos para os campi já autorizados pelo Ministério da Educação. Atualmente a portaria

713/2021 do MEC estabelece os números de servidores/as de cada modelo de unidade dos Institutos Federais, se compararmos o estabelecido pela portaria com os atuais servidores da rede chegamos ao número que ultrapassa 8.000 vagas de defasagem.

Precisamos destacar também a necessidade de investimentos para completar a implantação de centenas de campi espalhados pelo Brasil, grande parte sem as infraestruturas mínimas previstas em seus projetos.

Estes são alguns dos desafios que temos atualmente, continuamos a enfrentá-los de forma corajosa, mas com muitas limitações. A nossa luta é pelo reconhecimento de que investir em educação de qualidade resulta em melhorias para a nação como um todo e que, para tanto, é necessário priorizá--la de forma efetiva no planejamento orçamentário anual.

Os resultados exitosos que os Institutos Federais vêm alcançando, mesmo diante dos desafios, estão alicerçados em servidores e servidoras docentes e técnico-administrativos comprometidos e dedicados com nossos estudantes, que, através da educação profissional e tecnológica diferenciada que oferecemos, contribuem para a transformação de vidas. Que assim possamos continuar a crescer nessa missão.

Ao concluirmos este texto, ressaltamos as palavras proferidas por Anísio Teixeira em discurso na Assembleia Constituinte da Bahia, lembrando que,

> "Numa democracia, pois, nenhuma obra supera a de educação. [...] Somente esta não é consequência da democracia, mas a sua base, o seu fundamento, a condição mesma para a sua existência."
>
> Anísio Teixeira em 1947.

Referências

BRASIL. *Lei nº 11.892*, de 29 de dezembro de 2008. Institui a Rede Federal de Educação Profissional, Científica e Tecnológica, cria os Institutos Federais de Educação, Ciência e Tecnologia, e dá outras providências. Disponível em: http://www.planalto.gov.br/ccivil_03/_ato2007-2010/2008/lei/l11892.htm. Acesso em: 13 abr. 2022.

BRASIL. Ministério da Educação. *Instituições da Rede Federal*. Disponível em: http://portal.mec.gov.br/rede-federal-inicial/instituicoes. Acesso em: 24 jun. 2022.

CIAVATTA, Maria. A formação integrada: a escola e o trabalho como lugares de memória e de identidade. In: FRIGOTTO, Gaudêncio; CIAVATTA, Maria; RAMOS,

Marise (Org.). *Ensino Médio Integrado*: concepções e contradições. 3. ed. São Paulo: Cortez, 2012, p. 83-106.

MILLIORIN, Simone Aparecida; SILVA, Mônica Ribeiro da. Mundo do trabalho, políticas educacionais e o direito à educação: o Ensino Médio Integrado nos Institutos Federais. *Revista Retratos da Escola*, Brasília, v. 14, n. 30, p. 654-669, set./dez. 2020

PACHECO, Eliezer. *Institutos Federais*: uma revolução na educação profissional e tecnológica. Brasília: Fundação Santillana, 2011.

PACHECO, Eliezer. *Fundamentos político-pedagógicos dos Institutos Federais*: diretrizes para uma educação profissional e tecnológica transformadora. Natal: IFRN, 2015.

PERONI, Vera Maria Vidal. A construção do Sistema Nacional de Educação e a gestão democrática em debate. In: ALMEIDA, Luana Costa et al. (Org.). *PNE em foco*: políticas de responsabilização, regime de colaboração e Sistema Nacional de Educação. Campinas: Cedes, 2013. p. 1021-33.

RAMOS, Marise Nogueira. *Concepção de Ensino Médio Integrado*. Seminário sobre ensino médio, realizado pela Superintendência de Ensino Médio da Secretaria de Educação do Estado do Rio Grande do Norte – Natal, 2007.

RAMOS, Marise Nogueira. Ensino Médio Integrado: da conceitualização à operacionalização. *Cadernos de Pesquisa em Educação – PPGE/UFES,* Vitória, v. 19, n. 39, p. 15-29, jan./jun. 2014.

SAVIANI, Dermeval. *Sobre a concepção de politecnia*. Rio de Janeiro: Fiocruz, Politécnico da Saúde Joaquim Venâncio, 1989.

SAVIANI, Dermeval. Trabalho e educação: fundamentos ontológicos e históricos. *Revista Brasileira de Educação*, Campinas, v. 12, n. 32, p. 52-180, jan./abr. 2007. Disponível em: http://www.scielo.br/pdf/rbedu/v12n34/a12v1234.pdf. Acesso em: 22 jun. 2022.

TEIXEIRA, Anísio. Autonomia para educação na Bahia. Discurso proferido na Assembleia Constituinte da Bahia, Salvador, 1947. Discurso publicado na *Revista Brasileira de Estudos Pedagógicos*, v. 11, n. 29, jul/ago. 1947, p. 89-104.

VEIGA, Ilma Passos da. Projeto político-pedagógico da escola: uma construção coletiva. In: VEIGA, Ilma Passos da (Org.). *Projeto político-pedagógico da escola*: uma construção possível. Campinas: Papirus, 1998.

VIEIRA, Evaldo Amaro. O Estado e a sociedade civil perante o ECA e a LOAS. *Serviço Social & Sociedade,* São Paulo, n. 56, p. 9-23, mar. 1998.

A TÍTULO DE POSFÁCIO

Dados biográficos dos pensadores-referência para a luta da escola pública no Brasil

Anísio Spínola Teixeira
(1900-1971)

Nasceu em Caetité, no sertão baiano, no dia 12 de julho de 1900. Em 1914 ingressou no colégio Antônio Vieira, em Salvador. Anísio Teixeira cursou Direito na Universidade do Rio de Janeiro, formando-se em 1922. De volta à Bahia, em 1924 foi nomeado Inspetor Geral de Ensino. No ano seguinte viajou pela Europa, observando os sistemas de ensino. Esteve na Espanha, Bélgica, França e Itália. Regressou à Bahia e passou a desenvolver uma série de mudanças na educação do Estado.

Em 1927, Anísio Teixeira foi aos Estados Unidos buscar conhecimentos sobre as ideias do filósofo e pedagogo John Dewey. No ano seguinte demitiu-se de Inspetor Geral por não ter o apoio do novo governador.

Em 1931 mudou-se para o Rio de Janeiro, onde trabalhou como funcionário do Ministério da Educação e Saúde Pública e logo depois como diretor-geral do Departamento de Educação do Distrito Federal. Anísio Teixeira passou a desempenhar um papel preponderante na orientação da educação e do ensino no Brasil. Nessa época criou uma rede municipal de ensino que integrava da escola primária até a universidade.

Anísio Teixeira fez parte de um grupo de educadores interessados em remodelar o ensino no país, oferecendo um ensino livre e aberto. Esse movimento foi chamado de Escola Nova, que ganhou maiores proporções com a divulgação do "Manifesto da Escola Nova", em 1932. Em 1935 criou a Universidade do Distrito Federal, no Rio de Janeiro. Em 1936, perseguido pela ditadura Vargas, demitiu-se do cargo de diretor e regressou à Bahia.

Em 1946, Anísio Teixeira foi nomeado Conselheiro de Ensino Superior da Unesco. Em 1947 assumiu novamente a pasta da Educação do Estado da

Bahia. Nesse período criou a Escola Parque, em Salvador, que se tornou um novo modelo de educação integral. De 1952 a 1964, Anísio Teixeira foi diretor do Instituto Nacional de Estudos Pedagógicos (Inep), realizando trabalhos para a valorização da pesquisa educacional no país.

Em 1955 criou o Centro Brasileiro de Pesquisas Educacionais e os Centros Regionais de São Paulo, Minas Gerais, Rio Grande do Sul, Bahia e Pernambuco. No fim dos anos 1950, Anísio Teixeira participou de debates para a implantação da Lei de Diretrizes e Bases. Junto com Darcy Ribeiro, fundou a Universidade de Brasília, tornando-se reitor entre 1963 e 1964.

Em 1966, Anísio Teixeira voltou ao Brasil e tornou-se Consultor da Fundação Getúlio Vargas, e recebeu o título de professor emérito da Universidade Federal do Rio de Janeiro em 1970. Anísio Teixeira faleceu no Rio de Janeiro, no dia 11 de março de 1971.

Darcy Ribeiro
(1922-1997)

Foi um antropólogo, sociólogo, educador, escritor e político brasileiro. Destacou-se por seu trabalho em defesa da causa indígena e da educação no país. Nasceu em Montes Claros, em Minas Gerais, no dia 26 de outubro de 1922. Mudou-se para São Paulo e ingressou na Escola de Sociologia e Política, graduando-se em 1946 no curso de Ciências Sociais, se especializando em antropologia.

Em 1952 passou a dirigir a seção de pesquisas do Serviço de Proteção aos Índios (SPI). Em 1953 criou o Museu do Índio. Elaborou para a Unesco um estudo do impacto da civilização sobre os grupos indígenas brasileiros no século XX. Colaborou com a Organização Internacional do Trabalho na preparação de um manual sobre os povos aborígenes de todo mundo. Colaborou com a fundação do Parque Nacional Indígena do Xingu.

Em 1955, com a eleição de Juscelino Kubitschek para presidente da República, Darcy foi convidado para participar da elaboração das leis diretrizes para o setor educacional, trabalhando com o educador Anísio Teixeira. A partir de 1957, coordenou a divisão de estudos sociais do Centro Brasileiro de Pesquisas Educacionais do MEC. Em 1958 ficou responsável pelo setor de pesquisas sociais da Campanha Nacional de Erradicação do Analfabetismo. Em 1959 tornou-se membro do Conselho Nacional de Proteção ao Índio.

Junto com o Anísio Teixeira, participou da defesa da escola pública por ocasião da discussão da Lei de Diretrizes e Bases da Educação. Foi um dos organizadores da Universidade Nacional de Brasília (UNB), da qual foi reitor entre 1961 e 1962. Em 1964, com o golpe militar que derrubou

Goulart, teve seus direitos políticos cassados e foi obrigado a se exilar fora do país.

Lecionou na Universidade da República Oriental do Uruguai, em Montevidéu. Em 1968, os processos contra Darcy foram julgados e anulados pelo Supremo Tribunal Federal (STF). Durante o exílio, escreveu *O Processo Civilizatório* (1968), *Universidade Necessária* (1969), *As Américas e as Civilizações* (1970), *O Índio e as Civilizações* (1970) e *Teoria do Brasil* (1972).

Em 1976, Darcy Ribeiro retornou ao Brasil e lançou o romance *Maíra* surpreendendo a crítica. Em 1979, com a anistia, foi reintegrado à Faculdade do Rio de Janeiro. Nesse mesmo ano, filiou-se ao Partido Democrático Trabalhista (PDT). Em 1982 foi eleito vice-governador do Rio de Janeiro na legenda de Leonel Brizola. Empossado em 1983, acumulou o cargo de secretário estadual da Cultura. Coordenou o Programa Especial de Educação e implantou os Centros Integrados de Ensino Público (Ciep).

Idealizado por Darcy Ribeiro, foram instaladas 200 salas do Ciep nas áreas do sambódromo do Rio de Janeiro. Em 1990, Darcy Ribeiro foi eleito senador pelo Rio de Janeiro pelo PDT, no mesmo pleito que reelegeu Leonel Brizola. Em 1991 licenciou-se do seu mandato no Senado para assumir a Secretaria Estadual de Projetos Especiais de Educação.

Em 1992 voltou ao Senado, dedicou-se à elaboração da nova Lei de Diretrizes e Bases (LDB) da Educação Nacional. A LDB foi sancionada e batizada de Lei Darcy Ribeiro. Darcy Ribeiro faleceu em Brasília, no dia 17 de fevereiro de 1997.

Paulo Freire
(1921-1997)

Nasceu em Recife, Pernambuco, no dia 19 de setembro de 1921. Em 1943 Paulo Freire ingressou na Faculdade de Direito do Recife.

Em 1947 foi nomeado diretor do setor de Educação e Cultura do Serviço Social da Indústria. Em 1955, junto com outros educadores fundou, em Recife, o Instituto Capibaribe, uma escola inovadora que atraiu muitos intelectuais da época e que continua em atividade até os dias de hoje.

As suas primeiras experiências aconteceram no Recife, no princípio dos anos 1960, dentro do Movimento de Cultura Popular. Mais tarde, em 1963, Paulo Freire levou o seu método para outros Estados. Primeiro aplicou o método no Rio Grande do Norte (em Natal e em Angicos), depois em São Paulo (Osasco) e então em Brasília.

Com o golpe militar de 1964, Paulo Freire foi preso. Após ser libertado, se exilou no Chile. Durante cinco anos desenvolveu trabalhos em programas de educação de adultos no Instituto Chileno para a Reforma Agrária. Em 1969, Paulo Freire lecionou na Universidade de Harvard. Durante dez anos, foi consultor especial do Departamento de Educação do Conselho Municipal das Igrejas, em Genebra, na Suíça.

No Brasil, depois do regresso, foi professor na PUC de São Paulo e na Unicamp (1988-1991). Como cargo político, esteve à frente da secretaria de Educação da prefeitura de São Paulo durante o governo de Luiza Erundina.

No livro *Pedagogia do Oprimido*, que é considerada a sua principal obra, que terminou de escrever em 1968, Paulo Freire defende a importância da educação para as camadas mais pobres da sociedade. Segundo ele, só com acesso à formação é possível libertar as pessoas mais vulneráveis das condições difíceis que o sistema lhes impõe.

No livro *Pedagogia da autonomia: saberes necessários à prática educativa* (1996), o educador reuniu as principais questões que estudou ao longo da vida e apresentou propostas práticas de como o professor pode estimular a independência do aluno. Essa foi a última obra publicada antes do seu falecimento.

Paulo Freire destaca a necessidade de despertar a curiosidade naqueles que ensinam e nos que aprendem, havendo sempre uma troca de conhecimento entre os dois lados do processo.

Paulo Freire sublinha igualmente a importância de formar o ser humano não só em termos educativos, mas também éticos, e estimular que cada aluno possa fazer uma reflexão crítica da sociedade.

Paulo Freire é o Patrono da educação brasileira. A lei brasileira número 12.612, criada em 2012, instituiu Paulo Freire como o patrono da educação brasileira. Trata-se de um reconhecimento de todo o trabalho desenvolvido pelo educador ao longo da vida.

Milton Almeida dos Santos
(1926-2001)

Conhecido como Milton Santos, foi um geógrafo brasileiro. O intelectual nasceu em Brotas de Macaúbas/Bahia, no dia 3 de maio de 1926. Advogado de formação, Milton Santos foi geógrafo – um dos maiores intelectuais que o nosso país já teve –, tendo sido reconhecido nacional e internacionalmente. Formado em Direito pela Universidade Federal da Bahia (UFBA), o pensador concluiu em 1958 o doutorado em Geografia pela Université de Strasbourg (França). Milton foi professor de Geografia Humana na Universidade Católica de Salvador entre 1956-1960. Lecionou a mesma cadeira na Universidade de São Paulo (USP) entre 1983-1995. Tornou-se professor da UFBA em 1961 e professor Emérito da USP em 1997.

Retornou ao Brasil em 1977, pois queria que seu segundo filho nascesse na Bahia. Em 1978, iniciou sua carreira na USP, lecionando na Faculdade de Arquitetura e Urbanismo e posteriormente na Universidade Federal do Rio de Janeiro (UFRJ). Ao voltar para São Paulo tornou-se professor da Faculdade de Geografia da USP. Recebeu títulos de Doutor *Honoris Causa* nas universidades de Toulouse, Buenos Aires, Madri e Barcelona, e outros no Brasil, destacando-se o de Professor Emérito da Faculdade de Filosofia, Letras e Ciências Humanas da USP.

Ocupou alguns cargos políticos importantes como chefe da Casa Civil da Presidência da República no Estado da Bahia (1961), Presidente da Fundação Comissão de Planejamento Econômico da Bahia (1962-1964) e membro da comissão especial de Constituição Estadual. Foi consultor das Nações Unidas, da Unesco, da Organização Internacional do Trabalho (OIT) e da Organização dos Estados Americanos (OEA). Atuou também como consultor nacional para o desenvolvimento urbano, além de ter sido ativista nas questões do ensino no país. Prestou consultoria para governos externos como Argélia e Guiné-Bissau.

Nessa última fase de seu percurso, publica *Por uma Geografia Nova, da crítica da geografia a uma geografia crítica* (1978), contribuição à efervescência e ânsia de renovação dessa ciência no Brasil. O espaço é definido como uma instância social ativa, a noção de formação socioespacial introduzida. As pesquisas, as aulas e as publicações resultantes tencionam um esforço epistemológico para dotar a geografia latino-americana de categorias de análise apropriadas.

Milton Santos foi o primeiro intelectual de um país de Terceiro Mundo a receber o prêmio Vatrin Lud, uma espécie de Prêmio Nobel da Geografia. Faleceu em 24 de junho de 2001, em São Paulo.

Florestan Fernandes
(1920-1995)

Considerado o fundador da Sociologia Crítica no Brasil. Florestan Fernandes nasceu em São Paulo, no dia 22 de julho de 1920. Viveu entre os dois mundos, o da casa da madrinha e os cortiços da cidade. Abandonou os estudos no terceiro ano do primeiro grau e, para ajudar a mãe, começou a trabalhar como engraxate. Mais tarde, trabalhou em uma padaria e em um restaurante. Após completar 17 anos, foi incentivado a retornar aos estudos. Matriculou-se em um curso específico e estudou entre 1938 e 1940 o equivalente a sete anos de estudos. Em 1941, Florestan Fernandes ingressou na Faculdade de Filosofia, Letras e Ciências Humanas da Universidade de São Paulo (USP), bacharelando-se em Ciências Sociais em 1943, completando a licenciatura no ano seguinte.

No mestrado em Antropologia, também pela USP, ele iniciou uma intensa pesquisa etnográfica que resultou na dissertação *A organização social dos Tupinambá*, defendida em 1947. Antes da conclusão de seu mestrado, o sociólogo tornou-se assistente de ensino de seu orientador na USP, o professor Fernando Azevedo. Florestan Fernandes concluiu e defendeu sua tese de doutorado, intitulada *A função social da guerra na sociedade Tupinambá*.

No ano de 1953, Florestan Fernandes ingressou como professor titular na instituição. Destacando-se como um brilhante acadêmico, em 1964, Fernandes defendeu sua tese de livre docência, que mais tarde se tornaria o célebre livro *A inserção do negro na sociedade de classes*.

Por conta da atuação política, Florestan Fernandes foi preso em 1964, quando estourou o golpe provocado pelos militares. Em 1969, Fernandes foi preso novamente, destituído de seu cargo na USP e mandado para o exílio, retornando somente em 1972.

No período de exílio, o sociólogo viveu e lecionou nos Estados Unidos e no Canadá, o que alavancou a sua carreira também fora do Brasil, tanto que, em 1977, ele lecionou como professor convidado na tradicional Universidade de Yale. Também nesse ano, regressando novamente ao Brasil, Fernandes tornou-se professor titular da Pontifícia Universidade Católica de São Paulo (PUC-SP).

Na década de 1980, o sociólogo foi eleito deputado federal constituinte em 1986 e deputado federal em 1990, permanecendo na Câmara dos Deputados até o fim de seu segundo mandato, em 1994.

A importância de Florestan Fernandes na defesa da educação pública e na dos direitos pode ser medida por sua participação na elaboração da Constituição Federal de 1988 como deputado constituinte e por sua participação na elaboração da Lei nº 9.394/96, a Lei de Diretrizes e Bases da Educação Brasileira (LDB).

Florestan Fernandes faleceu em São Paulo, no dia 10 de agosto de 1995.

Maria Nilde Mascellani
(1931-1999)

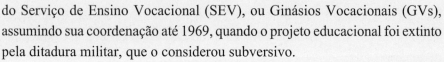

Nasceu em São Paulo, no dia 3 de abril de 1931.

Em 1961, Mascellani foi uma das principais responsáveis pela criação do Serviço de Ensino Vocacional (SEV), ou Ginásios Vocacionais (GVs), assumindo sua coordenação até 1969, quando o projeto educacional foi extinto pela ditadura militar, que o considerou subversivo.

Maria Nilde Mascellani foi perseguida e torturada e os GVs encerrados. Nas décadas seguintes, os resultados das experiências foram absorvidos por outras escolas e Mascellani seguiu defendendo a educação integral por outros caminhos.

Ela fundou a Equipe Renov, uma assessoria de projetos, pesquisa e planejamento de ação comunitária e educacional, com base na defesa dos direitos humanos. Em 1974, o Renov foi invadido por policiais militares e fechado. Depois, encontrou espaço na Faculdade de Psicologia da Pontifícia Universidade Católica de São Paulo (PUC-SP), onde se tornou professora de psicologia educacional. Dez dias antes de falecer, em 19 de dezembro de 1999, Maria Nilde Mascellani defendeu sua tese de doutorado na Faculdade de Educação da Universidade de São Paulo (USP).

Maria Nilde foi aposentada do serviço público pelo AI-5 em 1970, foi acolhida imediatamente pela PUC-SP como professora da Faculdade de Psicologia. O Centro de Documentação e Informação Científica (Cedic) da PUC-SP, em meados de 1992, foi procurado pela educadora e ex-coordenadora do SEV e escolhido como local de guarda permanente do arquivo que tanto preservou.

Em 1995, a Confederação Nacional dos Metalúrgicos (CNM/CUT) procurou algumas instituições de ensino e pesquisa (PUC-SP, UFRJ, Unicamp,

Cefet-SP) para estabelecer uma parceria com o objetivo de estruturar, inicialmente no âmbito estadual e posteriormente no nacional, um amplo projeto de qualificação profissional para metalúrgicos e ex-metalúrgicos, era o projeto Integrar. A principal idealizadora deste programa foi a professora Maria Nilde Mascellani (PUC-SP).

Maria Nilde faleceu em 19 de dezembro de 1999, aos 68 anos, em São Paulo, quando acabara de defender na Faculdade de Educação da USP, no dia nove do mesmo mês, sua tese de doutorado *Uma Pedagogia para o Trabalhador: o Ensino Vocacional como base para uma proposta pedagógica de capacitação profissional de trabalhadores desempregados* (*Programa Integrar CNM/CUT*), que versava sobre duas de suas realizações: o Ensino Vocacional e a Pedagogia do Programa Integrar, da Confederação Nacional dos Metalúrgicos. O trabalho de Maria Nilde faz parte da história da educação brasileira desde os anos 1960 e sua proposta de ensino vocacional como base da capacitação de trabalhadores.

Este livro foi confeccionado especialmente para
a Editora Meridional em Times New Roman e Gil Sans MT
e impresso na Gráfica Noschang.